调查研究
——中国石油的探索与实践

中国石油天然气集团有限公司党组宣传部　编

石油工业出版社

图书在版编目（CIP）数据

调查研究：中国石油的探索与实践 / 中国石油天然气集团有限公司党组宣传部编． -- 北京：石油工业出版社，2025.6． -- ISBN 978-7-5183-7423-6

Ⅰ．F426.22

中国国家版本馆 CIP 数据核字第 2025D5Y002 号

出版发行：石油工业出版社
（北京朝阳区安定门外安华里二区 1 号楼　100011）
网　　址：www.petropub.com
编辑部：（010）64523582
图书营销中心：（010）64523633
经　　销：全国新华书店
印　　刷：北京中石油彩色印刷有限责任公司

2025 年 6 月第 1 版　2025 年 6 月第 1 次印刷
710 毫米 ×1000 毫米　开本：1/16　印张：19.5
字数：248 千字

定价：55.00 元
（如出现印装质量问题，我社图书营销中心负责调换）
版权所有，翻印必究

编 委 会

主　　任：张海云　雷　平
副 主 任：张　瑾
主　　编：巩　凯
编写人员：杜红印　陈　朋　唐大麟　张国强　马艺桐
　　　　　　　郭　飞　张　振
审　　稿：郝鸿毅　万　宏

目 录

第一章　调查研究是党的传家宝 /001

第一节　调查研究起源 …………………………………………… 003
一、调查研究概念 ……………………………………………… 004
二、调查研究溯源 ……………………………………………… 007
三、中国共产党百年调研回顾 ………………………………… 009
四、调查研究的理论基础与方法论 …………………………… 011
五、调查研究的基本特征 ……………………………………… 016

第二节　新民主主义革命时期调查研究 ………………………… 020
一、通过调研探索中国革命道路 ……………………………… 020
二、延安时期调查研究 ………………………………………… 022
三、毛泽东调查研究思想的哲学意义 ………………………… 026

第三节　社会主义革命和建设时期调查研究 …………………… 030
一、建国初期的调查研究 ……………………………………… 030
二、《论十大关系》出台 ……………………………………… 033
三、1961年——调查年 ………………………………………… 036

第四节　改革开放和社会主义现代化建设新时期调查研究 …… 039
一、邓小平同志开启改革开放时期调查研究 ………………… 039
二、江泽民同志和胡锦涛同志的调查研究 …………………… 041

第五节　新时代调查研究与石油工业 …………………… 046
　一、调查研究是党的基本工作方法 …………………… 046
　二、调查研究是建设世界一流能源企业的工作方法 …… 052
　三、调查研究是领导干部的基本功 …………………… 061

第二章　调查研究是中国石油工业的基本方法 /073

第一节　玉门油田为调查研究奠基 …………………… 075
　一、中外专家调研催生大陆首个油田 ………………… 077
　二、玉门油田第二次大规模调研与企业社会主义改造 … 081
　三、玉门油田第三次大规模调研与企业的转型 ……… 085

第二节　克拉玛依油田诞生于调查研究 ……………… 089
　一、无数次的争论 …………………………………… 089
　二、横空出世大油田背后 …………………………… 094

第三节　调查研究决定川中会战命运 ………………… 098
　一、新中国第一个石油会战 ………………………… 098
　二、前所未有的遭遇战 ……………………………… 101
　三、经验与教训 ……………………………………… 104

第四节　调查研究是大庆油田的根基 ………………… 108
　一、"三基"工作的诞生 ……………………………… 108
　二、一把火烧出岗位责任制 ………………………… 110
　三、总结形成一套企业管理制度 …………………… 115

第五节　三次重大战略调整背后的调查研究 ………… 126
　一、松辽地区石油勘探 ……………………………… 126
　二、稳定东部与发展西部 …………………………… 132

三、海外调研催生海洋石油对外合作 …………………………… 136

第三章 石油调查研究的成果与经验 /143

第一节 党和国家领导人对石油工业的调查研究 ……………… 145
 一、毛泽东：发展石油工业，还得革命加拼命 ……………… 146
 二、邓小平：石油勘探工作应从战略方面来考虑 …………… 147
 三、江泽民：能源安全中，最重要的是石油安全 …………… 148
 四、胡锦涛：不断攀登石油勘探开发的高峰 ………………… 150
 五、习近平：能源的饭碗必须端在自己手里 ………………… 151

第二节 石油行业调查研究成果 ………………………………… 154
 一、调查研究催生石油精神 …………………………………… 154
 二、大庆精神是调查研究的结晶 ……………………………… 157
 三、铁人精神与调查研究 ……………………………………… 174

第三节 石油工业调查研究的启示 ……………………………… 182
 一、石油工业调查研究史也是一部中国石油工业发展史 …… 182
 二、调查研究要目标明确、有的放矢 ………………………… 184
 三、调查研究必须深入、务实 ………………………………… 185
 四、调查研究的核心在于应用和推广 ………………………… 191

第四章 新时代石油企业的调查研究 /193

第一节 顶层设计 率先垂范出实招 ……………………………… 197
 一、统筹推进，顶层设计 ……………………………………… 198
 二、领导干部率先深入基层调研 ……………………………… 200

第二节　发扬斗争精神　动真碰硬求实效 …………………… 206
　一、坚持"问题导向"破题 ………………………………… 206
　二、坚持"效果导向"解题 ………………………………… 207

第三节　坚持群众路线　用心用情关爱员工 …………………… 212
　一、以调研践行群众路线 …………………………………… 212
　二、及时回应基层干部群众所想所急所盼 ………………… 213

第四节　重点调查研究典型企业 ………………………………… 216
　一、对科研院所的调研 ……………………………………… 216
　二、对海外石油企业的调研 ………………………………… 218
　三、对习近平总书记视频连线企业的调研 ………………… 222

第五节　以调查研究促进中国石油高质量发展 ………………… 228
　一、持之以恒推动调查研究 ………………………………… 228
　二、持续推动调研成果转化应用 …………………………… 233
　三、调查研究永远在路上 …………………………………… 240

附录　优秀调研报告摘录 /243

附1　向精细管理要效益
　　　——关于华北油田公司实施精细管理的调查报告（上）…… 245
　　　向精细管理要效益
　　　——关于华北油田公司实施精细管理的调查报告（下）…… 250
附2　在疫情防控油价低迷和深化改革多重背景下员工思想状况的
　　　调研分析报告 ………………………………………………… 256

附3 创新完善基层党建"三基本"建设与"三基"工作有机融合载体
纵深打造现场管理工程的调研报告 …………………… 273

附4 中国能源企业科技传播调查研究
——以某油气行业央企为例 ……………………………… 285

参考文献 ……………………………………………………… 298

第一章

调查研究是党的传家宝

第一节　调查研究起源

"没有调查，就没有发言权。"这是1930年5月毛泽东为了反对当时红军中存在的教条主义思想，在《反对本本主义》一文中提出的重要论断。作为中国共产党的传家宝，调查研究在党史上具有重大意义，贯穿了我党从小到大、从弱到强整个过程。

在中国共产党百年历史叙事中，调查研究是谋事之基、成事之道。我党从建立到发展的历史过程中，自始至终贯穿着一个清晰的主题：没有调查研究，就没有发言权，更没有决策权。

重视调查研究，是我党在革命、建设、改革各个历史时期工作的传家宝。无论党的思想路线还是工作路线，都要求我们不断加强调查研究，坚持实事求是，一切从实际出发，理论联系实际。从历史上看，我们党在出台重要方针政策、作出重大决策部署前，都会深入调查研究、了解和掌握第一手材料。坚持好这一优良传统，能从根本上保证党的路线方针政策和各项决策的正确制定与贯彻执行，使工作中尽可能防止和减少失误，始终朝着建党之初的方向前行。

进入新时代，我党的调查研究从理论到实践上得以丰富与深化，让党的传家宝内涵更加丰厚。2011年11月16日，中共中央党校秋季学期第二批入学学员开学典礼上，时任中央政治局常委、中央书记处书记、中央党校校长的习近平以《谈谈调查研究》为题，系统阐述了新时代调查研究的意义、方法和要求，为新时期我党的调查研究指明了方向。他指出：调查研究不仅是一种工作方法，而且是关系党和人民事业得失成败的大问题。

广大党员干部要学习和掌握正确方法，努力提高调查研究水平和成效，建立和完善制度，保证调查研究经常化。

作为党领导的综合性国际能源公司，中国石油从无到有，从小到大，调查研究同样贯穿了公司整个历史，成为发展壮大的指路明灯。

2023年，根据中共中央办公厅《关于在全党大兴调查研究的工作方案》，中国石油制定了大兴调查研究实施细则，要求全体党员干部在工作实践中加强调查研究，凝聚加快建设基业长青世界一流综合性国际能源公司的共识和力量。

大兴调查研究，首先要明确我党调查研究的基本概念、特征，以及我党百年调查研究的历史，这样，才能明确调查研究的意义、要求、内容和方法步骤，把调查研究成果转化为推进工作、战胜困难的实际成效，前瞻性思考、全局性谋划、整体性推进中国石油的各项工作。

一、调查研究概念

调查研究属于社会学的研究范畴，是一门有着独立学科体系、教材体系的科学。

调查研究有广义和狭义之分。广义的调查研究是人们实地了解事物和现象的活动和方法；狭义的调查研究单指研究方法上的技术。从词源意义上看，调查研究是由"调查"与"研究"两个词构建起来的。调查研究包含着调查与研究两个内容、两个环节。调查研究的对象是客观事物和社会生活，主体是生活在社会事物的真相、性质和规律的活动，是人们认识社会的方法、技能和手段。

调查研究，是一个主题的两个部分。调查，是对某一事物进行了解，准确地反映客观事实，按照事物的本来面目了解其内涵。调查结束后，出具详实的调查报告。研究，则是在掌握客观事实的基础上去认真分析，揭示事物的本质，探求事物的真相、性质、规律，并形成一种对客观事实的共识，为决策提供支撑。

从理论上讲，调查研究是人们深入现场进行考察以探求客观事物的真相、性质和规律的活动，针对某一情况、某一事件、某一经验或问题，经过在实践中对其客观实际情况的调查了解，将调查了解到的全部情况和材料进行去粗取精、去伪存真、由此及彼、由表及里进行分析研究，揭示其本质，寻找其规律，总结其经验。

调查是研究的前提和基础，研究是调查的发展和深化，所谓三分调查，七分研究，就是其通俗称法。泛意上调查研究的对象是客观事物和社会生活，主体是生活在社会中的人或者机构，对企业而言，调查研究则是企业战略决策和重大项目实施前的调查研究。调查研究是包含着调查与研究两个内容、两个环节的集合体，这两方面内容既有区别又紧密关联。

从逻辑角度看，调查就是寻找问题的真相，研究才是问题的本质。在实践中，我们既要重视调查，更要重视分析研究，对调查出来的问题进行梳理分类，分清共性问题和个性问题、主要问题和次要问题，透过纷繁复杂的现象抓住事物的本质，从偶然性问题发现必然性规律，由感性认识上升为理性认识，做到调查与研究的完美结合。

作为我党的根本指导思想和理论基础，马克思主义是中国共产党人首要的政治选择。放眼百余年前的德国，马克思与恩格斯十分重视对社会实际的调查与研究，他们从社会生活本身出发来研究社会，在社会调查和收集、分析资料的基础上完成了一系列著作，创立了科学社会主义理论。马克思长达200多万字的《资本论》，就是他对资本主义社会进行长期调查研究而撰写出来的鸿篇巨著。在《资本论》写作过程中，马克思参考了1500多种书籍和各种档案材料，做了数十本笔记，并深入西欧国家的一些工厂、村落进行实地考察与调查研究。1880年，马克思在调查研究的基础上，拟定出调查法国工人阶级受剥削状况的《工人调查表》，列举了四大类近 100 个具体问题，包括劳动强度、劳动时间、劳动环境等基本情况。与此同时，恩格斯通过对英国工人的工作条件、工资收入、衣食住行、健康教育水平等做的详细调查研究，写出《英国工人阶级状况》一书。

我党历来重视调查研究，历届领导人在调查研究的理论和实践方面，都为全党树立了光辉的典范。通过认真调查研究中国国情，把马克思主义普遍真理同中国革命、建设、改革具体实践相结合，我党先后创立了毛泽东思想、邓小平理论、"三个代表"重要思想、科学发展观和习近平新时代中国特色社会主义思想，引领中华民族走上全面复兴之路。

回首当年，在艰苦卓绝的革命战争时期，毛泽东在《反对本本主义》中说："迈开你的两脚，到你的工作范围的各部分各地方去走走，学个孔夫子的'每事问'，任凭什么才力小也能解决问题，因为你未出门时脑子是空的，归来时脑子已经不是空的了，已经载来了解决问题的各种必要材料，问题就是这样子解决了。"毛泽东认为"每事问"是我党调查研究的一种重要方式，强调"凡事尽量搞明白"，才能有助于问题的解决，为决策提供科学依据。

中国共产党百年历史，就是调查研究的历史。中国石油的历史，就是在马克思主义理论指导下，在中国共产党领导下开展调查研究的历史过程。

中国石油的调查研究，就是指对照央企高质量发展标准，运用科学手段，对能源进行有目的、系统的综合考察，搜集资料、信息，进行整理、分析和加工，用来阐述所了解到的事实状况与问题，预测发展变化的趋势，并提出有针对性的具体方案、建议或对策的科学实践活动。这次中国石油大兴调查研究之风，就是根据党中央确定的 12 个方面调查研究内容，结合集团公司实际，围绕 14 个方面 43 项内容的主要情况和重点问题开展调查研究。

调查研究实践活动本身具有三种意义：一是具有贯彻党的群众路线的意义。调查研究的过程是"从群众中来，到群众中去"的过程，是广泛听取群众意见，并进行再认识、再加工的过程。二是具有认识社会普遍规律的意义。调查研究作为人们科学地认识社会发展、进行社会变革、促进社会创新的一种基本方法，正处于逐步科学化的过程当中，其理论、方法和体系也是在实践中不断得到丰富和发展的。三是具有推动社会实践的意义。进行科学、实事求是的调查研究，是人们参与社会生活、影响社会生活、促进社会进步的一种方式和途径，必将对我们的生活产生重大有益的影响。

二、调查研究溯源

在中国石油全面开展调查研究之时，我们回顾调查研究历史，具有现实意义。调查研究经历了漫长的发展时期，它的内容随着经济、社会生活的不断丰富和发展，逐步充实丰厚。了解调查研究的历史，对于提高我们对调查研究工作的认识不无裨益。

调查研究贯穿人类发展史，从人类诞生之初便萌发出其雏形。在生产和生活中，我们对于不同事物总会通过观察、询问、交谈等多种方式，运用日常积累的直接或间接经验，进行分析判断，以获得对事物、对他人、对社会的基本认知。

追溯调查研究的历史，中国可谓世界上调查研究历史最悠久的国家之一，也是世界上调查史料最丰富的国家之一。

回溯到公元前 2100 年，我们的祖先就开展过大规模的山水普查。《禹贡》中关于山脉和河流的分布、源头、走向的记载，就是这一山水普查的成果，也是大禹治水取得成功的基础。秦始皇"初令男子书年""使黔首自实田"，以及西汉平帝元始二年，全国户口、田亩就是通过调查得出的结果。

严格意义上的调查研究起于原始社会末期、奴隶社会初期。生产力和社会分工的发展，剩余农产品的出现，是产生社会调查的物质基础；阶级分化，国家出现，社会管理需要，是产生社会调查的直接动力；古代文明的发展，文字和数字的发明应用，是产生社会调查的文化前提；社会职业化，脑力劳动者的出现，是产生社会调查的社会力量。

古时"调"有计算、算度之意；"查"有查考、查究之意。调查就是通过对事物的考察和计算来认识客观事物发生、发展现象的活动。"研"，有审查探讨的意思；"究"，有追究、穷尽的意思。研究就是通过对调查得来的感性材料进行理性审查加工，以达到对客观事物本质和规律性认识的活动。近代，康有为、梁启超也曾提出"调查国情""以十年之功，遍游各省，上至都会，下至村落，调查研究无不周历"的调查研究整体构想，为我国近代调研史奠定了基础。

古代调研处在社会生产力比较低下的大背景下，调查者通过观察、走访以及查阅资料，通过调查者自身的主观感受和思维方式进行研究分析、判断推理，得出结论。由于调查方式比较落后，覆盖面低，调查研究结果带有极大的主观性和片面性，缺乏指导意义。

近代社会调查方法源自英国海关管理制度和西方近代统计方法，于19世纪60年代传入中国，影响了我国社会调查的格局。近代社会调查方法自系统引入中国起，许多调查专家凭借丰富的调查经验，对其进行了系统总结、提升。

中华人民共和国成立后，调查研究从单一的社会调查研究演变为全方位的综合性调查研究，真正成为我党谋事之基、成事之道，为国家重大问题决策提供了科学保障和重要支撑。

三、中国共产党百年调研回顾

习近平总书记在庆祝中国共产党成立100周年大会上指出:"中国共产党坚持马克思主义基本原理,坚持实事求是,从中国实际出发,洞察时代大势,把握历史主动,进行艰辛探索,不断推进马克思主义时代化,指导中国人民不断推进伟大社会革命。"

回顾中国共产党百年调查研究历程,自始至终贯穿着实事求是的脉搏,这是审视我党调查研究历史的视角和思考的维度,同时也是中国石油开展调查研究的大背景。

中国共产党的调查研究一开始就从中国实际出发,洞察时代大势,把马克思主义基本原理和中国具体实际相结合。马克思主义实践的意义不仅在于认识世界,同时也在于改造世界。通过广泛深入的调查研究,我党先驱们找到了认识世界的基本方法,走上了改造世界的重要途径。

我党调查研究的基础,始终以马克思主义基本原理为指导,以社会革命为导向,运用阶级分析、矛盾分析等方法对中国社会实际情况尤其是农村状况进行调查研究,为中国共产党领导下的中国革命、建设、改革的方针和政策制定奠定坚实之基。

十月革命一声炮响,送来了马克思主义,其观点方法在研究中国社会现实问题的调查研究中得到广泛应用。李大钊作为宣传马克思主义思想的革命先驱者,先后发表了《法俄革命之比较观》《庶民的胜利》等一系列宣传马克思主义的作品,将马克思主义立场、观点、方法看成改造世界原动力的学说;毛泽东的《中国社会各阶级的分析》就是应用马克思主义方法研究中国现实问题的卓越成果。

我党先驱在革命初期就以调查研究为工具,认识中国国情,探索革命之路。调查研究是中国共产党建党百年的优良传统,是实事求是的实现形式，是坚持党的思想政治路线的保证，是理论和实际相结合的行动。

中国共产党人的调查研究是在全国范围进行的，即使在国民党统治区的特定历史环境下，也千方百计进行周密系统的调查。在广泛的调查研究中，他们把马列主义同中国的具体实际联系在一起，找寻拯救民族的现实性。翻开中国共产党调查研究史，在20世纪曾有过三次影响较大的关系党和人民事业得失成败的调查研究实践活动。

一是20世纪30年代前后在江西苏区进行的农村调查。毛泽东的《中国佃农生活举例》《湖南农民运动考察报告》《中国的红色政权为什么能够存在？》《星星之火，可以燎原》等著作，就是在历史紧要关头、在极其艰难的环境下广泛深入社会调查的成果，从理论上阐明了中国革命必须走农村包围城市、武装夺取政权的道路。此后，毛泽东的《寻乌调查》《兴国调查》《长冈乡调查》《才溪乡调查》等大量社会调查报告，为我党了解中国国情、制定民主革命时期的战略策略、夺取新民主主义革命的胜利提供了理论和客观依据。

二是把调查研究确立为党的工作方法。1941年8月，毛泽东起草了《中共中央关于调查研究的决定》，从制度上对调查研究作了规划部署，这是我党最早的关于调查研究的决定之一，具有里程碑意义。

三是1961年大兴调查研究之风。20世纪60年代初，我党遭遇建国以来前所未有的严重经济困难，中央决定深入基层，认真调查研究，纠正错误，调整政策。毛泽东说：希望1961年成为一个调查年，大兴调查研究之风。八届九中全会一结束，毛泽东立即组织三个调查组，分赴浙江、湖南、广东农村进行调查。在调查研究的基础上，我党制定了"农业六十条""工业七十条"等政策，并召开了划时代的七千人大会，及时纠正了错误。

我党历届领导集体都很重视调查研究。第一代领导人毛泽东在建党初期就高度重视调查，作出了"没有调查，没有发言权"的著名论断。第二代领导人邓小平在改革开放和社会主义现代化建设时期非常重视调查研究，改革开放的若干重大决策也都源于他对世情国情的深入研究和科学判断。以江泽民为核心的党的第三代领导集体和以胡锦涛为核心的第四代领导集体，同样非常重视各种形式的调查研究。

进入新时代，以习近平为核心的党中央高度重视调查研究工作。习近平总书记根据新时代中国式现代化建设的要求，在思想观念、历史传承、实践要求、方法要求、能力与制度要求上深刻阐明了新形势下坚持调查研究、怎样做好调查研究，把我党调查研究之风推向新境界。

中国共产党人的初心使命，就是为人民谋幸福，为中华民族谋复兴。重视和坚持调查研究，不仅是辩证唯物主义认识论的基本要求和我们党的基本工作方法与优良传统，更是党保持同人民群众密切联系的重要渠道。

进入新时代，党和国家面临新的环境，中国式现代化全面开启，更需要我们大力弘扬并坚持调查研究，认真搞好调查研究，创造中国式现代化新道路，创造人类命运共同体的文明新形态。

四、调查研究的理论基础与方法论

了解调查研究的来源与中国共产党调查研究的历史后，还需要了解调查研究的理论基础，这样才能从理论层面更好地理解调查研究的实质。

调查研究是马克思主义世界观和方法论的集中体现。我党关于调查研究的思想和实践，坚持和发展了马克思主义思想路线和思想方法，同时又吸收了民族传统文化的丰富养分。在探索实践中，我党成功实现了马克思主义基本原理同中国具体实际相结合，不断推进马克思主义中国化时代化。

调查研究是马克思主义认识论的基本要求。实践是认识的基础和来源，也是检验认识真理性的唯一标准，认识对实践具有反作用，这是马克思主义认识论的基本观点。调查研究作为一种特殊的实践，贯穿于"实践—认识—再实践—再认识"的全过程。

理论和实践的辩证统一关系决定了理论创新必须从社会实践中破题，从而上升至哲学层面。建党百余年来，我们党一直注重通过调查研究认识中国国情、创新发展党的理论，推动中国革命、建设和改革事业不断取得胜利。历届中央领导集体都注重身体力行，以上率下，为推动调查研究进行积极思考和探索，推动党的调查研究在理论上不断丰富发展，在实践中不断深化探索。在这一过程中，我党自身不断走向强大，中国式现代化建设事业持续推进。新时代新征程，深化党的建设，推动全面建设社会主义现代化国家需要我们继承和发扬党的调查研究的优良传统。

调查研究是党坚持实事求是的内在要求与思想基础。人的正确思想不能从天上掉下来，只能从社会实践中来，从深入实际的调查研究中来，再到实践中去。调查研究需要实事求是支撑，集中体现马克思主义唯物主义认识论。我党百余年来将实事求是思想原则灵活运用于革命、建设和改革的实践过程中，从根本上改变了中华民族的前途命运。

我党在领导和推动中国革命、建设、改革和新时代发展的过程中，重视调查研究、勤于调查研究、善于调查研究，在调查研究中发现问题、总结规律，不断深化对中国国情的认识，深化对中国革命、建设、改革和新时代发展规律的认识。

当前，中国式现代化建设正在进行中。随着中国国家实力的不断增强，西方国家遏制中国发展的力度不断加大，同时随着生活水平的提高，人民对美好生活的向往追求越来越高，中国式现代化实践中各种不确定、难预料的风险挑战，以及艰巨繁重的改革发展任务等都要求我们必须重视和加强调查研究。各级党委和党的领导干部尤其要树立调查研究的思想自党、政治自觉、行动自觉，把调查研究作为做出重大决策、制定规划的必要环节、必经程序，以调查研究推动科学决策，破解党的建设和现代化建设面临的各种难题。

坚持守正与创新相统一，运用好科学的调查方法。科学运用好调查研究方法是开展好调查研究的应有之义。在新民主主义革命时期，毛泽东同志创造性地运用了多种调查研究方法，如典型调查法、开调查会等。中华人民共和国成立后，毛泽东同志特别注重让身边的工作人员出去搞调查，尤其是通过警卫人员回家探亲的机会调查了解农村情况。进入新时代，习近平总书记强调指出，新时代开展调查既要注重运用科学方法，在坚持走访、蹲点、开座谈会等调研形式的同时，还要适应当今社会信息化网络化的特点和要求，提高运用互联网、大数据的能力，通过运用科学方法真正把群众面临的问题挖掘出来。

调查研究是党的作风的集中体现。新民主主义革命时期，以毛泽东同志为主要代表的中国共产党人，在开展调查研究中始终注意坚持问题导向，甘当小学生，到百姓家里、到田间地头，耐心请教。1941年发布的《中共中央关于调查研究的决定》特别强调要力戒空疏，力戒肤浅，扫除主观主义作风。

"蜻蜓点水"式调研、"钦差"式调研，是调研中的常见问题。有的领导干部为调研而调研，甚至扎堆调研、作秀调研，给基层造成沉重负担。有的领导干部不是去向实际找答案，而是带着答案去找支撑，颠倒了调查研究与决策的关系。

调查研究在不同时期有不同的特点，能源行业调查研究同样具有自身特性，需要领导干部去精准把握。新时代开展调查研究尤其要力戒形式主义、官僚主义。一是坚持问题导向。开展调查研究首先是掌握和了解实际情况，问题意识是否到位直接影响调查研究工作的成效。因此，开展调查研究要突出问题导向，尤其要聚焦经济社会发展的重点问题，以及本单位工作中遇到的各种难题，善于把认识和解决问题作为打开工作局面的突破口。二是必须坚持党的群众路线。群众路线领导方法表明，领导者要依靠被领导者——群众的实践来认识世界，又必须依靠群众的实践来改造世界。在调查研究中坚持群众路线，就是要求党员领导干部在调查研究中要带着解决问题的目的开展调查研究，真心拜群众为师，放下架子、扑下身子，做到不发通知、不打招呼、不听汇报、不用陪同接待，切实减轻基层负担。三是做好调查研究成果运用。衡量调查研究搞得好不好，关键要看调研成果能不能真正解决实际问题。针对调查研究发现的问题，要形成调研报告，拿出破解难题的实招、硬招，使调查研究成果真正服务于党和政府的决策，推动调研成果真正落地落实。

调查研究制度是实现调查研究工作常态化的基本保证。长期以来，我党在推进调查研究过程中为建立健全调查研究制度进行过积极有效的探索。中共中央办公厅2023年3月发布的《关于在全党大兴调查研究的工作方案》，对新时期调查研究做了制度性规范。新时代深化调查研究制度建设，各级党组织除了要坚持和完善重要决策调研论证制度、领导干部联系点制度等制度之外，还需要依据《关于在全党大兴调查研究的工作方案》的要求，制定具体的调查研究制度，规范领导干部调查研究的工作程序，明确调查研究中的纪律要求，并规定违反调查研究制度的处罚措施。各级党委和纪委需要加强对调查研究制度执行情况的监督。在条件成熟时，可以考虑出台专门的关于调查研究的党内法规，进一步推进调查研究工作制度化规范化。

调查研究中必须坚持党的全面领导。党的全面领导是全面的、系统的、整体的，必须全面、系统、整体加以落实。这是国家和民族兴旺发达的根本所在，是全国各族人民幸福安康的根本所在。坚持党对调查研究工作的全面领导，使调查研究成为全体党员干部的经常性工作，才能做好今后事关党和国家全局的战略性部署，才能真正让党的路线方针政策转化为国家意志。

在调查研究中必须坚持群众路线。群众路线是马克思主义群众观同中国具体实际相结合的一个独创性成果，是中国共产党百年奋斗经验的深刻总结。开展调查研究工作实质上就是践行群众路线。只有坚持从群众中来、到群众中去，增进同人民群众的感情，真诚倾听群众呼声、真实反映群众愿望、真切关心群众疾苦，自觉向群众学习、向实践学习，才能把党的正确主张变为群众的自觉行动。

调查研究必须坚持实事求是。实事求是，是我们党在长期的革命斗争中形成的思想路线，坚持这一思想路线，就必须在实践中检验和发展真理。开展调查研究工作就是贯彻党的实事求是思想路线。只有坚持实事求是，坚持一切从实际出发，理论联系实际，听真话、察实情，坚持真理、修正错误，有一是一、有二是二，既报喜又报忧，不唯书、不唯上，只唯实，才能正确地认识和改造世界。

调查研究必须坚持攻坚克难。勇于善于攻坚克难，这是党员干部干事创业所必需的能力品质。做好调查研究工作，必须练就斗争的真本领、真功夫，面对困难不推诿、不逃避，面对风险不畏缩、不躲闪。只有在开展调查研究工作中坚持攻坚克难，发扬斗争精神，增强斗争本领，勇于涉险滩、破难题，知难而进、迎难而上，才能真正做到把调查研究成果转化为推进工作、战胜困难的实际成效。

调查研究必须坚持系统观念。系统观念是具有基础性的思想和工作方法。调查研究就是要通过历史看现实、透过现象看本质，不断提高战略思维、历史思维、辩证思维、系统思维、创新思维、法治思维和底线思维能力。只有把握好整体和局部、当前和长远、宏观和微观、主要矛盾和次要矛盾、特殊和一般的关系，才能真正做到前瞻性思考、全局性谋划、战略性布局，整体性推进党和国家各项事业。

当下，世界格局正在重组，未来最大的不变就是变化，所以必须树立全局观。党的二十大报告指出的"世界之变、时代之变、历史之变正以前所未有的方式展开"，是中国共产党对当今中国发展面临的战略环境所作出的新的重大判断。习近平总书记强调："面对复杂形势和艰巨任务，我们要在危机中育先机、于变局中开新局，干部特别是年轻干部要提高政治能力、调查研究能力、科学决策能力、改革攻坚能力、应急处突能力、群众工作能力、抓落实能力，勇于直面问题，想干事、能干事、干成事，不断解决问题、破解难题。"

五、调查研究的基本特征

回顾我党百年调查研究历史后，聚焦在此大背景下的中国石油调查研究工作，不同于其他领域的调查研究，中国石油调查研究具有自身鲜明的特点。

从通用层面的调查研究基本特征看，调查研究分为描述型研究和解释型研究。描述型研究的主要目的是描述情况及事件，即对事实的状况、外部特征、发展过程进行客观描述。解释型研究以探讨逻辑关系和规律为目的，一般是从理论假设出发，对原因与现象之间的逻辑关系做一假设，再通过观察、调查来检验假设，同时努力通过表象发现其本质及规律。

专业性是调查研究的特征。在研究的方法层次上，调查研究有其特有的概念、基本原理、公式、方法；在研究的技术层次上，具有独特的方法、工具和技术。

调查研究具有系统性。不同行业有不同的目的与方向，包括选择课题、设计研究方案、收集资料、整理与分析资料、解释调查结果以及检验调查结论等程序。从选择课题到最后做出调查报告，步骤有机紧密地结合在一起，才能形成完整的系统性过程。

调查研究具有客观性。调查研究是从事实出发、以实际调查为主，能够直接从被调查者那里得到第一手资料，文献资料要求真实可靠，由此而得出的结论也就更为客观、科学。

调查研究具有实证性。调查研究是建立在资料的收集与分析基础之上的，资料来源于社会实践，所归纳出的结论和理论与资料所显示的结果相一致，经得起实践检验。

调查研究具有针对性。进行调查研究有的放矢，是为了解决实际问题而进行针对性调研，而非随意型。

从调查研究的基本特征看，中国石油的调查研究具有特殊性，需要结合行业特点有的放矢开展调研，解决实际问题是根本。

一部百年能源史，百万翻天覆地人。中国石油的调查研究除了一般工业发展的基本规律和特征之外，更由于石油资源本身的特殊性和石油工业重要的经济、政治、军事意义，呈现出自身特征。

一是具有鲜明的政治属性。能源产品的广泛用途关系到国家的国计民生，因而具有强大的政治属性。特别是进入21世纪以来，在国家总体安全观下保障本国油气供应、获取石油资源、建立本国的油气储备，成为各国能源企业生存与发展的核心任务。

二是具有高投入、高风险、高回报的特征。由于能源资源在地下蕴藏情况的复杂性和人类科学技术水平的限制，所以该行业至今仍是一项需要极大资金投入而未来收益具有高度不确定性的风险投资行业。

三是能源行业具有产业垄断性特征。能源行业形成集中垄断的时间最早、垄断程度较高、企业规模较大。行业的资本密集度和能源开采的高额成本也成为许多公司进入该行业的天然壁垒。能源产业的垄断性特征与其投资巨大、风险较高、利润较丰的基本特征密切相关。进入该行业的必须是资金雄厚、技术人才密集的大型或特大型企业。

四是资源不可再生性和分布不均衡性。能源产业属于资源采掘型产业，生存发展受到资源的约束，其可持续发展必须依靠新增储量的接替。

五是能源行业的战略属性。以油气为代表的能源是军用、民用各类交通工具不可替代的能源，第二次世界大战以后，油气成为石化工业重要原材料，是人类政治、经济、军事及日常生活的基础和保障。油气资源的有限性和不可再生性，以及资源分布的不均衡，令各国对油气资源的争夺愈发激烈，具有强大的战略属性。

综观能源行业的五大基本属性，科技是决定其发展和命运的根本力量，科技进步从根本上改变着能源行业的面貌。石油诞生初期，仅能作为一种照明用的普通矿物资源。内燃机等重大科技发明的出现，让石油的身价一飞冲天，成为人类社会不可替代的能源。到了今天，油气不再是单一的能源，油气和煤炭等化石能源与新能源共同构建了综合性国际能源公司的内涵，调研的内容外延扩大，被赋予更深的内涵。

明白了能源行业的基本属性，在调查研究中，就明白能源在人类生活中的极端重要性，从而要增强政治意识，从总体国家安全观角度，把握大局，提高政治判断力、政治领悟力、政治执行力。在具体的调查研究工作中，要坚持正确的政治方向，善于从政治上研判形势、分析问题。深入学习宣传贯彻党的二十大精神，对照党中央提出的"十四五"经济社会发展主要目标和2035年远景目标，贯彻落实习近平总书记重要讲话和对能源行业相关工作重要指示批示精神，完整准确全面贯彻新发展理念，锚定世界一流目标，科学谋划企业高质量发展，团结奋斗、勇毅前行，为中国石油加快建设世界一流企业做出新贡献。在调研中，要紧扣高质量发展这个主题，立足新发展阶段、贯彻新发展理念、构建新发展格局，坚持问题导向，自觉在通过调查研究积极解决问题。

　　党员干部进行调查研究，事先都有明确的目的，是为了解决一些全局性管长远的宏观问题，或者是一些微观性的具体现实问题。这就需要深入基层、深入一线，了解各种新情况，认真总结群众创造的新经验，从实践中找到切实可行的解决之策，从而使调查研究有的放矢，同中心工作和决策需要紧密结合起来，更好地为集团公司科学决策服务。党员干部的调查研究工作，一定要克服只调查不研究或只研究不调查的倾向，还要避免学究式、书斋里的研究，增强实用性。

第二节 新民主主义革命时期调查研究

一、通过调研探索中国革命道路

调查研究是具有历史性和逻辑性的工作方法，是具有自身规律的制度。回首我党在建党百年中不同历史时期的调查研究，对新时期能源企业调查研究有很大的参考与启发。

新民主主义革命时期，是指 1919 年至中华人民共和国成立的时期。分为四个阶段：第一阶段为 1919 年至 1927 年，称为大革命时期；第二阶段为 1927 年至 1937 年，称为土地革命时期；第三阶段为 1937 年至 1945 年，称为抗日战争时期；第四阶段为 1945 年至 1949 年中华人民共和国成立，称为解放战争时期。

调查研究是我们党找到正确革命道路的制胜法宝。早在建党之初，我们党就通过大量调查研究分析革命特点和规律，探寻革命道路。

毛泽东同志是我们党身体力行、率先垂范、深入开展调查研究的光辉典范。大革命时期，毛泽东同志深入农村、工厂、矿井了解民生疾苦，写下了《中国社会各阶级的分析》《湖南农民运动考察报告》等经典著作，分析了中国革命的关键所在"谁是我们的敌人，谁是我们的朋友"、提出了解决中国革命的中心问题——农民问题的理论和政策，为开辟"农村包围城市，武装夺取政权"革命道路奠定了坚实基础。井冈山和中央苏区时期，毛泽东同志做了大量深入细致的调查研究，写成了《寻乌调查》《兴国调查》等调查报告。1930 年，毛泽东同志在《反对本本主义》一文中提出了"没有调查,没有发言权"的著名论断,指出"中国革命斗争的胜利要靠中国同志了解中国情况"。延安时期,调查研究作为党的一项重要的工作制度被确立起来,调查研究在党内蔚然成风。

1921年秋冬到1922年9月初,毛泽东同志先后三次到安源调查,并和刘少奇、李立三等人一起领导安源路矿工人运动。1923年6月1日,中国社会主义青年团中央执行委员会通告第三十三号(以下简称《通告》)明确提出调查农民状况的要求。1927年,为了弄清各地蓬勃兴起的农民运动究竟是"好得很"还是"糟得很",毛泽东同志考察了湘乡、湘潭、衡山、醴陵、长沙5县的农民运动情况,写出了《湖南农民运动考察报告》。这篇报告提出的一系列重要的群众观点,为党的群众路线奠定了思想理论基础。

星星之火,可以燎原。在毛泽东同志为代表的共产党人的努力下,党的领导成员对调查研究进行了积极的探索。彭湃同志积极深入群众开展调查研究,撰写了《海丰农民运动报告》,分析了海丰社会的阶级状况,揭露了地主压迫农民的真相,从理论上阐明了农民运动必然发生和发展的根源。

大革命失败后,党先后发动了南昌起义、秋收起义、广州起义等一系列武装起义,创建农村革命根据地。在这一过程中,以毛泽东同志为主要代表的中国共产党人进一步深化思考和探索,在调查研究中对中国革命道路的认识不断得以深化。井冈山革命根据地建立以后,针对"红旗到底打得多久"的疑问,毛泽东同志对井冈山宁冈、永新等地自然条件、经济、政治等进行了详细调查,并写下了《宁冈调查》(1927年)和《永新调查》(1928年),在此基础上制定了《井冈山土地法》。

1930年5月,红四军攻克寻乌县城,毛泽东同志利用这个机会,在中共寻乌县委书记古柏的协助下,接连开了十多天座谈会,在此基础上写了《寻乌调查》。《寻乌调查》不仅调查了农村，还调查了城镇，尤其调查了城镇的商业和手工业状况。1930年10月，他又到兴国进行土地革命情况的调查，写成了著名的《兴国调查》。之后，1933年11月，毛泽东同志又分别写下了《长冈乡调查》和《才溪乡调查》2篇调查报告。通过这些实际调查，毛泽东同志进一步了解了根据地的农村社会和农民生活情况，及时发现和纠正了村乡两级苏维埃政府在分配土地过程中出现的错误和偏差，明确提出了解决富农问题的正确办法。

这一时期以毛泽东同志为主要代表的中国共产党人对调查研究进行了多方面的思考和探索，深化了对中国国情的认识，明确了在中国革命中依靠谁、团结谁、孤立谁、打倒谁的问题，为党寻找中国革命之路奠定了坚实的基础。

二、延安时期调查研究

延安时期指的是中共中央在陕北的13年。1935年10月19日，中共中央随中央红军长征到达陕北吴起镇，落户陕北，到1948年3月23日。这13年时间，也是新民主主义革命时期调查研究的代表性时期。延安时期，中国共产党对调查研究较之于以往有了更为深刻的认识，从客观存在的事物出发、从实际出发而非从本本出发，大兴调查研究之风，端正了对中国实际问题的认识，调查研究成为全党的思想方法和工作方法。

延安和陕甘宁边区成为中国人民抗日战争的领导中心、解放战争的总后方、万众瞩目的革命圣地。我党历来重视调查研究工作，而将其作为一项党内政治制度加以确立，则是在延安时期。

在中央红军第五次反"围剿"失败和长征初期红军力量遭受严重损失的局势下，为总结第五次反"围剿"西征军事指挥上的经验教训，根据黎平政治局会议的决定，在毛泽东、张闻天、王稼祥等领导的努力促成下，

1935年1月15日至17日在遵义召开中共中央政治局扩大会议，确立了毛泽东同志在党中央的领导地位，党的政治路线回归到正确的轨道。与此同时，党的调查研究多方面推进。这一时期调查研究工作受到全党重视，在更高层次、更广范围内推进，调查研究在党内蔚然成风。

1937年10月，抗日民族统一战线刚刚建立，毛泽东同志就重提调查研究，准备将部分调查材料汇编出版《农村调查》一书，并写下了序言。1938年3月，毛泽东同志在中国人民抗日军事政治大学（简称抗大）第三期第三大队讲话中再提调查研究，指出调查应当是客观的、全面的、历史的、联系的、本质的。党的六届六中全会肯定了遵义会议以来政治路线的正确，进一步巩固了毛泽东同志在党内的领导地位。

1939年10月，毛泽东同志为《日本帝国主义在中国沦陷区》一书撰写的序言中指出：在沦陷区中敌人干了些什么并将要怎样干这个问题方面，抗战干部中没有研究或没有系统研究的，乃是十人而九。序言最后指出："要解决问题就须要研究，须要从材料中引出结论，这是另外一种工作。"

1941年3月17日，毛泽东同志为《农村调查》一书写下了第二篇序言，写道："出版这个参考材料的主要目的，在于指出一个如何了解下层情况的方法，而不是要同志们去记那些具体材料及其结论。"他要求，"第一是眼睛向下，不要只是昂首望天"。可见，调查研究是反对主观主义、教条主义的基石，是延安整风的一个重要组成部分，是转变党的作风的基础一环。

1941年5月，延安整风运动准备阶段，党中央立即从确立制度着手，将成熟的调查研究理论和实践在全党推广。7月7日，中共中央发出《关于设立调查研究局的通知》，指出中央已设立调查研究局。8月1日，党中央发布了《关于调查研究的决定》和《关于实施调查研究的决定》。提出

"两种鼓励""两种批评"和"两种反对",即"鼓励那些了解客观情况较多较好的同志,批评那些尚空谈不实际的同志;鼓励那些既了解情况又注意政策的同志,批评那些既不了解情况又不注意政策的同志"。

1941年5月19日,毛泽东同志在《改造我们的学习》中向全党发出了大兴调查研究的倡议;当年8月1日,正式发出《中共中央关于调查研究的决定》。同时,这一时期还组建了各种调查团,毛泽东同志专门向调查团作关于农村调查的报告。朱德、张闻天、林伯渠等领导人率团深入乡村调研。1942年1月26日,张闻天率领"延安农村调查团"从延安出发,开始了历时一年多的调研,先后到神府县、米脂县、绥德市等地进行调查研究,形成了《米脂县杨家沟调查》等成果。1943年4月25日至5月6日,林伯渠在安塞、志丹两县农村调研之后,在《解放日报》发表了调研报告《农村十日》,强调要注重调查研究。正是在广泛调查研究中,延安时期"走"出了大生产运动等一系列民生政策。实践证明,新民主主义革命的胜利离不开调查研究。

8月26日,毛泽东看了高克林写的关于运盐的调研报告《鲁忠才长征记》后,特地加了按语并推荐给中共中央机关报《解放日报》。9月16日,《解放日报》刊登了胡乔木的《为什么要向主观主义宣布坚决无情的战争》一文,认为中共中央《关于调查研究的决定》"乃是全民族的思想革命的动员令,乃是中国的唯物主义向唯心主义宣告决战的纪念碑"。

1942年延安整风运动正式开始时,调查研究的思想方法和工作方法得到有效推广,在思想领域内,实事求是的科学调查研究精神已经逐渐培养起来。为使调查研究普遍深入生活中去,1942年3月3日,中共中央书记处发出《关于检查调查研究决定执行程度的通知》。通知开宗明义地指出"调查研究决定是反主观主义的重要指示",并对各地执行程度进行了全面检查,成为一个有历史意义的转变。

调查研究始终是我党在延安时期重要的工作方法，推广学习测验制度就是一例。陕西省安塞县学习委员会举行学风文件学习测验，题目中有：整风学习中，你感到自己的工作部门哪些地方存在主观主义毛病？哪些地方调查研究不够，你计划怎样改进？这样的考试在当时比比皆是，将调查研究与党性、学风、作风相联系，从而让党员干部在思想和实践中有所改变。

把调查研究推向深入，党的领导推动和示范是一个强有力的因素。针对1940年到1941年陕甘宁边区出现的空前财政经济危机，毛泽东同志在广泛调查研究的基础上撰写了敌后抗日根据地经济建设的指导性文章《经济问题与财政问题》，并在西北局高干会上普遍宣传。

1941年1月5日，毛泽东同志在中共中央宣传干部会上作了《改造我们的学习》的报告，拉开了为期三年多的"延安整风运动"序幕。针对党内脱离实际的主观主义、教条主义倾向，毛泽东提出全党要"大兴调查研究之风"。

延安整风运动期间，毛泽东同志在《改造我们的学习》中指出党内存在的主观主义表现，即"根据'想当然'，就在那里发号施令"。1942年，毛泽东同志又相继作了《整顿党的作风》和《反对党八股》的报告。毛泽东同志认为无论是教条主义还是经验主义，都是主观主义的表现，主观主义是"左"倾冒险主义和右倾机会主义的认识论根源，要克服主观主义，调查研究是根本方法。

在实践中，这一时期党中央及各部委办、群众团体纷纷成立了各种调查团，仅在陕甘宁边区，就有以高岗任团长的中共中央西北局调查研究室考察团和以张闻天为团长的延安农村调查团，此外还有中央青委考察团、中央妇委妇女生活调查团等。1942年1月26日，张闻天带领调查组成员从延安出发，首先由神府县贺家川开始，4月至8月在山西兴县，9月至

11月在米脂县杨家沟，12月至次年2月在绥德，到次年3月初返回延安，前后持续了一年零两个月的时间。回到延安后，张闻天集中精力总结陕北、晋西北调查的情况，撰写了《出发归来记》。

延安时期调查研究以几个基本的理论和实践观点，在党员干部中被普遍认同和践行。一是"人民，只有人民，才是创造世界历史的动力"；二是调查研究是马克思主义理论和中国革命实践的统一；三是"系统的周密的社会调查，是决定政策的基础"。与此同时，调查研究要有明确的目的，才能在详细地占有资料的基础上抓住要点，进行典型的"解剖麻雀"，抓住主要矛盾，发现事物固有的规律，进而找到解决问题的办法，制定发展需要的对策。

三、毛泽东调查研究思想的哲学意义

新民主主义革命时期，毛泽东同志已经形成了调查研究思想，为党的实事求是思想路线的创立做出了巨大贡献，为之后的社会主义建设提供了工作方法，并作为宝贵精神财富载入党的史册，具有极其丰富的思想内涵，具有创新层面的哲学意义。毛泽东同志使调查研究成为一种理论，就在于从马克思主义哲学的高度论证了调查研究是取得正确认识的基础，是形成党的正确思想路线的前提。

1925年年初，毛泽东同志因病回韶山休养，这期间他广泛深入群众，对韶山地区农村的政治、经济状况进行了详细的调查研究，在此基础上写成了《中国社会各阶级的分析》一文。该文奠定了毛泽东同志阶级分析的理论基础，是中国新民主主义革命思想发端的重要标志。

1930年5月，毛泽东同志在《反对本本主义》中，最早提出了"没有调查就没有发言权"。该论断在此后长期革命和建设实践中形成了毛泽东思想重要组成部分调查研究思想，为党的实事求是思想路线的创立做出了

巨大贡献。

中国革命的实践是毛泽东调查研究思想产生的基础，解决中国革命和建设过程中的实际问题是毛泽东调查研究思想形成和发展的直接动力。毛泽东同志关于调查研究的思想内容十分丰富，概括起来主要有以下几个方面：

其一，调查研究是解决中国革命与建设问题的钥匙。毛泽东同志认为："要了解情况，唯一的方法是向社会作调查。"他要求："对于担负指导工作的人来说，有计划地抓住几个城市，几个乡村，用马克思主义的基本观点，即阶级分析的方法，作几次周密的调查，乃是了解情况的最基本的方法。只有这样，才能使我们具有对中国社会问题的最基础的知识。"

其二，调查研究是制定党的方针政策的依据。深入调查研究是党制定正确方针政策的重要环节。1929年12月，毛泽东同志在《关于纠正党内的错误思想》一文中指出，"对于政策形势的主观主义分析和对工作的主观主义指导，其必然的结果，不是机会主义，就是盲目主义"。纠正的方法是："使党员注意社会经济的调查和研究，由此来决定斗争的策略和工作的方法。"这里，毛泽东同志第一次明确地使用了"调查和研究"的科学概念，指出它对于形成党的斗争策略和方法的重要意义。20世纪60年代初，为了解决"大跃进"和人民公社化造成的严重困难，毛泽东同志号召全党"大兴调查研究之风"，指出"只凭想象和估计办事，我们的工作就没有基础""要教会所有的省委书记加上省委常委、省一级和省的部门的负责同志、地委书记、县委书记、公社党委书记做调查研究"。

调查研究是实现党的实事求是思想路线的途径。1941年毛泽东同志在《改造我们的学习》中指出："我们要从国内外、省内外、县内外、区内外的实际情况出发，从其中引出其固有的而不是臆造的规律性，即找出周围事物的内部联系，作为我们行动的向导。而要这样做，就须不凭主观想象，不凭一时的热情，不凭死的书本，而凭客观存在的事实，详细地占有材料，在马克思列宁主义一般原理的指导下，从这些材料中引出正确的结论。"在这里，毛泽东同志首次提出了调查研究是解决马列主义原理同中国革命实际相结合的现实途径。

调查研究是贯彻党的群众路线的基石。1943年6月1日毛泽东同志在《关于领导方法的若干问题》一文中指出："从群众中集中起来又到群众中坚持下去，以形成正确的领导意见，这是基本的领导方法。""在我党的一切实际工作中，凡属正确的领导，必须是从群众中来，到群众中去。"1961年5月13日，正在湖南浏阳县文家市公社大江大队做调查的湖南省委书记张平化给毛泽东同志写信，汇报了调查了解到的情况。毛泽东同志5月14日将此信批转全国各地参考，并在批语中写道："都要坚决走群众路线，一切问题都要和群众商量，然后共同决定，作为政策贯彻执行。各级党委，不许不作调查研究工作。绝对禁止党委少数人不作调查，不同群众商量，关在房子里，作出害死人的主观主义的所谓政策。"

理论来自实践，革命实践是革命理论最直接、最重要的源泉。毛泽东调查研究思想既是实事求是的产物，也是马克思主义中国化的结晶。具体有以下特征：

体现了调查研究与马克思主义认识论的统一。早在古田会议的决议中，毛泽东同志就把调查研究看成是一个认识论的问题，提出"是否注意社会经济的调查和研究，对于党的斗争策略和工作方法有决定意义"。他鲜明地提出了"没有调查就没有发言权"这个著名的论断，既是对那些不做调查研究致使中国革命遭受严重挫折教训的深刻总结，也是马克思主义认识论在中国革命实践中的理论升华。

体现了调查研究与党的群众路线的统一。人民群众中蕴藏着深厚的创造伟力。向人民群众学习，是毛泽东调查研究思想的鲜明特征。1929年

12月在古田会议上,毛泽东同志在强调调查研究的认识论意义的时候,提出了"一切工作在党的讨论和决议之后,再经讨群众路线去执行"的思想。经过10多年的思想孕育,到了1943年,毛泽东在《关于领导方法的若干问题》一文中提出了"从群众中集中起来,再到群众中坚持下去"的思想。在1958年1月写的《工作方法六十条》草案中,毛泽东同志再次论述了这个问题。毛泽东同志从理论和实践的结合上把调查研究与党的群众路线统一在了一起。

体现了调查研究与党的思想路线的统一。毛泽东同志在进行社会实际的调查时,明确地提出了调查研究就是在"实事"中"求是"。"实事求是",是毛泽东同志用中国语言对马克思主义的辩证唯物主义和历史唯物主义的生动概括,这使调查研究不仅具备了唯物辩证法的科学方法,而且也实现了调查研究与实事求是这一党的基本思想路线的内在统一。

毛泽东调查研究思想为克服领导工作中的形式主义提供了根本举措,为克服领导工作中的官僚主义提供了根本路径,为克服领导工作中的主观主义提供了根本方法,为克服领导工作中的享乐主义和奢靡之风提供了根本途径。

第三节　社会主义革命和建设时期调查研究

一、建国初期的调查研究

中华人民共和国成立后，全面步入社会主义革命和建设时期，调查研究成为我们党独立自主探索社会主义建设道路的根本途径。毛泽东同志明确提出干部要"注意研究情况""懂得新的工作方法"，多次倡导全党"大兴调查研究之风"。开展"十大关系"调查，成为我们党全面探索适合中国情况社会主义建设道路的重要开端。这一时期，以毛泽东同志为代表的中国共产党人，深入各地开展调查研究，特别是在20世纪60年代初，毛泽东、刘少奇、周恩来、朱德、邓小平等中央领导人就工农业等各领域发展展开了深入的调研，广泛听取各方意见，制定了"农业六十条""工业七十条"。

新中国诞生初期，党面临迅速医治战争创伤、恢复国民经济、调整社会关系等重大任务，要求党的各级领导干部深入开展调查研究，了解社情民意，制定科学政策。1953年2月7日，毛泽东同志出席中国人民政治协商会议第一届全国委员会第四次会议闭幕时指出，"许多部门中的许多领导干部，还仅仅满足于坐在机关中写决议，发指示"。为此，他要求"中央和地方各级领导干部都应该经常地深入下层，检查工作"。1953年2月中旬，毛泽东前往石家庄、邢台、郑州、武汉、九江、南京、天津等地考察，了解土改后的农村状况、手工业和工商业发展情况等。2月20日，他在九江考察工作中指出:"各级领导,一定要适应形势发展的需要,熟悉经济工作……这次我到几个省走一走,就是想听听下面的意见,有助于中央做出正确的决策。"

为了更具体地了解农业合作化和党的农村各项政策贯彻落实情况,毛泽东同志还积极鼓励在他身边工作的中央警卫团战士回乡搞调查。1955年5月14日,毛泽东同志在中南海颐年堂庭院里接见了中央警卫局干部大队一中队全体指战员,他说:"你们是做警卫工作的,我现在给你们增加一项调查工作","今后你们回家,了解农村情况,回来向我汇报"。

从1955年下半年到1956年年初,我国社会主义改造广泛推进,同时对苏联社会主义经济建设中的一些经验教训也有所了解和认识,需要我们结合本国国情探索自己的现代化建设道路。从1955年12月21日到1956年1月12日,毛泽东同志离京考察。在实地调查的基础上,从1956年2月开始,毛泽东同志用了一个半月的时间听取了国务院34个部门和国家计委的汇报。这是新中国成立以来,毛泽东同志和中共中央就经济建设问题进行的一次时间最为集中、内容最为系统全面的调查研究活动。

党的八大是我们党在新中国成立后召开的第一次全国代表大会。刘少奇同志在党的八大政治报告中明确指出,党员干部中存在"宁愿坐在机关里,用空谈代替调查"等不良现象,强调"必须帮助他们学会用老老实实的态度在群众中进行调查研究"。周恩来总理在党的八大所作的《关于发展国民经济的第二个五年计划的建议的报告》中也强调:"我们就必须经常地接近群众,深入实际,加强调查研究工作。"

执政初期,面对恢复发展国民经济的繁重任务,党高度重视调查研究,将调查研究作为制定决策的重要手段,开启了执政条件下开展调查研究工作的良好局面,对恢复发展国民经济、巩固党的执政地位等都起到重要的作用。

1956年年底，我国基本完成了对农业、手工业和资本主义工商业的社会主义改造，正式建立了社会主义制度。在探索中国社会主义建设道路的过程中，由于对社会主义建设规律认识不深，出现了"左"倾主义思想。尤其是"大跃进"运动期间，对社会主义建设事业的发展要求过急，给国民经济、社会发展带来严重挫折。为了纠正1958年以来我国农村工作和经济工作中的"左"倾错误，也为了推动党的决策符合客观实际，1961年1月13日，毛泽东同志在中南海怀仁堂主持中央工作会议全体会议的讲话中明确指出："我希望同志们回去之后，要搞调查研究。"之后，在党的八届九中全会上，毛泽东同志提出了"大兴调查研究之风"的要求。同年3月，发出《中共中央关于认真进行调查工作问题给各中央局，各省、市、区党委的一封信》，指出："一切从实际出发，不调查没有发言权，必须成为全党干部的思想和行动的首要准则。"

在实践中，毛泽东同志直接组织领导三个调查组，分别到浙江、湖南、广东的农村社队进行农村调查。后来毛泽东同志在杭州听取了浙江、湖南、广东三个调查组的情况汇报，阅读了各调查组整理的调查材料，从而对农村人民公社的管理体制、社队规模、分配制度、公共食堂等问题有了比较符合实际的认识。

1961年1月25日，毛泽东同志乘专列离开北京南下，亲自进行调查研究。在途经天津、济南、南京时，他在专列上先后听取了河北、山东、江苏3省党委负责人的汇报，包括整风整社、人民生活、轻工业生产和市场等问题，经过认真的分析研究，制定了《农村人民公社工作条例（修正草案）》（以下简称《农业六十条》）。毛泽东还指示各级党委、政府深入基层，认真研究《农业六十条》试行中存在的问题。通过反复修改和总结，不断充实和完善，于1962年发出了《中共中央关于改变农村人民公社基本核算单位问题的指示》，对纠正"左"倾错误、促进农村经济好转起到了重要作用。

实践证明，新中国各项建设事业的蓬勃发展，离不开调查研究。

二、《论十大关系》出台

1956年，国际上，匈牙利事件和波兰危机对国际共产主义运动带来极大震动，一些帝国主义国家乘机掀起了反对共产党、反对社会主义的浪潮。国内方面，同党的七大召开时相比，我党发生了根本变化，已经处于执政地位，党的八大报告指出，"执政党的地位，很容易使我们同志沾染上官僚主义的习气。脱离实际和脱离群众的危险，对于党的组织和党员来说，不是比过去减少而是比过去增加了"。《论十大关系》正是在这种背景下形成的。

毛泽东同志指出，"这些矛盾在实践中是否能完全处理好，也要准备两种可能性"。在《论十大关系》中，他指出"世界是由矛盾组成的，没有矛盾就没有世界""这十种关系，都是矛盾"。他从中国国情和社会主义建设实际出发，在繁纷复杂的矛盾现象中运用对立统一规律，准确分析、判断和把握主要矛盾和矛盾的主要方面，确定了工作的重点和非重点，同时又用矛盾对立面之间相互联系和转化的思想，正确处理重点和非重点，用重点来带动非重点，又用抓好非重点来促进重点更好地解决。比如，在谈到经济建设和国防建设关系时，他指出，"原子弹，你是真正想要、十分想要，你就降低军政费用的比重，多搞经济建设"，但是同时，他也讲道，"现在我们把兵统统裁掉好不好？那不好。因为还有敌人"。没有科学理论的指导，就不可能有正确的实践活动，可以说，《论十大关系》为我们掌握和运用辩证唯物主义世界观和方法论树立了光辉典范。

我党调查研究史上具有里程碑意义的《论十大关系》形成之前，为了摸清新中国成立以来各个方面所发生的新变化和出现的新问题，并为即将召开的党的八大作准备，在紧张疲劳的状态下，毛泽东主席进行了长达一个多月的调查研究。这是毛泽东建国后所做的规模最大、时间最长、周密而系统的经济工作调查，也是我党历史上具有典型意义的调查研究范例。

针对《论十大关系》中的重要思想是怎么形成时，毛泽东同志如是说："那个十大关系怎么出来的呢？我在北京经过一个半月，每天谈一个部，找了34个部的同志谈话，逐渐形成了那个10条。如果没有那些人谈话，那个十大关系怎么会形成呢？不可能形成。"

《论十大关系》打破了对外国模式的迷信，紧紧地围绕着"从中国的实际出发，寻找一条自己的建设道路"这一主题而展开。在这次调查研究中，毛泽东同志强调，必须反对教条主义，否则革命就不能胜利，社会主义就不能成功。从对模式的崇拜、效仿到积极主动探索的转变，印证了毛泽东在长期革命实践中形成的实事求是、一切从中国实际出发的思想路线。事实证明，在中国革命和建设的历史进程中，特别是在历史转折的重要关头，毛泽东总是十分重视并善于通过调查研究了解新的情况，总结新的经验，实事求是地进行理论思考和理论建设，用正确的思想理论武装全党，指引历史前进。这对我们今天全面建设中国式现代化仍然具有重要的指导意义。

1956年4月25日，毛泽东同志在中央政治局扩大会议作《论十大关系》报告；5月2日又在最高国务会议上作了《论十大关系》的报告，毛泽东同志系统地分析了中国社会发展的问题，包括民族关系的问题、阶级的问题、民主党派的问题、少数民族的问题、重工业和轻工业的问题、沿海和内地的问题等。

这意味着毛泽东同志在这个时候开始系统思考，如何用中国人自己的智慧去探索未来中国社会发展的问题。《论十大关系》是以毛泽东同志为代表的中国共产党人开始探索社会主义道路建设的一个标志。《论十大关系》事实上也为中共八大的召开作了一个理论的铺垫。

《论十大关系》是探索适合中国国情的社会主义建设道路的开篇之作，是马克思主义普遍真理与中国革命实践相结合的经典之作，确立了调动一切积极因素为社会主义事业服务的基本原则，开启了有中国特色的工业化、现代化道路的宏伟篇章。

在《论十大关系》中，毛泽东同志始终把群众路线与经济建设相结合。以探索中国工业化的道路为例，他认为："多发展一些农业、轻工业……会使重工业发展得多些和快些，而且由于保障了人民生活的需要，会使它发展的基础更加稳固。"后来，他在总结我国经济建设经验教训的基础上，又进一步明确既要搞好生产资料的生产，又要搞好生活资料的生产，满足人民的物质文化生活需要，把经济建设与提高人民生活水平结合起来，使生产资料和生活资料两大部类之间按一定比例协调发展，形成了他一向主张的"又要重工业、又要人民"的经济建设思想。在其他方面，毛泽东同志认为苏联过分攫取了农民的利益，把农民挖得很苦，提出："我们历来提倡艰苦奋斗，反对把个人物质利益看得高于一切，同时我们也历来提倡关心群众生活，反对不关心群众痛痒的官僚主义"等等。《论十大关系》通篇在关注着中国人民的民生福祉，同时也将人民群众的积极性视为社会主义建设的根本动力，这也是我党第一次提出了把国内外一切积极因素调动起来为社会主义事业服务的基本方针。"在国内，工人和农民是基本力量。中间势力是可以争取的力量。反动势力虽是一种消极因素，但是我们仍然要做好工作，尽量争取化消极因素为积极因素。"这些论断充分体现了一切为了群众、一切依靠群众的思想。只有始终将人民利益置于首位，站在人民立场，造福人民群众，全面建设社会主义现代化的伟业才能不断推向前进。

三、1961 年——调查年

1961 年，在毛泽东的倡导下，中国共产党自上而下地兴起了一场新中国历史上规模空前的调查运动。这场调查运动，是我们党在探索社会主义建设遭遇严重困难和挫折时重新振作和奋起的关键。通过调查研究掌握实际情况后所制定的一系列政策，初步扭转了农业农村的困难局面，促进了国民经济的恢复和发展。

新中国成立后，随着社会主义改造的提前完成和第一个五年计划的超额完成，极大地增强了中国共产党和中国人民的信心。特别是社会主义制度的确立，这是中国历史上最深刻最伟大的社会变革，激发了人们对社会主义和共产主义美好愿景的向往和追求。1958 年 5 月，中共八大二次会议正式制定了"鼓足干劲、力争上游、多快好省地建设社会主义"的总路线。这条总路线的基本出发点是相信群众的力量，反映了党建设社会主义强国和广大人民群众迫切要求改变我国经济文化落后状况的普遍愿望。但是，由于当时党对建设社会主义的长期性、艰巨性和客观规律认识不足，于是就使盲目求快成为经济工作中的主导方针，并且在执行和贯彻总路线时掀起了声势浩大的"大跃进"和人民公社化运动。

发动"大跃进"，建立人民公社，原本是希望以此加速社会主义建设的速度，使人民尽快过上好日子，使国家真正强大起来。但结果却事与愿违，不仅给人民群众的生产生活带来了严重影响，而且给国家造成了灾难性的损失。面对新中国成立以来最严重的困难，毛泽东同志忧心忡忡，他痛切地感到很大程度上是吃了情况不明、方法不对、没有深入调查研究的亏，决心带领全党认真调查研究，调整政策纠正错误。

1960 年 12 月至 1961 年 1 月，中共中央在北京召开工作会议讨论1961 年的国民经济计划，同时总结农村整风整社试点经验，纠正"共产风"、浮夸风、强迫命令风、生产瞎指挥风、干部特殊化风"五风"问题。毛泽东同志在会上作了关于大兴调查研究之风的讲话。他说：这些年来，我们的同志调查研究工作不做了。要是不做调查研究工作，只凭想象和估计办事，我们的工作就没有基础。所以，请同志们回去后大兴调查研究之风，一切从实际出发，没有把握就不要下决心。毛泽东还作了严肃的批评与自我批评，郑重地向全党倡议"今年搞一个实事求是年"。

在"大兴调查研究之风"的思想指导下，紧随召开的党的八届九中全会决定对国民经济实行"调整、巩固、充实、提高"的八字方针。毛泽东同志重申1961年要成为实事求是年、调查研究年，号召"大家回去实事求是地干"。他抓住农业生产和农民生活这两个主要问题，派出3位秘书各带一个调查组分赴广东、湖南、浙江的农村，以10～15天为期，各调查一个情况最好和情况最坏的生产队，直接向他汇报。不久，毛泽东同志也离开北京前往南方调查。南下途中，毛泽东同志先后听取了河北、山东、江苏、浙江、江西、湖南、广东七省委和3位秘书的汇报。

经过中央和地方各省的初步调查，严峻的形势让毛泽东感到需要搞个条例，把急需解决的问题固定下来。1961年3月15日，中共中央在广州召开工作会议，经过充分讨论，通过了《农村人民公社工作条例（草案）》，又称"农业六十条"。条例规定实行按劳分配原则，人民公社以生产队为基础实行三级所有制，允许和鼓励发展家庭副业，社员生活资料不得侵犯，等等。"农业六十条"草案的出台解决了一批群众意见最大的紧迫性问题，对于调动农民积极性、恢复和发展农业生产起到了重要作用；但草案也还存在不足，仍然主张坚持公共食堂和供给制。

广州会议后，中央政治局常委率先垂范，带着"农业六十条"草案深入农村开展调查。刘少奇同志在湖南宁乡县和长沙县蹲点调查44天，周恩来总理在河北武安县召集群众参加的征求意见会，在四川、河南，朱德发现公共食堂既浪费人力又浪费物力，而允许社员自己回家做饭，农村浮肿病不到一个月就下降了50%。在中央主要领导同志的带领下，各省、自治区第一书记也都深入田间地头，与农民同吃同住同劳动。如此全党上下全国范围的大规模农村调查，是中国共产党执政以来从未有过的。

在全党近两个月的深入农村调查、充分掌握了民心民意的基础上，1961年5月21日，中共中央对"农业六十条"草案进行重要修改，决定解散公共食堂和取消供给制。修改后的条例规定"在生产队办不办食堂，完全由社员讨论决定"，两个事关亿万农民切身利益的大问题终于得以彻底解决。"农业六十条"在保持人民公社总体框架的前提下，纠正了公社化以来农村工作中的若干突出错误，解决了群众意见最大最紧迫的问题，是1961年全党大兴调查研究之风取得的最重要的成果。正是因为深入农村调查研究，才使全党真正了解到农业农村的真实情况，对人民群众的愿望要求有了真切的感受，从而找到了解决问题的对策。自1961年起，我国农业开始摆脱1959年以来连年下降的被动局面，出现了恢复性的增长。

在集中力量调整农村政策的同时，中共中央将调查研究活动贯穿1961年全年，先后制定了"手工业三十五条""商业四十条""工业七十条""高教六十条""科学十四条""文艺八条"等一系列条例。这些规定在一定程度上纠正了过去不合实际的错误政策，对恢复正常的经济秩序发挥了积极效果，国民经济终于从困难中走出来了。

1961年作为"调查研究年、实事求是年"，形成三点宝贵经验：一是坚持问题导向，把调查研究作为发现问题、发现解决问题之道的有效途径；二是坚持群众路线，把调查研究作为听民声、聚民意的有效途径；三是坚持实事求是，把调查研究建立在科学论证的基础上。

第四节　改革开放和社会主义现代化建设新时期调查研究

一、邓小平同志开启改革开放时期调查研究

调查研究在改革开放和社会主义现代化建设新时期创新发展，为打造世界第二大经济体奠定了坚实的基础。

进入改革开放和社会主义现代化建设新时期，调查研究不仅仅是一种工作方法，更成为我党谋划国家发展战略、完成各项任务的重要基础。党的十一届三中全会以后，党和国家领导人竞相走出国门、借鉴国外经验，围绕推动改革开放，开展国际范围内的调查研究。据不完全统计，从1977年到1980年，除中央领导同志出访活动外，部委办代表团出访360次、科教经贸代表团出访472次。这一时期，党的调查研究工作不断得到强化。对此，改革开放总设计师邓小平将调查研究视为永远的、根本的工作方法，强调"只有调查研究，你心中才有数"。这一时期，在中国向何处去的重大历史关头，正是在调查研究中开启了探索和开拓中国特色社会主义的伟大历程。

邓小平同志高度重视调查研究，他强调：要把调查研究作为永远的、根本的工作方法；实事求是是马克思主义的精髓，实践是检验真理的唯一标准；领导者必须多干实事，那种只靠发指示、说空话过日子的坏作风，一定要转变过来。

邓小平同志在改革开放时期的调查研究，与新民主主义和社会主义建

设初期一脉相承，不断发展，处处体现了实事求是的精神和敢于决断的担当。邓小平同志著名的"北方谈话""南方谈话"，对中国改革开放进程产生了深远的影响。

1978年5月，《光明日报》发表特约评论员文章《实践是检验真理的唯一标准》，发出思想解放的先声。《光明日报》刊发这篇文章，得到了邓小平同志的全力支持，由此引发的关于真理标准问题的讨论，拉开了思想解放与改革开放的历史帷幕，被学界认为是与五四运动、延安整风并列的现代中国"三次最深刻的思想解放运动"之一。

关于真理标准问题讨论引发的广泛社会反响，更坚定了邓小平同志调查研究的决心。1978年9月，他出访归来，即赴北方四省一市开展调研。8天时间，他深入本溪、大庆、哈尔滨、长春、沈阳、鞍山、唐山、天津等地，边走、边思、边谈，发表了一系列重要谈话，形成了著名的"北方谈话"，首次提出了全党工作重点转移的战略问题，为党的十一届三中全会实现伟大的历史转折奠定了坚实基础。

改革开放初期，以邓小平同志为主要代表的中国共产党人恢复了党实事求是的思想路线，将调查研究与坚持党的实事求是的思想路线结合起来，强调先作调查研究，然后才有发言权。开会也好，作决议也好，起草文件也好，都要从实际出发，提出问题，总结经验，制定方针政策，这就是实事求是。邓小平同志还指出，中央顾问委员会的成员"可以联系一个基层单位，比如联系一个工厂，一个学校，一个科学研究机关，一个地委或者县委，甚至一个农村基层组织，深入地了解情况"。陈云同志也指出，搞调查研究可以有两种方法：一种是领导干部亲自率队进行调查研究，"另一种是每个高中级领导干部都有敢讲真话的知心朋友和身边工作人员，通过他们可以经常听到基层干部、群众的呼声"。

在实践中，以邓小平同志为主要代表的中国共产党人身体力行，在大政方针的制定中非常注重进行调查研究。改革开放初期，邓小平同志提出"中国式的现代化"，即"小康水平"，人均国民生产总值由 1978 年的 250 美元，提高到 20 世纪末的 1000 美元，翻两番。1980 年 7 月 22 日，他在赴郑州的途中说："这次出来到几个省看看，最感兴趣的是两个问题，一个是如何实现农村奔小康，达到人均一千美元，一个是选拔青年干部。"党的十二大之后，为了进一步了解国家经济社会发展情况，1983 年年初邓小平同志到江苏、浙江、上海等地考察工作。在苏州，他询问："苏州农村的发展采取的是什么方法？走的是什么路子？"回到北京后，同年 3 月 2 日，邓小平同志在同几位中央负责同志谈话时说："这次，我经江苏到浙江，再从浙江到上海，一路上看到情况很好，人们喜气洋洋，新房子盖得很多，市场物资丰富，干部信心很足。看来，四个现代化希望很大。"

1992 年年初，在党和国家发展的又一个关键时刻，88 岁高龄的邓小平同志先后到武昌、深圳、珠海、上海等地调研。一个多月时间里，他一路走、一路看、一路谈。他说，"不坚持社会主义，不改革开放，不发展经济，不改善人民生活，只能是死路一条""改革开放胆子要大一些，敢于试验，不能像小脚女人一样。看准了的，就大胆地试，大胆地闯""走社会主义道路，就要逐步实现共同富裕"……这次调研谈话阐发的一系列全新论断，驱散了长期困扰人们的思想迷雾，东方风来满眼春，把中国改革开放和现代化建设推向了一个新阶段。

二、江泽民同志和胡锦涛同志的调查研究

党的十三届四中全会之后，以江泽民同志为代表的中国共产党人多次强调调查研究的重要性。在全党全国人民认真贯彻落实党的十四大精神，加快改革开放和社会主义现代化建设的关键时期，怎样切实加强农业的基础地位，进一步调动农民的积极性，全面振兴农村经济——这是江泽民同

志在我国重点粮棉产区之一的湖北江汉平原调查研究的主题。

江泽民同志1992年12月20日开始这次为期4天的调查研究工作的。他先后到孝感、荆门、荆州等地市，与干部群众就发展农业生产、农业综合开发、调整农业结构、粮棉收购政策等问题进行了座谈，还察看了农业综合开发基地、粮站和粮油加工厂，走访了专业户、产粮户和贫困户。在田边、地头，在农舍，江泽民同志和干部群众亲切交谈，商谈进一步搞好农村改革开放和发展大计。在调研中，各地同志在谈到农村大好形势的同时，也如实反映了农业面临的突出问题、农村工作的困难和影响农民积极性的种种表现。江泽民同志一边听、一边问、一边记，对于干部群众反映的情况，他十分关切，不时就一些问题和大家讨论。

在调查中，各地干部群众向他反映，一定要强化农业的基础地位。各级领导要真正重视农业，各项政策要到位；要采取一系列措施，保护农民的利益，调动农民的积极性；要切实增加对农业的投入，增加对农用工业、农产品加工和农产品批发市场建设的投入，使广大农民尽快实现小康。广泛的调查，深入的研究，使江泽民同志对农业、农村和农民问题的真实现状有了进一步了解。他反复强调，农业是国民经济的基础，这个指导思想任何时候都不能动摇。中国人的吃饭问题始终是一件大事，粮食生产任何时候都不能放松。他要求上下齐心协力，采取有力措施，解决好当前农民和基层干部反映强烈的问题，确保农民增产增收，减轻农民负担。他说，关心农民的利益，保护农民的生产积极性，关系到党和国家的威信，关系到国家的长治久安，切不可掉以轻心。

1993年7月，他在全国各省、自治区、直辖市党委政策研究室主任会议上专门发表"没有调查就没有决策权"的重要讲话，强调："调查研究的工作只能全面加强，决不可有任何削弱。"不仅如此，江泽民同志还要求党的领导干部带头践行调查研究，"每年至少抽出一两个月的时间，深入基层调查研究"。

江泽民同志不仅高度重视党的调查研究，而且身体力行。1995年上半年，江泽民先后到上海、江苏、浙江、辽宁、吉林、黑龙江等地调查研究国有企业改革问题，通过一段时间的考察和调研提出，"我们必须进一步坚定搞好国有企业的决心。""在深化企业改革的过程中必须强化企业管理，为深化改革创造条件，保证改革成果的巩固和发展"。1996年9月16日至21日，江泽民同志先后在安徽阜阳，湖北麻城、红安，江西兴国、赣县、信丰、南康、瑞金等县市的贫困地区和革命老区进行实地调查研究。他指出："决不能把贫困问题留到下个世纪，任何时候都不能忘了老区人民。"在"三讲"教育中，江泽民提出要加强党的建设的调查研究，并要求中共中央政治局每位常委联系一个县对"三讲"活动进行指导。2000年2月20日，江泽民在广东省高州市进行"三讲"动员，随后他深入部分企业、公司并与职工进行交谈，了解有关党的建设方面的情况。同年2月25日，他在与广东省委常委座谈中首次完整地提出"三个代表"重要思想。

党的十六大之后，以胡锦涛同志为主要代表的中国共产党人强调全党要大兴求真务实之风，在贯彻落实科学发展观中推进调查研究。他要求"坚持和完善调查研究制度，深入群众、深入基层、深入实际，不断提高根据实际情况分析问题、解决问题能力"。在推动社会主义和谐社会建设的过程中，各级党委要"找准群众普遍关心的现实问题，在深入调查研究的基础上，提出切实有效的政策措施，一个一个加以解决"。

胡锦涛同志始终把调查研究作为常态化的工作方法，这期间的调查研究与科学发展观的提出与论述形成互动的关系。1999年3月，在参加全国人大九届二次会议福建代表团审议宪法修正案草案、政府工作报告等大会文件时，胡锦涛同志就提出要树立科学的发展观。2002年11月，党的十六大强调：发展是我们党执政兴国的第一要务。进入 21 世纪如何实现更好地发展是摆在中国共产党面前的重大课题。为此，胡锦涛同志身体力行，多次深入基层、地方和行业进行全方位调查研究。2003 年 4 月，胡锦涛同志在广东先后到湛江、深圳、东莞、广州等地的港口码头、企业车间、城市社区、乡村农户调研，强调要抓住新机遇，增创新优势，开拓新局面，努力实现加快发展、率先发展、协调发展。同年 8 月，胡锦涛同志在江西先后到赣州、南昌等地，就加快经济社会发展等专题进行调查研究，要求不断探索促进协调发展、全面发展、可持续发展的新思路新途径，万众一心为全面建设小康社会的宏伟目标而奋斗。10 月，胡锦涛同志在湖南先后到湘潭、岳阳、长沙等地，深入田间地头、企业车间、科研院所、社区商场，就加快经济社会发展等问题进行调研，明确要求要牢固树立和坚决落实科学发展观，积极探索符合实际的发展思路，通过改革不断为发展注入新的动力，努力推动经济社会更快更好地发展。

为了给党的十七大报告起草工作做准备，2006 年 10 月上旬，在胡锦涛同志的指导下，中共中央确定了 20 个重点课题，包括科学发展观理论问题研究、和谐社会理论问题研究、我国改革开放的主要成果和历史经验问题研究、我国经济社会发展到 2020 年总体目标和战略布局问题研究、围绕完善社会主义市场经济体制深化体制改革问题研究、加强社会主义民主法制建设问题研究、加强党内民主建设问题研究、加强党风廉政建设和反腐败斗争问题研究等涉及党和国家工作的重大课题。中央组织了 36 个部门和单位进行研究，并把上述 20 个重大课题分解为 62 个具体课题进行专题调研，形成了 62 份调研报告。各课题组一共召开座谈会 1523 次，参加座谈会人员达 20072 人次。这次调研结束后，胡锦涛同志亲自主持召开 12 次会议，听取有关课题组的汇报。这次胡锦涛同志亲自指导的调查研究成果，如"进入新世纪新阶段，我国发展呈现一系列新的阶段性特征"等,为党的十七大报告论述科学发展观做了基础性、科学性的准备。

在实践中,中国共产党人围绕科学发展观的贯彻落实情况进行了多方面的调查研究。2004年9月,党的十六届四中全会通过的《中共中央关于加强党的执政能力建设的决定》明确规定:"健全领导干部联系基层、联系群众制度。领导干部搞调查研究,要注重实效,轻车简从。"2010年中共中央发布的《关于推进学习型党组织建设的意见》对调查研究制度明确规定,"省部级领导干部到基层调研每年不少于30天,市、县级领导干部不少于60天"。

调查研究是中国共产党的基本工作方法和独特优势,贯穿各个时期。调查研究内涵丰富,既是思想方法,也是工作方法,其中蕴含着强大的思想力量和科学的方法论,是我们党获得真知灼见的源头活水,是做好各项工作必备的基本功,也是解决实践问题的秘诀。

第五节　新时代调查研究与石油工业

一、调查研究是党的基本工作方法

回望党的百年奋斗史，调查研究是我党做好各项工作的传家宝。中国共产党百年发展历程，什么时候全党从上到下重视并坚持和加强调查研究，党的工作决策和指导方针符合客观实际，党的事业就顺利发展，就可以牢牢把握历史主动，带领人民不断创造历史伟业。

党的十八大以来，以习近平同志为核心的党中央把深入开展调查研究作为治国理政的基本环节，作为出台政策、制定战略的科学依据，党的调查研究无论在理论上还是在实践上都得到大力推进。在新的历史时期，我党坚持把马克思主义基本原理同中国具体实际相结合、同中华优秀传统文化相结合，坚持毛泽东思想、邓小平理论、"三个代表"重要思想、科学发展观，深刻总结并充分运用党成立以来的历史经验，从新的实际出发，创立了习近平新时代中国特色社会主义思想。习近平新时代中国特色社会主义思想是当代中国马克思主义、21世纪马克思主义，是中华优秀文化和中国精神的时代精华，实现了马克思主义中国化新的飞跃。

为深入学习贯彻习近平新时代中国特色社会主义思想，全面贯彻落实党的二十大精神，党中央决定，在全党大兴调查研究，作为在全党开展的主题教育的重要内容，推动全面建设社会主义现代化国家开好局起好步。2023年，中共中央办公厅印发《关于在全党大兴调查研究的工作方案》，将我党调查研究推向新的历史阶段。

党的十八大以来，习近平总书记高度重视调查研究工作，在不同场合反复强调调查研究的重要性，一系列重要讲话和重要指示为全党大兴调查研究、做好各项工作提供了根本遵循。

作为习近平新时代中国特色社会主义思想主要创立者，习近平总书记创新发展了党的调查研究理论，对党的调查研究的意义、调查研究的要求等都进行了系统论述，主要包括：其一，阐明了调查研究的重大意义。习近平总书记明确指出，"没有调查，就没有发言权，更没有决策权"，党的决策"要坚持一切从实际出发，深入调查研究，加强科学论证，防止拍脑袋决策、拍胸脯蛮干"。其二，提出一系列关于调查研究的具体要求，包括要"尽可能多听一听基层和一线的声音，尽可能多接触第一手材料""要去一些困难多的地方、问题多的地方，调研不是光看好的"，同时"要沉下身子，走出机关，放下架子，虚怀若谷，广泛听取各方面意见，让大家畅所欲言，客观真实给自己'画画像'、打打分"等。其三，提出要在全党大兴调查研究之风。新时代党内外面临的复杂形势，要求党以更宽广的视野、更长远的眼光谋划推动调查研究工作。对此，2017年12月，习近平总书记在中共中央政治局民主生活会上的讲话就强调"要在全党大兴调查研究之风"。党的二十大进一步明确要求："促进党员干部特别是领导干部带头深入调查研究，扑下身子干实事、谋实招、求实效。"

党的十八大以来，习近平总书记等中央领导同志身体力行，通过深入调查研究，了解基层群众所思、所想、所盼，通过调查研究制定一系列大政方针政策。习近平总书记的足迹遍及大江南北，遍及社区、乡村、企业、学校、军队等，尤其在脱贫攻坚过程中，习近平总书记走遍14个集中连片特困地区，深入河北阜平县骆驼湾村和顾家台村、甘肃渭源县元古堆村、湖南花垣县十八洞村、云南腾冲市三家村中寨司莫拉佤族村等贫困村调查研究。习近平总书记身体力行、率先垂范，为全党树立了光辉典范。

我们党加强调查研究制度建设，推动调查研究制度化常态化。2012年12月，中共中央政治局会议通过的"八项规定"的第一条就是要改进调查研究。2016年党的十八届六中全会通过的《关于新形势下党内政治生活的若干准则》要求坚持领导干部调查研究，各级领导干部必须深入实际、深入基层、深入群众。之后，一系列党内法规和规范性文件都对调查研究进行了规定，如2018年5月，中共中央办公厅印发的《关于进一步激励广大干部新时代新担当新作为的意见》就规定，要在党内"大兴调查研究之风，尊重基层首创精神，鼓励基层结合实际探索创新"。2019年5月，《中共中央关于在全党开展"不忘初心、牢记使命"主题教育的意见》要求县处级以上领导班子成员要深入开展调研。这份文件同时对调查研究提出了一系列具体要求，包括"调查研究要接地气，一竿子插到底，切实掌握第一手材料。要轻车简从，不搞层层陪同，不增加基层负担"。2023年年初，《关于在全党大兴调查研究的工作方案》出台，明确列出12个方面的重点调研内容，以及全党大兴调查研究的具体步骤，对于新征程深化推动调查研究工作具有重要的意义。

党的十八大以来，调查研究不仅在理论上得到丰富发展，在实践中进一步实现了制度化常态化。习近平总书记等中央领导同志身体力行，带头深入基层一线，倾听群众心声，研究新情况、解决新问题，推动调查研究同党的中心工作结合起来，谋划治党治国方略，探求改革发展之策，引领党和国家事业取得历史性成就、发生历史性变革。

党的十八大以来，党中央高度重视调查研究工作，将调查研究这一传家宝继续发扬光大，并将改进调查研究作为中央八项规定的第一条，下发全党遵照执行。习近平总书记在不同场合反复强调用好调查研究这一重要"传家宝"，要求全体党员要做好调查研究这一"基本功"。习近平总书记指出，"调查研究是谋事之基、成事之道，没有调查就没有发言权，没调查就没有决策权。调查研究是我们做好工作的基本功""正确的决策离不开调查研究，正确的贯彻落实同样也离不开调查研究"。这些重要论述深刻阐明了调查研究的重要性。习近平曾在《之江新语》中指出，调研工作务求"深、实、细、准、效"。《关于在全党大兴调查研究的工作方案》明确了"五个必须坚持"：必须坚持党的群众路线、必须坚持实事求是、必须坚持问题导向、必须坚持攻坚克难、必须坚持系统观念。这些都为全党大兴调查研究、改进工作作风和做好当前工作提供了根本遵循。

调查研究是我们党提出精准扶贫政策、实现全面小康的源头活水。习近平总书记指出，"人民对美好生活的向往就是我们的奋斗目标"。党的十八大以来，为了摆脱贫困、实现全面建成小康社会的奋斗目标，习近平总书记跋山涉水深入基层，50多次调研扶贫工作，用脚步"走"出了一条由"精准扶贫"到"脱贫攻坚"的摆脱贫困的新路，开启了一场没有硝烟的反贫困斗争。习近平总书记明确指出："我提出精准扶贫战略，就是在深入调查研究的基础上提出来的。"实践证明，党的十八大以来，党和国家事业取得历史性成就、发生历史性变革，就是在扎实有效的调查研究、不断分析国内外形势的基础上，党中央科学施政、精准顶层设计的结果。在全党大兴调查研究，既是贯彻落实党的二十大精神的重要举措，也是开展学习贯彻习近平新时代中国特色社会主义思想主题教育的必然要求。

"要大兴务实之风，抓好调查研究，在察实情、出实招、求实效上下功夫，把工作抓实、基础打实、步子迈实，在力戒形式主义、官僚主义上取得明显实质性进展，以这次主题教育为契机，将调查研究发扬光大。"这是2023年6月习近平总书记在内蒙古考察时对如何开展好主题教育提出的新要求。随着学习贯彻习近平新时代中国特色社会主义思想主题教育在全党深入开展，在全党大兴调查研究，以深化调查研究推动解决发展难题，成为主题教育的重要内容和鲜明特色。

全党大兴调查研究，是新时期党中央做出的重大决定，是全党开展主题教育的重要内容。调查研究是我党的传家宝和优良传统，中央领导都是调查研究的行家里手，通过一次次深入的调查研究总结出适应时代的指导思想，找到破解问题的办法和路径，不断增强对马克思主义的清醒认识，提升推进工作、战胜困难的实效，在新征程上开辟灿烂新篇。

中国特色社会主义进入新时代，中国式现代化建设如火如荼。以习近平同志为核心的党中央高度重视调查研究工作，习近平总书记对此作出一系列重要论述，丰富了我党调查研究的内涵。在思想观念上，他指出"马克思主义的辩证唯物主义、历史唯物主义世界观和方法论，党的实事求是的思想路线，党的从群众中来、到群众中去的根本工作路线，都要求我们的领导工作和领导干部必须始终坚持和不断加强调查研究"；在历史传承上，他指出"重视调查研究，是我们党在革命、建设、改革各个历史时期做好领导工作的重要传家宝"；在实践要求上，他指出"调查研究，是对客观实际情况的调查了解和分析研究，目的是把事情的真相和全貌调查清楚，把问题的本质和规律把握准确，把解决问题的思路和对策研究透彻"；在方法要求上，他指出"要遵循调查研究的特点和规律，掌握科学的调研方法，提高调查研究的效率和效益"；在能力要求上，他指出"调查研究是做好领导工作的一项基本功，调查研究能力是领导干部整体素质和能力的一个组成部分"；在制度要求上，他指出"要坚持和完善先调研后决策的重要决策调研论证制度"，"必须把调查研究贯穿于决策的全过程"，等等。这些重要论述，深刻阐明了新形势下为什么要坚持调查研究、怎样做好调查研究等重大问题，为大兴调查研究之风提供了根本遵循。

习近平总书记将调查研究贯穿治国理政全过程和各方面，京津冀协同发展、长江经济带发展、粤港澳大湾区建设、长三角一体化发展、黄河流域生态保护和高质量发展等一系列重大战略的出台，无不是在广泛深入调查研究之后的决策部署。构建新发展格局这一重大战略任务,也是在深入调查研究后提出来的。他曾谈起新发展格局的提出过程:"我在浙江考察时发现,在疫情冲击下全球产业链供应链发生局部断裂,直接影响到我国国内经济循环。当地不少企业需要的国外原材料进不来、海外人员来不了、货物出不去,不得不停工停产。我感觉到,现在的形势已经很不一样了,大进大出的环境条件已经变化,必须根据新的形势提出引领发展的新思路。"可以说,党的十八大以来,我们采取的一系列战略性举措,推进的一系列变革性实践,实现的一系列突破性进展,取得的一系列标志性成果,无不凝结着习近平总书记带头调查研究付出的心血和获得的智慧。

习近平总书记调查研究的足迹遍布祖国的山山水水:在湖南十八洞村调研,创造性提出"精准扶贫"理念;到江苏调研,首次公开将"全面从严治党"与全面建成小康社会、全面深化改革、全面推进依法治国一并提出;在沈阳新松机器人自动化股份有限公司,强调"要时不我待推进科技自立自强,只争朝夕突破'卡脖子'问题"。在一次次调查研究中,他用脚步丈量祖国大地,用真心聆听人民心声,为全党重视调研、深入调研、善于调研树立了光辉典范。

世界大势,浩浩荡荡。世界百年未有之大变局加速演进,不确定、难预料因素增多,国内改革发展稳定面临不少深层次矛盾躲不开、绕不过,各种风险挑战、困难问题比以往更加严峻复杂。面对前所未有的挑战,习近平总书记指出:"研究、思考、确定全面深化改革的思路和重大举措,刻舟求剑不行,闭门造车不行,异想天开更不行,必须进行全面深入的调查研究。"只有通过深入细致的调查研究,真正搞清楚客观事物方方面面的复杂因素和变动情况,把握事物的本质和规律,才能找到破解难题的办法和路径。

历史和实践告诉我们,什么时候重视调查研究,坚持一切从实际出发，党和人民的事业就蒸蒸日上；什么时候忽视调查研究，主观认识脱离客观实际，国家发展就会遭受挫折。党的正确路线，都是在深入调研的基础上得来的，调查研究这个传家宝都不能丢。

二、调查研究是建设世界一流能源企业的工作方法

2023年3月，中共中央办公厅发出《关于在全党大兴调查研究的工作方案》后，为深入学习贯彻习近平新时代中国特色社会主义思想，全面贯彻落实党的二十大精神，扎实推动党中央决策部署和习近平重要指示批示精神落实落地，中国石油出台《中共中国石油天然气集团有限公司党组贯彻落实〈关于在全党大兴调查研究的工作方案〉的实施细则》，对大兴调查研究作出了部署。

中国石油党组要求，首先要提高政治站位，充分认识调查研究的重要意义。在全党大兴调查研究是党中央作出的重大决定，是在全党开展的主题教育的重要内容，是深入学习贯彻习近平新时代中国特色社会主义思想、感悟这一重要思想的真理力量和实践伟力的必然要求，是深刻领"两个确立"的决定性意义、坚决做到"两个维护"的具体实践，是应对新时代新征程前进路上的风浪考验、推进中国式现代化的有力举措，是时刻保持解决大党独有难题的清醒和坚定、回答"六个如何始终"的现实需要，是转变工作作风、密切联系群众、提高履职本领、强化责任担当的有效途径。

深化调查研究是应对新征程前进路上的风险挑战、加快建设世界一流企业的有力举措。党的二十大科学谋划了未来五年乃至更长时期党和国家事业发展的目标任务和大政方针。中国石油党组全面贯彻党的二十大精神，围绕加快建设基业长青世界一流综合性国际能源公司，研究部署了当前和今后一个时期的中心任务和战略安排。当前，世界之变、时代之变、

历史之变正以前所未有的方式展开，我国发展进入战略机遇和风险挑战并存、不确定难预料因素增多的时期，面临的形势比以往更加严峻复杂，迫切需要通过调查研究把握事物的本质和规律，找到破解难题的办法和路径。

开展调查研究是领导干部提高认识能力、判断能力和工作能力的必然要求。客观事物总在不断变化，新矛盾新问题时刻都会出现，领导干部肩负的任务也会随之调整，通过间接听汇报、看材料很难有效履行岗位职责，这就需要进行多种形式和类型的调查研究，把事情的真相和全貌调查清楚，由感性认识上升为理性认识，研究透彻解决问题的思路和对策。这既是领导干部分析和解决问题本领的重要体现，也是领导干部思想理论水平和工作水平的重要反映。领导干部不论阅历多么丰富，不论从事哪一方面工作，都必须始终坚持和不断加强调查研究。

中国石油党组要求，大兴调查研究，要坚持以习近平新时代中国特色社会主义思想为指导，全面贯彻落实党的二十大精神，紧紧围绕党的理论和路线方针政策、党中央重大决策部署和集团公司党组工作安排的贯彻执行，大力弘扬党的光荣传统和优良作风，突出问题导向和目标导向，促进广大党员、干部特别是领导干部带头深入调查研究，不断深化对党的创新理论的认识和把握，善于运用党的创新理论研究新情况、解决新问题、总结新经验、探索新规律，扑下身子干实事、谋实招、求实效，使调查研究工作同中心工作和决策需要紧密结合起来，更好为科学决策服务，为坚持党的领导加强党的建设服务，为完成新时代新征程的使命任务服务。

必须坚持党的群众路线。深入基层、深入群众、深入实际，亲身察看、亲身体验，真诚倾听群众呼声、真实反映群众愿望、真情关心群众疾苦，自觉向群众学习、向实践学习，从人民创造性实践中获得正确认识、找到问题答案。

必须坚持实事求是。坚守党性原则，一切从实际出发，听实话、摸实情、办实事，不唯书、不唯上、只唯实。坚持真理、修正错误，既报喜又报忧，有一是一、有二是二；既听取正面意见，又听取反面意见，决不可先入为主，用事先定好的"调子"或"框框"去"找材料"。

必须坚持攻坚克难。发扬斗争精神，增强斗争本领，勇于涉险滩、破难题，把零散认识系统化、粗浅认识深刻化，解剖麻雀、由表及里，直至找到解决问题的正确办法，推动调查研究成果转化为推进工作、战胜困难的实际成效。

必须坚持系统观念。坚持发展地而不是静止地、全面地而不是片面地、系统地而不是零散地、普遍联系地而不是单一孤立地观察事物，把握好整体和局部、当前和长远、宏观和微观、主要矛盾和次要矛盾、特殊和一般的关系，前瞻性思考、全局性谋划、整体性推进。

坚持问题导向，准确把握调查研究的重点内容。中国石油党组要求紧紧围绕全面贯彻落实党的二十大精神、推动高质量发展，以加快建设基业长青世界一流综合性国际能源公司为主线，着力做好事关全局的战略性调研、破解复杂难题的对策性调研、新时代新情况的前瞻性调研、重大工作项目的跟踪性调研、典型案例的解剖式调研、推动落实的督查式调研。坚持直奔问题去，实行问题大梳理、难题大排查，突出重点、直击要害，结合中心任务、战略部署和阶段性工作重点确定调研内容。根据党中央确定的12个方面调查研究内容，结合公司实际，中国石油党组围绕14个方面43项内容的主要情况和重点问题开展调查研究。

在如何更好地贯彻落实党中央决策部署和习近平总书记重要指示批示精神方面：贯彻落实党中央重大决策部署，服务国家重大战略；学习贯彻落实习近平总书记关于国资央企、能源行业特别是对中国石油和中国石油相关工作重要指示批示精神。

在如何更好地贯彻新发展理念、服务和融入新发展格局、推动高质量发展方面：落实"两个毫不动摇"，坚定不移做强做优做大国有企业，持续提升综合实力和国际竞争力。着力高水平科技自立自强，打好打赢关键核心技术攻坚战，健全完善科技创新体系，持续优化创新生态。推进数字化转型、智能化发展，打造"数智中国石油"。服务和融入现代化产业体系建设，着力建设现代能源生产体系、市场营销体系、服务支持体系、产业金融体系，实现全产业链价值最大化。深化供给侧结构性改革，加快炼化转型升级，推动质量变革，打造品质卓越的产品、工程和服务。

在如何更好地统筹发展和安全、保障国家能源安全方面：加大油气勘探开发和增储上产力度。加快油气储备体系建设，提升多元调峰保供能力。加快布局和发展新能源新事业，构建新型能源体系。加强风险管理，防范化解法律、经营、金融等各类重大风险。

在如何更好地推进全面深化改革、加快构建与世界一流企业相适应的体制机制方面：优化提升组织体系，健全完善管理体制，深化战略性重组和专业化整合。建立健全市场化机制。深化"三项制度"改革，完善考核激励约束机制。推进未上市托管企业改革。

在如何更好地扩大高水平对外开放、深化国际能源合作方面：推动共建"一带一路"高质量发展，加强海外能源资源供应基地建设，提升对跨国油气战略通道掌控力，构建多元化油气供应格局。提升国际化水平和海外影响力，开展主场外事活动，深化国际合作交流，推动国际业务本地化发展举措落地，强化国际商务运作和资本运营，参与全球能源治理。

在如何更好地落实依法合规治企和强化管理要求、推进治理体系和治理能力现代化方面：强化依法合规治企，推进世界一流法治企业建设。完善中国特色现代企业制度，促进加强党的领导和完善公司治理体系有机统一。加强财务管理、运营管理、基层基础管理，推动企业管理由从严管理逐步向精细管理、精益管理迈进。深化提质增效和亏损企业治理，提升价值创造能力。强化上市公司ESG治理，促进企业与各利益相关者互利共赢。

在如何更好地落实人才强国战略、深入推进人才强企战略举措方面：以培育中国特色企业家为重点，建设堪当打造世界一流重任的"三强"①干部队伍。加强经营管理人才、专业技术人才、操作技能人才三支队伍建设，加大力度培养青年人才，完善人才发展体制机制，全方位培养引进用好人才。

在如何加强宣传思想工作和文化建设、凝聚奋进高质量发展强大合力方面：全面学习宣传贯彻党的二十大精神和全国"两会"精神，深入开展主题教育，坚持不懈用习近平新时代中国特色社会主义思想凝心铸魂。深化文化引领战略举措，弘扬石油精神和大庆精神铁人精神，建设新时代石油先进文化。开展集团公司主题教育活动，深化形势目标任务责任教育。落实意识形态工作责任制，加快新媒体传播矩阵和全媒体传播体系建设，加强舆情管理和舆论引导。

在如何更好地践行以人民为中心的发展思想、履行企业社会责任、增强员工群众获得感幸福感安全感、推进共同富裕方面：巩固拓展脱贫攻坚成果，支持乡村振兴。完善"我为员工群众办实事"长效机制，切实解决"急难愁盼"问题。加强和改进总部作风建设，全面提高服务基层水平。

在如何更好地践行绿水青山就是金山银山理念、打造绿色发展典范、推进美丽中国建设方面：打好蓝天、碧水、净土保卫战，推进中央生态环保督察问题整改，着力创建绿色企业。落实"双碳"目标，推进实施碳达峰行动方案，统筹做好减碳、用碳、替碳、埋碳工作。

---

① "三强"指的是政治强、能力强、作风强。

在如何更好地落实"四全"管理①和"四查"要求②、提升本质安全水平方面：将强化安全生产责任落实贯穿生产经营活动始终，培育形成中国石油特色安全文化。强化安全隐患排查治理，夯实安全发展根基。

在如何更好地维护企业和大局稳定、妥善化解各类矛盾和利益问题方面：加强改革重大事项稳定风险评估，从源头上预防和减少矛盾问题。集中治理重复信访、化解信访积案，妥善处置群体信访和维权，推进信访管理工作制度化、规范化、标准化。深入推进平安企业建设，加强重点地区、重要时段、关键设施安保防恐及海外项目社会安全管理工作。

在如何更好地推进全面从严治党、解决好"六个如何始终"③的重大问题方面：解决在坚持党的领导、加强党的建设等工作中，以及党员领导干部在干事创业、担当作为、防范化解风险等方面的突出问题。增强基层党

---

① "四全"管理指的是全员、全过程、全方位、全天候的动态安全管理。"四全"安全管理要求企业在进行安全管理时，必须涵盖所有员工、所有生产过程、所有生产环节和所有时间，确保安全管理的全面覆盖和持续有效。

② "四查"要求指：查思想：检查员工的安全意识和安全观念是否到位。查纪律：检查员工是否严格遵守安全规章制度和操作规程。查制度：检查企业的安全管理制度是否健全和完善。查领导：检查企业领导是否履行安全管理职责，确保安全措施得到有效执行。

③ "六个如何始终"是指中国共产党在长期执政过程中需要解决的六个关键问题，它们分别是：

1. 如何始终不忘初心、牢记使命：这是解决其他难题的重要基础与必要前提。中国共产党人必须时刻牢记初心和使命，坚守党的信念和宗旨，确保在长期执政中不迷失方向。

2. 如何始终统一思想、统一意志、统一行动：思想上的统一、政治上的团结和行动上的一致是党的事业不断发展壮大的根本。面对复杂形势，党必须保持高度的集中统一领导，确保各项方针政策能够有效落实。

3. 如何始终具备强大的执政能力和领导水平：执政能力和领导水平直接关系到党和国家的长治久安。党需要不断提升自身能力，克服各种挑战，确保在长期执政中保持先进性和纯洁性。

4. 如何始终保持干事创业精神状态：党需要保持积极向上的精神状态，勇于面对各种困难和挑战，不断推动事业发展。

5. 如何始终及时发现和解决自身存在的问题：党需要建立有效的自我监督和自我完善机制，及时发现并解决问题，防止小问题演变成大问题。

6. 如何始终保持风清气正的政治生态：党需要维护良好的政治生态，确保党内政治生活健康有序，防止各种违背初心和使命的现象发生。

这些"六个如何始终"问题不仅是党在新时代面临的独有难题，也是实现新时代使命任务必须迈过的一道坎。通过全面从严治党和党的自我革命，党努力解决这些问题，确保长期执政的稳定和有效。

组织政治功能和组织功能，巩固拓展基层党建"三基本"建设与"三基"工作有机融合成果。建强基层党务干部队伍，培养一支既懂党建又懂经营管理的复合型人才队伍。加强党风廉政建设和反腐败工作，一体推进不敢腐、不能腐、不想腐，推动各类监督贯通协同。

在其他方面：处理、解决本领域、本单位长期存在的老大难问题。

调查研究需要规范方法步骤，不断提高调查研究的质量和成效。集团公司党组要求提高思想认识，通过党组（党委）理论学习中心组学习、读书班等，深入学习领会习近平总书记关于调查研究的重要论述精神、对中国石油和中国石油相关工作的重要指示批示精神，继承发扬老一辈革命家深入基层调查研究的优良作风，与时俱进完善调查研究方式方法和重点内容，不断增强做好调查研究的思想自觉、政治自觉和行动自觉。

制定工作方案：集团公司党组成员参照实施细则明确的调查研究方向和重点，结合分管业务，每人研究确定调研题目，明确协助调研的部门或单位，拟定具体调研方案，确定调研方式方法和工作要求，统筹安排、合理确定调研的时间、地点、对象，报经党组书记同意后实施。各级党委要参照实施细则，组织制定调查研究方案。总部部门可将调查研究与基层联系点工作相结合，统筹组织实施。调研地点选择上要坚持问题导向，主要问题在哪里，调查研究就在哪里展开，多到困难较多、情况复杂、矛盾突出的现场了解情况。调研内容安排上要聚焦调研主题，主要问题越复杂，调查研究就应越深入，既要防止箭离靶心的调研，也不能为细枝末节问题兴师动众进行调研。调研行程安排上要加强统筹，与日常工作、主题教育、课题研究等调研结合起来，提高效率效能。

认真开展调研：企业所属单位以上领导班子成员每人牵头1个课题开展调研。坚持因地制宜，综合运用座谈访谈、随机走访、蹲点调查、问卷调查、专家调查、抽样调查、统计分析等方式，以及互联网、大数据等现代信息技术开展调查研究，提高科学性和实效性。坚持深入基层，掌握实情、把脉问诊、问计于民、问计于实践。坚持走进员工群众，了解他们的烦心事、操心事、揪心事，发现和查找工作中的差距不足。组织典型案例的解剖式调研，分析问题、剖析原因，举一反三采取改进措施。开展推动落实的督查式调研，检查工作是否真正落实、问题是否真正解决。

深入研究论证：全面梳理汇总调研情况，运用习近平新时代中国特色社会主义思想的世界观、方法论和贯穿其中的立场观点方法，采用归纳与演绎、分析与综合、具体与抽象、预测与评价等方式，多层面多角度系统研究、深入分析、充分论证。特别是对于具有普遍性和制度性的问题、涉及改革发展稳定的深层次关键性问题，以及难题积案和顽瘴痼疾等，要研究透彻、找准根源和症结。在此基础上，各级领导班子交流调研情况，研究对策措施，形成解决问题、促进工作的思路办法和政策举措，确保每个问题都有务实管用的破解之策。对于涉及"三重一大"事项，应按要求履行集体决策程序。

推动解决问题：对调研中反映和发现的问题，逐一梳理形成问题清单、责任清单、任务清单，制定切实可行可操作的解决措施，逐一列出责任单位、责任人和完成时限，建立任务台账，定期督办落实。对短期能够解决的，立行立改、马上就办；对暂时不具备条件的要创造条件解决，明确目标，紧盯不放，一抓到底，做到问题不解决不松劲、解决不彻底不放手；对表现在基层、根子在上面的问题，以及涉及多个部门或单位的问题，上下协同、整体推动解决。抓好成果转化，通过纳入全局性会议文件、固化为制度机制等多种方式，发挥好调查研究的实践价值。

抓好督查回访：加强对调研课题完成情况、问题解决情况的督查督办和跟踪问效，定期对调研对象和解决问题等事项进行回访，注意发现和解决新的问题。调查研究完成后应当及时起草形成调查研究报告，重点归纳有价值的经验做法，逐一列出发现的问题和解决问题的措施，定性定量总结问题解决的实质性成果。调查研究工作开展情况纳入集团公司党建工作责任制考核。

与此同时，加强组织领导，扎实推动调查研究工作深入开展。

首先是落实领导责任。充分发挥党组（党委）把方向、管大局、保落实的领导作用，将加强和改进调查研究作为重要工作纳入议事日程，作出专门部署，科学精准做好方案设计、过程实施、监督问效等各个环节工作，及时研究解决出现的新情况新问题。党组（党委）书记负总责，班子其他成员各负其责，领导干部发挥带头作用，以上率下开展好调查研究。要将调查研究开展情况作为领导干部履职能力的评价内容，促进调查研究制度化常态化。各级党委要严格落实请示报告制度，按要求向集团公司党组报告调查研究取得的阶段性成果。

强化制度保障。坚持和完善重要决策调研论证制度，把调查研究作为谋划和开展工作的重要环节，真正成为决策的必经程序。坚持和完善领导干部联系点制度、总部部门在基层单位建立联系点工作机制，选择条件艰苦、困难较大和员工群众意见较多的单位，开展蹲点调研，通过面对面交流，了解实际情况、听取意见、发现和解决问题。完善调查研究长效机制，倡导"四不两直"，深化分析研究，真正解决实际问题，使调查研究成为党员、干部的经常性工作。

严明工作纪律。严格执行中央八项规定精神及党组实施细则，轻车简从，厉行节约，不搞层层陪同。力戒形式主义、官僚主义，防止搞"出发一车子、开会一屋子、发言念稿子"式调研，防止"作秀式"调研。加强调研统筹，避免扎堆调研、多头调研、重复调研，减轻基层负担。对违反作风建设要求和廉洁自律规定的，依规依纪严肃问责。

加大宣传力度。充分利用集团公司主管主办的各级各类报纸、期刊杂志、电视、内外部网络传播平台，采取多种多样形式和手段，大力宣传调查研究的重要意义和部门各单位调查研究的具体举措、实际成效，营造浓厚氛围，凝聚起以"大兴调查研究"推动高质量发展、加快建设基业长青世界一流综合性国际能源公司的共识和力量。

三、调查研究是领导干部的基本功

中国石油作为大型央企，在国家经济建设中举足轻重。党的二十大报告指出："深化国资国企改革，加快国有经济布局优化和结构调整，推动国有资本和国有企业做强做优做大，提升核心竞争力。"通过国资国企三年改革，国有企业全面高质量发展面临新的战略机遇、新的战略任务、新的战略阶段、新的战略要求和新的战略环境，迫切需要通过调查研究把握发展本质和规律，找到破解难题的办法和路径。加强改进国有企业调查研究，全面贯彻落实党的二十大精神，紧紧围绕"对党忠诚、勇于创新、治企有方、兴企有为、清正廉洁"二十字方针和党中央关于"完善中国特色现代化企业制度，弘扬企业家精神，加建设世界一流企业"重大决策部署的贯彻执行，善于运用中国化时代化的马克思主义理论研究新问题、解决新问题、总结新经验，更好地推动科学决策，促进国有企业全面高质量发展。

对石油企业来说，做好调查研究工作，必须结合企业自身特点和实际情况，加强世界和国家情况的研究和分析，必须加强与行业协会、有关企业的沟通和联系，在全球一体化、竞争充分市场化的大背景下，再分析，再研判，确保调查研究具有鲜明的时代烙印。

正确的决策离不开调查研究，正确的贯彻落实同样也离不开调查研究。调查研究的目的是发现和解决问题，须务求"深、实、细、准、效"，既要身入基层，更要心到基层。从明确"五大发展战略"①到实施"四大战略举措"②，从"油气并举"到"多元并进"，从科学构建四大业务板块到坚持"两个阶段、各三步走"，建设基业长青的世界一流综合性国际能源公司。

调查研究是领导干部做好工作的基本功，基本功硬不硬，关系调查研究的成效，关系事业的成败，关系企业的生死存亡。在企业高质量发展的征程上，领导干部需要具备高质量调查研究能力。

2020年10月10日，习近平总书记在中央党校中青年干部培训班开班式上的重要讲话强调，调查研究是做好工作的基本功，干部特别是年轻干部要提高调查研究能力，要学会在调查研究中提高工作本领。

调查研究是一门科学，也是一门艺术，是领导干部的必修课。调查研究的根本目的是服务决策、解决问题、推动工作。因此，对于调查研究工作而言，调查是基础，研究是手段，成果的形成和运用才是目的。认真贯彻落实好调查研究工作方案，全面扎实推进调查研究工作，是对各级领导和党员干部政治品格和政治能力的重要考验。

调查研究是党员干部必须要做好的工作之一，必须追求"深、实、细、准、效"的标准，力求准确、有效地解决问题。只有通过调查研究，才能够更好地了解实际情况，发现和解决问题，为人民服务，为社会做出更大的贡献。

党的二十大以来，习近平总书记对各级领导干部提出了增强调查研究能力的明确要求，强调领导干部不论阅历多么丰富、从事哪一方面的工作，都应带头并始终坚持和不断加强调查研究。领导干部只有通过调查研究，努力掌握全面、真实、丰富、生动的第一手材料，真正搞清楚实际情

---

① 指创新、资源、市场、国际化、绿色低碳。
② 人才强企、文化引领、提质增效、低成本发展。

况，才能真正做到一切从实际出发、理论联系实际、实事求是，进而找出能够解决问题、符合群众要求的办法。这就要求领导干部能够紧紧围绕党的路线方针政策和中央重大决策部署的贯彻执行，深入研究影响和制约经济社会持续健康发展的突出问题，深入研究人民群众反映强烈的重点难点问题，深入研究党的建设面临的重大理论和实践问题，深入研究事关改革发展稳定大局的重点问题，深入研究当今世界政治经济等领域的重点问题，等等。

当今世界呈现百年未有之大变局，新的战略机遇、新的战略任务、新的战略阶段、新的战略要求、新的战略环境，迫切需要全党上下尤其是领导干部深入调查研究，抓住变革时机，准确识变、科学应变、主动求变，解答中国之问、世界之问、人民之问、时代之问带来的课题。一些党员领导干部尚未充分认识到形势的深刻变化，对风险挑战和机遇的研判能力明显不足。党员干部要提高政治站位，切实增强调查研究的思想自觉、政治自觉、行动自觉，不断深化调查研究，使之成为推动党和国家事业不断战胜风险挑战、顺利发展的锐利武器。聚焦调查研究、抓好贯彻落实，必须使调查研究工作同中心工作和决策需要紧密结合起来，更好为科学决策服务，更好为提高党的执政能力和领导水平服务，更好为完成新时代新征程的使命任务服务。

调查研究是改进作风的捷径。调查研究不仅是工作方法问题，也是工作作风问题，更是党员干部对待群众的态度和感情问题，是党群关系的晴雨表。如果说这个世界上真有改进作风、提升能力的"捷径"的话，那就是深入实际、调查研究，从群众中来、到群众中去，听群众最想说的话、解决群众最关心的问题，干群众最想干的事、做群众最需要的人。正如习近平总书记所说，调查研究的过程，是领导干部提高认识能力、判断能力和工作能力的过程。经常走出领导机关，深入实际、深入基层、深入群众，进行各种形式和类型的调查研究，非常有益于促进领导干部正确认识客观世界、改造主观世界、转变工作作风、增进同人民群众的感情，有益于深入了解群众的需求、愿望和创造精神、实践经验。

调查研究是成就事业的基础和途径，没有调查就没有发言权，没有调查就没有决策权。客观事物总是在不断变化，新的矛盾和问题随时可能出现，这就要求领导干部不断调整工作任务。在这种情况下，领导干部如果只依赖于听取汇报、查看资料，是难以有效地履行岗位职责的。因此，党员干部需要提高调查研究问题的能力，全面了解真实情况，掌握工作的主动权。这不仅是履行职责所必需的能力，更是适应新形势、解决新问题的关键。只有提高调研能力，才能适应变化，掌握主动，做到既有效地履行职责，又能够及时发现问题并解决。

广大党员干部，通过深入细致的调查研究，把握事物的本质和规律，才能在工作中出实招、见实效。在提升工作质量的同时，提高个人的理论修养、职业水平、工作能力，为进一步做好各项工作奠定良好的基础。

链接：

中共中央办公厅《关于在全党大兴调查研究的工作方案》①

（2023年3月19日）

为深入学习贯彻习近平新时代中国特色社会主义思想，全面贯彻落实党的二十大精神，党中央决定，在全党大兴调查研究，作为在全党开展的主题教育的重要内容，推动全面建设社会主义现代化国家开好局起好步。现制定如下工作方案。

一、重要意义

调查研究是我们党的传家宝。党的十八大以来，以习近平同志为核心的党中央高度重视调查研究工作，习近平总书记强调指出，调查研究是谋事之基、成事之道，没有调查就没有发言权，没有调查就没有决策权；正确的决策离不开调查研究，正确的贯彻落实同样也离不开调查研究；调查研究是获得真知灼见的源头活水，是做好工作的基本功；要在全党大兴调查研究之风。习近平总书记这些重要指示，深刻阐明了调查研究的极端重要性，为全党大兴调查研究、做好各项工作提供了根本遵循。

当前，我国发展面临新的战略机遇、新的战略任务、新的战略阶段、新的战略要求、新的战略环境。世界百年未有之大变局加速

---

① 引自中国政府网。

演进，不确定、难预料因素增多，国内改革发展稳定面临不少深层次矛盾躲不开、绕不过，各种风险挑战、困难问题比以往更加严峻复杂，迫切需要通过调查研究把握事物的本质和规律，找到破解难题的办法和路径。在全党大兴调查研究，是深入学习贯彻习近平新时代中国特色社会主义思想、感悟这一重要思想的真理力量和实践伟力的必然要求，是深刻领悟"两个确立"的决定性意义、坚决做到"两个维护"的具体实践，是应对新时代新征程前进路上的风浪考验、推进中国式现代化的有力举措，是时刻保持解决大党独有难题的清醒和坚定、回答"六个如何始终"的现实需要，是转变工作作风、密切联系群众、提高履职本领、强化责任担当的有效途径。

二、总体要求

在全党大兴调查研究，要坚持以习近平新时代中国特色社会主义思想为指导，全面贯彻落实党的二十大精神，紧紧围绕党的理论和路线方针政策、党中央重大决策部署的贯彻执行，大力弘扬党的光荣传统和优良作风，突出问题导向和目标导向，促进广大党员、干部特别是领导干部带头深入调查研究，不断深化对党的创新理论的认识和把握，善于运用党的创新理论研究新情况、解决新问题、总结新经验、探索新规律，扑下身子干实事、谋实招、求实效，使调查研究工作同中心工作和决策需要紧密结合起来，更好为科学决策服务，为提高党的执政能力和领导水平服务，为完成新时代新征程的使命任务服务。

在全党大兴调查研究，必须坚持党的群众路线，从群众中来、到群众中去，增进同人民群众的感情，真诚倾听群众呼声、真实反映群众愿望、真情关心群众疾苦，自觉向群众学习、向实践学习，从人民的创造性实践中获得正确认识，把党的正确主张变为群众的自觉行动。必须坚持实事求是，坚守党性原则，一切从实际出发，理论联系实际，听真话、察实情，坚持真理、修正错误，有一是一、有二是二，既报喜又报忧，不唯书、不唯上、只唯实。必须坚持问题导向，增强问题意识，敢于正视问题、善于发现问题，以解决问题为根本目的，真正把情况摸清、把问题找准、把对策提实，不断提出真正解决问题的新思路新办法。必须坚持攻坚克难，发扬斗争精神，增强斗争本领，勇于涉险滩、破难题，知难而进、迎难而上，把调查研究成果转化为推进工作、战胜困难的实际成效。必须坚持系统观念，深入实际、深入基层、深入群众调查了解情况，把握好全局和局部、当前和长远、宏观和微观、主要矛盾和次要矛盾、特殊和一般的关系，前瞻性思考、全局性谋划、整体性推进党和国家各项事业。

三、调研内容

在全党大兴调查研究，要紧紧围绕全面贯彻落实党的二十大精神、推动高质量发展，直奔问题去，实行问题大梳理、难题大排查，着力打通贯彻执行中的堵点淤点难点。各级党委（党组）要立足职能职责，围绕做好事关全局的战略性调研、破解复杂难题的对策性调研、新时代新情况的前瞻性调研、重大工作项目的跟踪性调研、典型案例的解剖式调研、推动落实的督查式调研，突出重点、直击要害，结合实际确定调研内容。主要是12个方面。

1.贯彻落实党中央决策部署和习近平总书记对本地区本部门本

领域工作重要指示批示精神的主要情况和重点问题。

2.贯彻新发展理念、构建新发展格局、推动高质量发展中的重大问题，推进高水平科技自立自强，扩大国内需求、深化供给侧结构性改革、建设现代化产业体系、落实"两个毫不动摇"、吸引和利用外资，全面推进乡村振兴中的主要情况和重点问题。

3.统筹发展和安全，确保粮食、能源、产业链供应链、生产、食品药品、公共卫生等安全，防范化解重大经济金融风险中的主要情况和重点问题。

4.全面深化改革开放中的重大问题，重要领域和关键环节改革、推进高水平对外开放中的主要情况和重点问题。

5.全面依法治国中的重大问题，完善中国特色社会主义法律体系、推进依法行政、严格公正司法、建设法治社会等主要情况和重点问题。

6.意识形态领域面临的挑战，推进文化自信自强、建设社会主义文化强国和新闻舆论引导、网络综合治理中的主要情况和重点问题。

7.推进共同富裕、增进民生福祉中的重大问题，巩固拓展脱贫攻坚成果、缩小城乡区域发展差距和收入分配差距的主要情况和重点问题。

8.人民最关心最直接最现实的利益问题，特别是就业、教育、医疗、托育、养老、住房等群众急难愁盼的具体问题。

9.牢固树立和践行绿水青山就是金山银山理念方面的差距和不足，推进美丽中国建设、保护生态环境和维护生态安全中的主要情况和重点问题。

10. 维护社会稳定中的重大问题，防灾减灾救灾和重大突发公共事件处置保障短板，处理新形势下人民内部矛盾和强化社会治安整体防控的主要情况和重点问题。

11. 全面从严治党中的重大问题，落实党的领导弱化虚化淡化、党组织政治功能和组织功能不够强，干事创业精气神不足、不担当不作为，应对"黑天鹅""灰犀牛"事件和防范化解风险能力不强，形式主义、官僚主义，特权思想和特权行为等重点问题。

12. 本地区本部门本单位长期未解决的老大难问题。

四、方法步骤

在全党大兴调查研究，分为6个步骤。

（一）提高认识。各级党委（党组）要通过理论学习中心组学习、读书班等，组织党员、干部深入学习领会习近平总书记关于调查研究的重要论述，学习习近平总书记关于本地区本部门本领域的重要讲话和重要指示批示精神，继承和发扬老一辈革命家深入基层调查研究的优良作风，增强做好调查研究的思想自觉、政治自觉、行动自觉。

（二）制定方案。各级党委（党组）要围绕调研内容，结合本地区本部门本单位实际，广泛听取各方面意见，研究制定调查研究的具体方案，明确调研的项目课题、方式方法和工作要求等，统筹安排、合理确定调研的时间、地点、人员。党委（党组）主要负责同志要亲自主持制定方案。

（三）开展调研。县处级以上领导班子成员每人牵头1个课题开展调研，同时，针对相关领域或工作中最突出的难点问题进行专项调研。要坚持因地制宜，综合运用座谈访谈、随机走访、问卷调查、专家调查、抽样调查、统计分析等方式，充分运用互联网、大数据等现代信息技术开展调查研究，提高科学性和实效性。要深入农村、社区、企业、医院、学校、新经济组织、新社会组织等基层单位，掌握实情、把脉问诊，问计于群众、问计于实践。要转换角色、走进群众，了解群众的烦心事操心事揪心事，发现和查找工作中的差距不足。要结合典型案例，分析问题、剖析原因，举一反三采取改进措施。要加强督查调研，检查工作是否真正落实、问题是否真正解决。

（四）深化研究。全面梳理汇总调研情况，运用习近平新时代中国特色社会主义思想的世界观、方法论和贯穿其中的立场观点方法，进行深入分析、充分论证和科学决策。特别是对那些具有普遍性和制度性的问题、涉及改革发展稳定的深层次关键性问题，以及难题积案和顽瘴痼疾等，要研究透彻、找准根源和症结。在此基础上，领导班子交流调研情况，研究对策措施，形成解决问题、促进工作的思路办法和政策举措，确保每个问题都有务实管用的破解之策。

（五）解决问题。对调研中反映和发现的问题，逐一梳理形成问题清单、责任清单、任务清单，逐一列出解决措施、责任单位、责任人和完成时限。对短期能够解决的，立行立改、马上就办。对一时难以解决、需要持续推进的，明确目标，紧盯不放，一抓到底，做到问题不解决不松劲、解决不彻底不放手。

（六）督查回访。各级党委（党组）要建立调研成果转化运用清单，加强对调研课题完成情况、问题解决情况的督查督办和跟踪问效；领导干部要定期对调研对象和解决问题等事项进行回访，注意发现和解决新的问题。

五、工作要求

（一）加强组织领导。各级党委（党组）要高度重视调查研究工作，作出专门部署，科学精准做好方案设计、过程实施、监督问效等各个环节工作。党委（党组）主要负责同志负总责，抓好本地区本部门本单位调查研究的推进落实；班子其他成员各负其责，抓好分管领域和分管单位的调查研究工作。领导干部要带头开展调查研究，改进调研方法，以上率下、作出示范。

（二）严明工作纪律。调查研究要严格执行中央八项规定及其实施细则精神，轻车简从，厉行节约，不搞层层陪同。要采取"四不两直"方式，多到困难多、群众意见集中、工作打不开局面的地方和单位开展调研，防止嫌贫爱富式调研。要加强调研统筹，避免扎堆调研、多头调研、重复调研，不增加基层负担。要力戒形式主义、官僚主义，不搞作秀式、盆景式和蜻蜓点水式调研，防止走过场、不深入。要在调查的基础上深化研究，防止调查多研究少、情况多分析少，提出的对策建议不解决实际问题。对违反作风建设要求和廉洁自律规定的，要依规依纪严肃问责。

（三）坚持统筹推进。对表现在基层、根子在上面的问题，对涉及多个地区或部门单位的问题，上下协同、整体推动解决。统筹当前和长远，发现总结调查研究的有效做法和成功经验，完善调查研究的长效机制，使调查研究成为党员、干部的经常性工作，在全党蔚然成风、产生实效。

（四）加大宣传力度。充分利用党报、党刊、电视台、广播电台、网络传播平台等,采取多种多样的宣传形式和手段,大力宣传大兴调查研究的重要意义和各地区各部门各单位大兴调查研究的具体举措、实际成效,凝聚起大兴调查研究的共识和力量,营造浓厚氛围。

第二章

调查研究是中国石油工业的基本方法

第一节 玉门油田为调查研究奠基

石油天然气为代表的化石能源,是现代社会不可或缺的动力和工业原料,因此又被称为"工业的血液"。在如今工业化和现代化迅猛发展的时代,石油及其制成品和衍生物,不仅在国民经济发展中发挥着举足轻重的作用,而且渗透到社会生活的方方面面。

我国是世界上最早发现石油的国家之一,早在两千多年前,古人就开始发现、认识并使用石油。近代以来,我国石油工业经历了艰难曲折的发展过程,并一度被西方扣上"贫油"的帽子。玉门油田的发现,让国产石油成为抗战时期的能源支撑。新中国成立后,为了解决缺油的困境,广大石油工作者在中国共产党的领导下,克服了物质条件落后和技术力量薄弱等困难,打破"贫油论"的桎梏。20世纪50年代以后,陆续在西北、东北和中原地区发现了克拉玛依、大庆、胜利等大型油气田,石油产量迅速上升。20世纪60年代中后期开始,石油工业在动荡的环境中展现出强劲的发展势头。在此期间,大港、江汉、辽河、长庆、河南、华北、中原等众多油田相继发现并投入开发,为国民经济建设提供了动力引擎。

改革开放以后,国家对能源的需求日益增长,石油工业面临新的历史挑战。在广泛调查研究的基础上,石油工业进行了积极的改革和探索,逐渐从陆地走向海洋,从东部拓展到西部,从单一的油气主业走向综合性国际化能源公司,迎来了腾飞发展的春天。

1988年9月17日,为适应市场经济发展的需要和政府职能转变的要求,国务院撤销了石油工业部,并依托其掌控的主要资源和资产,成立了中国石油天然气总公司。1998年7月27日，根据国内外环境的变化以及国务院关于组建国际化大集团和大公司的要求，对中国石油天然气总公司的业务进行了进一步的重组，成立了中国石油天然气集团公司。进入新时代后，中国石油从单一的油气勘探开发企业发展为集国内外油气勘探开发和新能源、炼化销售和新材料、支持和服务、资本和金融等业务于一体的综合性国际能源公司，在全球32个国家和地区开展油气投资业务。2024年，中国石油在世界50家大石油公司综合排名中位居第三，在《财富》杂志全球500强排名中位居第六。

翻开中国石油创业史，其发展历程就是中国共产党领导下的独立自主、自力更生，为建设民族石油工业而不懈奋斗的创业历程，也是百万石油人爱国、创业、求实、奉献，为祖国献石油而不懈努力的奋斗历程，同时还是一部百万石油人勇攀高峰、挑战自我，全心全意保障国家能源战略安全的创新历程。

在石油工业发展史中，调查研究在其中扮演着至关重要的角色。石油工业是一个涵盖了勘探、开采、利用等多个环节的复杂系统，每个环节都需要精准的数据分析和深入的调查研究才能实现高效的运营。调查研究在石油工业中贯彻始终，是实现石油工业可持续发展的关键所在。通过不断深入的调查和研究，石油工业更加精确地确定石油资源的储量和品质，选择最优开采和利用方案，提高整体运营效率和经济效益。同时，调查研究推动技术创新，提升石油工业的整体竞争力。

在发展石油工业的历程中，石油工业培养了具有石油特色的调查研究工作法，具有旗帜引领作用的石油精神和大庆精神铁人精神等宝贵的财富，写就了波澜壮阔的石油华章。可以说，一部石油工业发展史，就是一部调查研究史。在石油工业发展和演变的历程中，调查研究一直贯彻始终，它是石油工业的基本方法，对于推动石油工业的发展具有重要的现实意义。

一、中外专家调研催生大陆首个油田

石油工业的调查研究始可以追溯到古代。作为世界上最早发现和利用石油的国家之一，古人留下的《山海经》《汉书》《水经注》等典籍中，记载着关于石油产地、状态、性能、用途等大量信息，记载着古代人民关于石油的观察及认识，这就是我国最早的关于石油的调查研究。正是祖先在发现石油、认识石油和使用石油的历程中，创造了中国特色的石油文明，使之不仅成为中国，也成为世界石油史上的宝贵财富。

近代是石油工业发展的肇始。鸦片战争爆发后，由于社会政治经济动荡，我国近代石油工业发展步履维艰，同世界上石油工业发达国家的差距也越来越大。为了解除内忧外患，实业救国，一批有志之士和石油地质专家开始了艰难探索，在陕西、新疆、甘肃等地进行地质调查研究，先后发现了延长、独山子、玉门等油矿，为我国现代石油工业的发展奠定了基础。中国大陆首座油田玉门油田，曾因培育了数代石油人才而彪炳史册。玉门油田的诞生，是中外专家共同调研催生的结果。

石油深埋地层深处，需要高科技才能发现并从地层深处开发出来，需要复杂的地质勘探，也就是地质调查。玉门油田历史上先后经历了三次大型调查研究，在玉门油田历史乃至中国石油工业历史上举足轻重，具有代表性。

玉门油田的首次大调查肇始于 20 世纪 20 年代，先后有许多地质家来玉门进行考察，调查油藏分布与储量。1921 年，翁文灏和谢家荣到玉门作石油地质调查，1928 年，地质学家张人鉴赴甘肃河西走廊一带作调查。抗日战争开始后，石油作为最重要的战略物资，开发国内石油资源需求十分迫切，能源界呼声日益高涨。在翁文灏、钱昌照等爱国人士的奔走呼吁下，国民政府决定勘探开发玉门的石油资源，为抗战提供能源支撑。由于缺少石油地质方面的人才，官方便向美孚公司提出希望派专家帮助。于是，美孚公司在伊利诺伊州地质调查局选中了石油专家马文·韦勒来华助战。

1937年，中国地质专家孙健初和美国地质家马文·韦勒、费雷德·萨顿组成试探队，在我国西北的甘肃、青海等地区进行石油地质考察。在老君庙，考察队获得了此次考察中最有价值的成果，并一致肯定这里的背斜地层是一个储油构造。韦勒在随后的考察记录里这样写道："目前已可断言，石油即将出现于甘肃之西北部，石油河背斜地层为一储油构造，如具备良好条件，可望获取极佳产量。"

考察任务完成后，由韦勒撰写、孙健初和萨顿作图形成了《中国西北甘肃青海两省地质考察报告》。此报告作为3位地质学家共同调研的成果，对所考察地区的地质状况作了周密的描述和分析，长达136页，附有地质图24幅。在报告中，韦勒对玉门地区石油分布和构造给予了十分肯定的评价，认为此地"可获得极佳产量"。报告中还指出，从国防角度讲，在中日战争中开发大后方的西北油田意义重大，应"不惜任何代价钻探石油河构造，开发油田"。

1938年4月，韦勒和孙健初向国民政府经济部部长兼地质调查所所长翁文灏详细汇报了玉门地区石油考察情况。经过专家们反复的研究与判断后，翁文灏做出决定，收回中国煤油探矿公司在西北3省的石油开采权，并成立甘肃油矿筹备处，举全国之力开发中国大陆第一个油田玉门油矿。

国难当头，不分党派，全力以赴。驻在延安的中国共产党得知开发玉门石油的消息后，给与大力支持。1938年，为解决钻探设备问题，翁文灏专程前往汉口会晤中共代表周恩来，商议将陕北的两台顿钻钻机拆迁至玉门。周恩来当即表示：民族为上，同心为国，绝无异议，马上拆迁。8

月，资源委员会派张心田赶赴陕北负责钻机拆迁事宜，得到了陕甘宁边区和十八集团军的全力支持与帮助，陕北油矿20名工人也随机前往。10月，全部设备运抵咸阳，辗转4个月后，两台钻机先后到达玉门。

1938年12月，甘肃油矿筹备处主任严爽、地质家孙健初、测量员靳锡庚和工人邢长仲、宿光远、刘万才、刘兴国等组成勘探队，骑着骆驼从酒泉出发前往玉门，继续对石油河背斜做进一步的勘探，对该地区的油气资源进行深入的调查研究。当时正逢严冬，风雪交加，他们在玉门老君庙旁支起帐篷安营扎寨，开始在风雪中测量地形、勘查地质。三个月后，他们克服重重困难，完成老君庙地区多幅地质图、构造图，并确定了第一批8口油井的井位，打响了开发玉门石油的第一炮。3月13日，老君庙1号井开钻。8月11日，钻至115.51米，探得厚达18.33米的油层，获得日产油10.5吨。随后，两台钻机又陆续钻井6口，全部获得工业油流。

老君庙地区出油，是反复调查研究的结果，证实了之前众多地质学家的推测，为中国现代石油工业的崛起点燃了希望的火花。开采出油的当年，玉门油田便生产了418.85吨原油；至1940年，产量飙升至1346.756吨。同时，甘肃油矿筹备处还在石油河畔建立了简易炼油设施。1939年，老君庙设施生产了11.6吨汽油、13吨煤油和23.5吨柴油，有力支援了抗战前线，为抗战提供了燃油动力。老君庙地区出油后产量猛增，急需提高炼油能力。甘肃油矿筹备处从重庆等地采购了相关设备器材，并于1940年4月建成了我国陆上第一座炼油厂——老君庙炼油厂。该厂在当年生产了211吨汽油、100吨煤油和193吨柴油，老君庙成为抗战后方的功臣。

1941年3月，抗战进入胶着状态，国民政府资源委员会决定在甘肃成立油矿局，并任命孙越崎为首任总经理。该局开始扩大勘探领域，加深钻探，以提高原油产量。在不断深化勘探工作的同时，甘肃油矿局也在提升炼油能力方面取得了显著的进步，1942年，该局生产了约5000吨汽油，为当时的抗战事业提供了坚实的支援。

1946年6月1日,翁文灏根据调查研究结果,主持成立了中国石油公司,奠定了国家石油公司的架构,并将甘肃油矿局改组为甘青分公司。随着不断发展,油田的员工队伍逐渐壮大,技术实力也不断增强。到1948年,员工总数达到了5059人,技术工人占工人总数的42%,各类技术人员也达到了200多人,是当时最大的现代化企业。

1949年夏天,彭德怀领导的中国人民解放军第一野战军开始进军大西北。在这个过程中,首当其冲是保护油矿。时任中国石油公司协理和甘青分公司经理的邹明经过广州、上海考察调研后认为,玉门油矿是国宝级企业,必须积极采取措施完整地保护下来,他一面与中国共产党联系,一面组织工人护矿队来保护油矿。作为毕业于南京金陵大学工业化学系的石油专家,邹明曾在中央地质调查所燃料研究室工作,1941年进入甘肃油矿局炼厂。1942年年底因国际民间货物运输几乎中断,玉门油矿所需进口器材告急,邹明想方设法成功地通过"租借法案"为玉门油矿提供急用物资装备,保证了油矿生产建设的顺利进行。1948年担任甘肃分公司总经理后,他孤身前往美国,购得大批石油装备,为我国第一座现代石油企业——玉门油矿的发展作出了贡献。

1949年9月25日,中国人民解放军接管了玉门油矿,玉门油矿完整无缺地回到了人民手中。1949年,玉门油田已经探明可采储量超过1700万吨,每年可以生产7万多吨原油。油田不仅规模大、产量高,而且采用了比较先进的开采工艺,可以炼制出汽油、煤油、柴油、润滑油等多种成品油。

玉门油田的开发,为中国石油工业的发展提供了必要的技术、经验和人才队伍,因此被誉为"中国石油工业的摇篮"。在油田建设之前,玉门还只是被黄沙覆盖、荒凉偏远的边陲之地,恶劣的自然环境和地理位置让这里鲜有人烟。随着玉门老君庙油田的建成，我国贫油局面得到了改变，昔日荒凉的玉门成为我国首座石油城，为中国石油工业发展开辟了新的道路。

二、玉门油田第二次大规模调研与企业社会主义改造

新中国石油工业从起点低、基础薄的情况下起步。新中国成立之初，全国石油产量仅有12万吨，国内使用的石油产品几乎全部依赖进口。国家建设各方面急需用石油，去掉贫油国帽子成为迫切需要。为解决这一问题，党中央高度重视石油工业发展，立即行动起来，成立专门机构，调配各方资源，发展石油工业。

玉门油田是中国石油工业的发源地，也是中国现代石油工业的摇篮，为中国石油工业的发展提供了重要的实践经验和人才储备。玉门油田的调查研究同样是石油工业调查研究的开端，玉门油田的诞生，各项战略的出台，也是基于调查研究基础上。通过对玉门油田调查研究的分析，能够更好地了解中国石油工业的发展历程，了解玉门油田调查研究对石油工业调查研究的示范意义。

（一）党的领导是玉门油田二次调查研究的基础

中国人民解放军挺进到大西北时，中共中央第一个想到的就是玉门油矿的接收，将其建设成新中国的动力之源，为此，毛泽东多次电告彭德怀，要把玉门完整无缺地接收下来。1949年9月25日，中国人民解放军接管了玉门油矿，并立即成立了军事管制委员会。中国人民解放军第一野战军三军九师的政治部主任、曾在清华大学地质系学习过的康世恩担任军事总代表，并从解放军第一野战军、大荔军分区、西北公安部、兰州企业处等单位调派了近70名干部到军管会工作。

1950年，中共玉门矿务局委员会成立，成为中国石油史上的第一个党

委。1957年，在党的领导和全国人民的支援下，玉门油田建成我国第一个天然石油工业基地。玉门油田取得的一系列成就，都离不开党领导下的调查研究。在这一时期，开启了玉门油田历史上第二次大型调查研究。

1950年8月，玉门矿务局宣告成立后，由著名爱国将领杨虎城将军的长子杨拯民担任党委书记、局长。紧接着，著名的石油师加入建设，为玉门油田提供了新鲜血液，大批共产党员成建制地进入玉门油田。

在党的领导下，玉门油田开始建设党的基层组织。1950年1月，玉门油田首先成立了工会组织，发展会员，并逐步建立和完善党的基层组织，为开展调查研究奠定了基础。为了将玉门油田改造为新型的社会主义现代化能源企业，军管会开展广泛的调查研究，并发动了职工群众，有计划、有步骤地对油田进行社会主义改造。其中，首要的是建立党团组织，并建立经济核算制度。为此，成立了油矿资产清理委员会，组织职工从上到下清查财产，核对固定资产，逐步实现了计划管理、技术管理和定额管理。同时，还大力实行民主管理，改革了不合理的规章制度。通过民主选举，成立了工厂管理委员会。随着民主改革的深入开展，油田职工的政治地位和经济地位发生了根本性的变化，生产积极性也得到了空前的高涨。

（二）解决问题是调查研究的目的

玉门油田脱胎于旧中国，由于过去敌伪与官僚资本主义的长期统治，造成了石油工业生产中的盲目混乱与畸形发展的现象。接管玉门油田后，党组织对油田全方位进行调查研究，对油田现状进行剖析，充分掌握了油田的完整信息，从中发现了很多不适应社会主义制度的现象。1950年4月13日，燃料工业部部长陈郁在第一次全国石油工业会议上作报告时指出："在石油工业中还存在着器材、燃料油、劳动力的浪费现象和缺乏认真负责的工作态度两个主要缺点"；而且，"中国石油工业机构的职责是不明确的，致使生产效率低、浪费大。基本原因是组织机构不健全，缺乏集中领导与分场负责制。今后必须依矿厂设备的性质实行分场管理，以提高各分场职工的责任心"。长期以来，玉门油矿的"每一厂处均形成独立单位，单位与单位之间的协作，各种工作上的配合都很不够"。为了解决这一问题，军管会根据中央指示精神，推动了管理机构的调整工作，实现了管理制度上的革新。

在调查研究的基础上，首先是调整旧的管理机构。1950年2月25日，玉门油矿总工会筹委会主任焦力人在油矿第一届职工代表大会的总结发言中明确指出："要发挥全体工人的智慧和集体力量，用科学的方法，以少的成本，生产出数量多、质量好的成品。要达到这个目的，就要精简繁杂的组织机构，克服过去因人设事现象。"玉门矿务局正式成立，军事管制宣告结束。玉门矿务局下设秘书室、保卫处、人事处、总务处、工程处、采油厂、炼油厂、机械厂、水电厂、建筑厂、制砖厂、钻探大队、运输大队。机构的调整结束了玉门油矿过去各部门分散的状态，重要的生产部门直接由党领导下的矿务局领导，保证了指示的顺利下达和生产效率的提高。

集体领导、分层负责管理体制的形成。1950年4月24日，第一次全国石油工业会议全体大会通过了《第一次全国石油工业会议决议》，要求："建立分场专责制，严格实行定额管理、成本核算与预决算制度，并试行按件计件工资及超额奖励的工资制度。"1951年，玉门矿务局局务第18次会议明确了生产管理实行集体领导、分层负责的责任制度。集体领导、分层负责管理体制的建立，既能明确生产活动各环节之间的责任，又能保证决策的科学性、正确性。

建立了规范劳动纪律、提高工人待遇等相关制度。为进一步激发工人的积极性，玉门油矿建立了规范劳动纪律、提高工人待遇等相关制度，如新的考勤制度、八小时倒班制度、加班工资制度、夜班津贴制度以及奖惩制度等。以奖惩制度为例，之前通过调研得知，玉门油矿解放前没有生产奖励制度，但有考勤奖金和年终奖金，作为工资的一部分：考勤奖以全年出满勤为条件，凡符合此条件者，年终加发一个月工资；年终奖金很不固定，也没有什么条件，主要靠工人斗争才能取得，发放标准分十等，最高为月工资的十二分之九，最低为月工资的二十四分之一。1951年下半年，玉门矿务局建立起生产奖励制度。开始在炼油、机械、运输以及炼厂新建工程队实行计时奖励制，1952年全面推行，有钻井提前完钻奖、炼油提高炼率奖、油矿降低油气比奖、运输节油奖、超额完成计划奖、降低成本奖等，这些生产奖励制度紧密联系石油生产，促进了石油生产的发展。

（三）深入的调查研究，创造了新的业绩

通过民主改革和管理制度革新，玉门油矿基本完成了企业内部生产关系的变革，这种变革是中国共产党制定正确的接管改造政策与卓有成效的生产动员工作的结果，为后来中国石油工业的发展奠定了重要基础。

从1950年到1952年的3年时间里，玉门油矿共完成钻井进尺1.7万米，相当于该矿解放前10年里钻井总进尺的3/4。仅1952年，玉门油矿便生产原油14.3万吨，为解放前全矿最高产量的1.8倍。玉门油矿制定的相关规章制度既为随后展开的一系列更加深入的生产和技术革新创造了条件，也为20世纪50年代末全国石油普查、勘探等顺利实施起到了支撑作用。此外，玉门油矿还在此过程中锻造了一支训练有素的石油工人队伍，支援了全国的石油会战。总之，玉门油矿的成功接管与改造，对新中国石油工业建设的历史进程具有重要影响。

三、玉门油田第三次大规模调研与企业的转型

"凡有石油处,就有玉门人。"作为我国第一个石油工业基地,玉门油田为国家的建设做出了卓越的贡献。1939年,玉门老君庙出油,让我国从此甩掉了"无油国"的帽子。1949年,伴随着成千上万石油人涌入玉门,新中国的石油工业建设之路由此开启。

进入改革开放时期,在中国石油工业勘探战略向东转移之后,玉门油田承担起了"三大四出"(即成为大学校、大试验田、大研究所,并出产品、出经验、出人才、出技术)的历史使命。玉门先后支援了四川、大庆、长庆、任丘中原等地的会战,并向柴达木、吐鲁番等地区进军。在这一过程中,玉门油田向全国各地的油田和炼化企业输送了超过10万名骨干力量和4000多台(套)各类设备,在石油工业发展伊始,玉门油田是当之无愧的功臣。

然而,从20世纪60年代起,玉门油田开始出现地层压力下降、高渗透层水淹、产量迅速下滑的情况。为了扭转开发形势以及应对能源市场格局的深刻变化,玉门油田深入调查研究,摸清油田产量递减根源,不断加强对地下的研究,合理地调整开发策略,从而保持了原油产量的基本稳定。1970年,油田的年产原油达到了64.37万吨,并在接下来的9年间,一直保持原油年产量在60万吨以上的水平。

经过80多年的勘探和开发后,玉门油田勘探对象日益复杂、勘探难度不断增加、资源品质明显变差、资源基础薄弱等问题逐渐显露,导致了油田长时间亏损、产量下降、盈利能力不足等问题,使得玉门油田的发展进入了瓶颈期。到20世纪90年代末,玉门油田石油资源已经逐渐枯竭。而在玉门油田发展过程中,石油产业占玉门经济总量的比例过大,当石油产业出现危机时,对玉门当地整体发展也造成了巨大的冲击。

开采了几十年的老油田，面临着油气资源难开采、增产稳产难、生产成本高等问题，接下来怎么发展至关重要。建设、繁荣、衰退是资源产业发展的一般规律，如何成功进行转型则是一项极大的挑战。探索之后，如果转型失败，这些产业可能会逐渐衰落甚至消亡；而如果转型成功，它们则有机会再次振兴。

于是，玉门油田历史上第三次大型调查研究开启。在调查研究的基础上，为了应对市场的变化和能源短缺的现状，玉门油田因势而动，开始尝试能源转型。转型成了玉门油田的必然选择，时代之需、发展之困，共同促使玉门油田走能源转型之路。如何找准定位和方向，战略谋划是关键。在这一过程中，玉门油田也是摸石头过河，通过调查研究来逐渐探索出一条可持续发展的转型之路。

通过调查研究发现，几次矿权流转，进一步拓宽了油田发展空间，油气资源优势已初现；完整的上下游产业链，增强了抗风险能力；地处河西走廊，风光电资源丰富，有土地和水资源保障，地域优势明显。在分析了油田具有的优势后，玉门油田提出"油气并举、新老结合"的发展思路。

玉门油田从长远方向可持续发展进行调研，发现低碳化是未来能源发展的大趋势，风电、太阳能发电作为我国新型零碳电力系统的主力，在未来将占据能源重要位置。开拓新能源业务，既符合国家产业政策和中国石油绿色低碳发展的外在要求，又是油田实现扭亏脱困、探索转型发展之路的内在需要。于是，玉门油田将发展战略调整为"油气并举、多能驱动"。这个战略是经过各方人员深入调查研究玉门油田的资源禀赋后提出的，也是百年老油田历史上最大的转折点。

地处甘肃的玉门不仅有石油，还有着得天独厚的风光资源。玉门地处河西走廊，坐拥丰富的自然资源，包括风能、太阳能、土地资源等。玉门是国家发改委确定的一类风资源区，70米高度平均风速达7.9米/秒，年有效风速8085小时。据测算，其可开发利用的风能资源量在4000万千瓦以上，占全国的七分之一。同时，玉门还是最大的光热发电基地，可用于开发新能源的土地面积达4000平方千米以上，已开发的面积还不到总开发面积的二成。

进入新时代，中国石油响应党中央的号召，首次将"绿色低碳"纳入发展战略，并明确了"清洁替代、战略接替、绿色转型"三步走的总体部署，为油气田企业新能源发展制定了明确的路线图。面对新形势，玉门油田通过调研明确新的转型思路，一方面手握丰富的风光热资源，另一方面又有着政策的支持，手中有粮，心中不慌。为了与中国石油的新能源发展整体战略布局紧密对接，玉门油田积极跟进上游新能源业务的进展。

在玉门油田历史上第三次大型调查研究中，经过60余次的调查研究、规划、报告和经济效益测算，制定了《玉门油田清洁转型示范建设基地》规划，明确了基地建设将重点围绕电、氢两条产业链，发展七大业务，着力构建起风、光、热、氢等多能并举、互补开发的多元产业体系，并且通过打造"一地三中心"①的格局，使玉门油田成为清洁能源技术创新、产业孵化和资源循环利用的重要基地，推动清洁能源产业快速发展。通过充分利用传统能源的托底作用，解决当前经济效益的问题，同时以新能源为发展方向，推动未来油田高质量的长期发展。

为逐步减少对传统能源的依赖，加快清洁能源的发展步伐，玉门油田严格按照两个阶段的战略规划稳步前行：第一阶段是从2021年到2030年，旨在打造以绿电为引领的"风光火储一体化"清洁能源基地；第二阶段是从2030年到2050年，目标是要打造以绿氢为引领的"源网荷储一体化"清洁能源基地。

---

① 西部清洁能源基地、新能源装备制造中心、新能源综合研发实证中心、新能源实践培训中心。

回首玉门油田百年历史，三次大调研见证了油田的发展历史。近代中外专家调研老君庙地区油气资源，发现了我国陆上第一个油田，为抗战提供了能源支撑；中华人民共和国成立后玉门油矿军管会调研玉门油矿整体状况，对油矿进行社会主义改造，给玉门油矿带来了春天，把油矿建设成了中国现代石油工业的大本营；进入改革开放时期，玉门油田进入资源衰竭期，在调研的基础上，成功实现了油田转型发展，让单一油气主业的百年老油田走上了综合性清洁能源基地之路，在经历了短暂的沉寂之后，通过转型焕发了新生。

第二节　克拉玛依油田诞生于调查研究

一、无数次的争论

作为中华人民共和国成立后开发建设的第一个大油田，克拉玛依油田的发现和开发并非一帆风顺，经历了无数次的争论和波折，从石油储量的争议、开发技术的难题到经济效益的权衡，都是当时人们的争议焦点。

新中国成立初期，百废待兴，百业待举，共和国需要石油，需要能源工业的支撑。旧中国的石油工业十分落后，全国只有玉门、延长和新疆克拉玛依独山子等少数几个矿区，最大的玉门油矿，年产原油不过10余万吨。石油极度匮乏，经济发展滞后的新中国举步维艰。

石油工业要发展，石油的勘探开发尤为重要，而要取得勘探开发上的突破，明确勘探重点是关键，调查研究是基础。早在1950年3月，燃料工业部就邀请了国内30位地质专家召开座谈会，征询关于中国石油资源前景和勘探方向的意见。与会专家们指出，除已知的陕、甘、青、新、川等地区的油气资源外，中国的东北、西南、中南和华北等广大地区也有可能蕴藏着石油。不过，考虑到国家财力和物力的实际情况，专家们建议将原有工作基础较好的陕、甘地区作为钻探重点。

在第一个五年计划的前三年，由于石油工业装备落后且经验不足，石油勘探并未取得突出的成果。当时的勘探力量主要集中在酒泉、民和、准噶尔、吐鲁番、柴达木等盆地的局部地区，仅有少数队伍在四川等其他地区开展工作。仅在甘肃发现了白杨河、石油沟两个小油田，青海油泉子构造和新疆克拉玛依地区各有一口出油井，但整体勘探效果并不理想。

1949年12月17日，时任中共中央西北局第一书记、西北军政委员会主席、西北军区司令员的彭德怀，在翻阅有关方面上报来的文件档案时，发现了一份1943年苏联政府和国民政府关于在新疆合作设立有色金属和石油两个股份公司的议定草案。之后，彭德怀赴京参加中央人民政府第五次会议时，将该草案呈报给了当时在北京主持中央工作的国家副主席刘少奇，并请示中央政府考虑和苏联政府合作，开发新疆的石油、矿产资源，以便发展新疆经济。

1950年1月2日，刘少奇同志向远在莫斯科访问的毛泽东同志发去了书面报告，建议向苏联提出在新疆合办石油和有色金属企业的要求，以便利用苏联资本开发新疆资源，发展新疆经济，最终获得了党中央的同意。

同年9月30日，中国政府和苏联政府根据中苏友好条约成立中苏石油股份公司。公司设在乌鲁木齐，双方各占50%的股份。这是新中国石油工业的第一家中外合资企业，其任务之一是调查新疆石油资源分布。

1951年，在准噶尔盆地西北缘地区工作的中苏石油股份公司勘探队，根据黑油山地区发现的沥青丘、沥青脉等露头油苗，经进一步详查，认为从黑油山到乌尔禾一带广大地区含油希望很大。负责这一带工作的苏方专家乌瓦洛夫和中方地质师张恺认为，这是一个地下油海；而一些资深的苏联专家却认为那里仅有一点残余油，没有工业价值。此时，主攻山前还是走向地台的争论愈演愈烈。

1953年，我国开始实施国民经济发展的第一个五年计划，需要大量的石油战略物资。但是，1952年全国石油产量仅为43.56万吨，石油产品自给率仅为四分之一左右，远远无法满足工业生产和经济建设的需要，石油工业成为国民经济发展中的薄弱环节。新生的社会主义中国，如何加快石油工业的发展成为重中之重。

在此背景下，关于克拉玛依地区寻找石油的争论一直持续到中苏石油股份公司解体也没有分出胜负。根据中苏两国政府发表的联合公报精神，自 1955 年 1 月 1 日起，包括中苏石油股份公司在内的各中苏合营股份公司中的苏联股份被有偿移交给中国。新疆石油公司（后更名为新疆石油管理局）的成立，意味着在新疆找油的主导力量发生了根本性扭转，中方全面承担了新疆找油的重担。

此时，新到任的新疆石油公司经理张文彬了解了苏联专家的分歧争论后，再次召开了黑油山地质调查专题汇报会。在这次会议上，他首先听取了乌瓦洛夫关于走出山前凹陷、走上地台的观点陈述，接着，张恺又详细汇报了这一地区含有丰富石油的理由。张文彬最后拍板决定，在黑油山地区安排两口探井进行勘探。

通过调查研究，走出山前凹陷，走上地台，成了新疆石油公司勘探工作的指导思想。随后，公司所属独山子矿务局根据乌瓦洛夫和张恺的报告编制了《黑油山地区钻探总体方案》，拟定在黑油山构造带钻探 4 口探井，构成一个剖面，进而探明白垩纪、侏罗纪的地质情况。该方案经公司党委讨论通过后，上报国家有关部门。

1955 年 1 月，第六次全国石油勘探会议做出挺进黑油山、钻探 1 号井的决定。遵照这一决策，1955 年 3 月，独山子矿务局地质工作人员王克思、王秋明、王连壁等地质工作者立即测定黑油山 1 号井井位，作出了地质技术设计，设计井深 1000 米，目的层为侏罗系含煤地层。苏联留任专家潘切享娜作出钻井设计，设计方案报经新疆石油公司代理总地质师杜博民批准后付诸实施。

1955 年 10 月 29 日，克一号井完钻，下入油管用清水替出泥浆后，油、气开始外溢，喜获工业油流。1 号井的突破，如同照亮天际的耀眼曙光，让克拉玛依成为全世界关注的焦点，让饱尝缺油苦楚的国人感到由衷的喜悦和无比的振奋，大规模的勘探随之展开。

1955年，石油工业部成立，李聚奎成为首任部长，鼓励大兴调查研究之风，争取早日拿下新中国首个大油田。紧接着，石油工业部在北京召开了第一次石油勘探会议。当时正在苏联考察的部长助理康世恩提交了书面意见，指出前一段勘探成果不大的根本原因：一是勘探工作量太少，缺乏通盘规划。对每个含油区只从个别构造入手，忽视了解决全区性的地质问题。二是构造研究准备草率。研究内容太窄，没有合理使用地球物理勘探手段等。他还提出，根据苏联的经验，小盆地和构造复杂地区不容易找到大油田，应集中力量在大盆地和地台上展开区域勘探，这样才能尽快取得突破性进展。

1956年2月，毛泽东同志两次听取石油工业部的汇报，并要求石油工业部要避免经验主义，做好全国规划，在全国范围内广泛开展石油勘探工作。1956年3月6日，国务院副总理陈云召集石油工业部副部长李人俊、地质部副部长何长工、石油工业部部长助理康世恩等，讨论落实毛泽东同志的指示，研究关于加强石油勘探的意见。陈云同志指出，一定要在两三年内找到一到两个比较大的油区。3月26日，地质部、石油工业部和中国科学院联合成立全国石油地质委员会，地质部部长李四光担任主任委员，地质部副部长许杰、中国科学院生物地学学部委员武衡、石油工业部部长助理康世恩为副主任委员。

石油工业部迅速调整了勘探工作的部署思路。根据党中央和毛泽东等党和国家领导人的指示，结合康世恩在第一次石油勘探会议上提出的勘探工作意见，石油工业部将勘探重点从山前坳陷及山间小盆地转向大盆地，采取区域大剖面和钻探基准井的方式，运用多种勘探手段进行全面系统的区域勘探。

随后，石油工业部党组在向陈云等提交的报告中提出，克拉玛依是一个有希望的石油聚集带,而且储油层变化很大,是找到油田的有利条件,故应集中力量,大力勘探。报告建议将准噶尔盆地作为首要的勘探重点。

1956年4月,以石油工业部部长助理康世恩为首的专家工作组来到克拉玛依实地调查和分析后,果断决定将准噶尔盆地勘探重点由南缘转移到西北缘,形成《黑油山—乌尔禾钻探工作的决定》,采取"撒大网、捕大鱼"的甩开勘探方针,在黑油山至乌尔禾地区部署10条钻探剖面,扩大勘探,以查明克拉玛依油田的分布范围。1956年4月19日,康世恩与驻石油工业部苏联专家安德烈·柯率领工作组前往新疆克拉玛依进行考察调研。康世恩决定将勘探重点从准噶尔盆地东南转移到西北缘,开展区域综合勘探,形成了《克拉玛依—乌尔禾钻探工作的决定》,这一指导思想的重大转变,开启了石油勘探的新局面。现将《克拉玛依—乌尔禾钻探工作的决定》摘录如下:

克拉玛依—乌尔禾钻探工作的决定

(一九五六年五月二日)

1. 对克拉玛依—乌尔禾地区的钻探任务定为10个剖面,29个井位,1956年开钻19口井。

2. 以第3和第6剖面及其左右的侧面作为1956年首先开钻的地区,并应在第4剖面上打1口探井,将两个地区联系起来,以便逐渐明确以后的钻探方向,然后再向该两剖面的两侧发展。

3. 开钻次序应以满足地质要求和接近水源同时兼顾的原则,尽快准备井场,避免钻机窝工。

4. 在 3、6 剖面向南的延长线上，各定一个井位，到下半年，根据已开钻各井取得的资料，决定是否今年开钻。

5. 在地台中心开钻一口基准井，井位由公司实地观察后，选择道路和水源较方便的地点确定井位。

6. 解决工业用水和饮用水的方法：

（1）今年从玛纳斯河铺一条到克拉玛依的水管；

（2）钻水井，今年先在 122、126、128、130、137、29 或 124 钻 6 口水井。

7. 在克拉玛依—乌尔禾地区广泛地进行水文地质勘探。

8. 为了配合钻井条件，根据当地水源、地形等实际情况，对某一个井位做适当的移动是允许的，由公司领导和总地质师负责决定；如根据钻机情况要增加一个剖面或减少一个剖面，以及井位的大变动，要报部批准。

通过深入的调查研究，克拉玛依石油勘探取得了初步的突破，发现了新中国成立后的第一个油田。克拉玛依油田的发现是新中国石油工业的第一个巨大突破，它的开发经历了无数次的争论和波折，这些争论和波折给油田的发展带来了不少的挑战和困扰。但同时，这些争论和波折也推动着人们对石油工业发展规律的认识不断深入和技术水平不断提高，并且更加注重科学研究和探索实践相结合的方式，不断推进石油工业的发展。

二、横空出世大油田背后

克拉玛依油田是我国建国后发现的第一个大油田，它的发现和开发标志着中国石油工业的快速发展，这一切与深入细致的调查研究密不可分。在新中国成立初期，我国的工业发展处于起步阶段，对于石油等能源的需求十分迫切。然而，当时我国的石油工业基础薄弱，主要依赖进口，这对国家的经济发展和国防安全构成了严重威胁，因此，我国政府决定大力发展石油工业，以保障国内能源供应。

在克拉玛依油田发现史上，首任石油工业部部长李聚奎起到了关键作用。1955年第一届全国人大二次会议上，决定成立石油工业部，并任命中国人民解放军后勤学院院长李聚奎担任首任石油工业部部长。从军队到石油战线这个陌生领域，他当时内心有很大压力，但作为军人他只能服从组织安排，准时走马上任。

作为石油工业的新兵，调查研究成为他的日常。李聚奎主持石油工业部后，就开始进行实地考察，深入玉门、独山子、抚顺等油区，了解勘探开发和炼油工程。他说，石油工作就是这样，需要全国各地跑，不能天天待在北京。经过考察和研究，根据专家们的意见，李聚奎将第一个目标锁定新疆克拉玛依。实际上，对于克拉玛依有没有石油，专家们意见不同，李聚奎抱着让事实说话的态度，决定到现场寻找。李聚奎带着人去了新疆，每天往荒山野岭中钻。野外条件差，晚上大家挤在大通铺上，七嘴八舌发表自己的看法。一段时间后，李聚奎代表石油工业部向党中央作出了在克拉玛依进行试钻打井的报告。这在当时是很有勇气的一个决定，因为谁也无法确认，克拉玛依是否真的能出原油。党中央十分信任李聚奎，对他的报告予以认同和支持。

克一号井出油后，李聚奎亲临现场，传达党和国家关于加速发展石油工业的指示，要求新疆石油工业战线加强对克拉玛依的勘探。紧接着，全国石油勘探会议要求加快黑油山的钻井和试油，尽快查明黑油山构造的工业价值。

1956年春天，黑油山第二口探井出油。根据探井相继出油成果，负责黑油山地区的勘探队提出大面积布井、加速勘探的方案，以便尽快拿出可供开采的油田面积。但是，一些资深苏联专家依然坚持残油论，双方争论激烈。4月19日，康世恩与苏联专家组组长安德列克前往新疆调查。调查期间，位于黑油山两个局部构造之间的四号井出油，完全证实了黑油山确有不受背斜控制的油藏存在，终结了专家间长久的争论。最终，康世恩明确表态，同意大规模勘探黑油山地区。

1956年五一劳动节，新疆维吾尔自治区党委第一书记王恩茂和自治区主席赛福鼎·艾则孜前往黑油山油田考察，指示按照维吾尔语的读音，把"黑油山油田"正式更名为"克拉玛依油田"。

从1957年到1959年年底，克拉玛依先后发现了白碱滩高产油区、百口泉油田、乌尔禾油田、红山嘴油田，探明了8个油区，初步探明该区域含油面积达290平方千米，这表明克拉玛依已是一个百万吨油田。1958年，一个4万人口的克拉玛依市在荒原崛起。1960年，克拉玛依石油产量达163.6万吨，占当年全国天然石油产量的39%，是大庆油田投入开发前全国最大的一个油田。

横空出世的大油田，背后还有一个传奇。20世纪50年代初期，一位名叫赛里木的维吾尔族老人在戈壁滩上意外发现了一个冒着黑色液体的山丘，这个就是后来鼎鼎有名的"黑油山"。这个消息引起了石油勘探者的注意，他们决定彻底调查究竟，探寻黑色液体是否为石油。在老人的带领下，他们找到了这个地方。测验之后，证实了这些黑色液体是石油，这标志着克拉玛依石油勘探开发的开始。

克拉玛依油田的发现，是中国现代石油勘探史上的重大突破。1956年5月11日，新华社向全球发布了这一喜讯：石油工业部负责人宣布，新疆维吾尔自治区准噶尔盆地的克拉玛依地区，已经证实是一个很有希望的大油田。1956年10月1日，正值中华人民共和国成立7周年庆典之际，新发现的大油田克拉玛依的巨大模型在游行队伍中缓缓通过天安门广场，接受了毛泽东等党和国家领导人的检阅。

为了加速克拉玛依油田的建设，全国各地纷纷行动起来。《人民日报》于 1956 年 9 月 5 日发表了《支援克拉玛依和柴达木油区》的社论，吹响了全国支援克拉玛依油田建设的号角。国务院组织 13 个部门参与支援克拉玛依油田建设，并从苏联、民主德国、罗马尼亚、捷克斯洛伐克、波兰、匈牙利等国家进口了部分设备。全国 35 个城市的企业为油田加工器材配件，共同为克拉玛依油田的建设贡献力量。

新疆石油管理局从独山子抽调 1000 多名职工到克拉玛依，他们与来自玉门、延长、四川等地的石油队伍，以及中国人民解放军转业官兵、刚毕业的大中专学生和知识青年一起，满怀热情地来到大西北，来到克拉玛依，共同投身于这座伟大油田的建设中。

截至 1956 年年底，克拉玛依油田已经完钻试油 32 口探井，其中 25 口井具备自喷能力。已经发现克拉玛依油田的面积达到 130 平方千米，探明储量高达 1 亿吨。这一年，克拉玛依油田的原油产量达到了 1.6 万吨。随着时间的推移，生产建设人员的数量不断增加，配套设施和生活服务设施也在不断完善。经过两年多的建设，来自不同民族的建设者们在这片荒凉的戈壁滩上建立起了一座崭新的石油城。到 1960 年，克拉玛依油田的原油产量达到了 163.6 万吨，占全国天然石油总产量的 39%。这一成就不仅展示了克拉玛依油田的巨大潜力，也显示了我国石油工业的发展实力。从此，"克拉玛依"这个代表着富饶和吉祥的名字开始传遍五湖四海，并被载入了石油工业发展的史册。

第三节 调查研究决定川中会战命运

一、新中国第一个石油会战

1958年春,川中地区的三口井接连喷出高产油流,振奋全国。不久,新中国石油工业史上的第一场石油大会战——川中石油会战拉开了序幕。当时,来自全国各地的石油专家、学者共计3万余人汇集川中,后来会战人员增加到了4万余人。川中石油会战是中国石油工业史上第一次声势浩大的夺油会战,给石油工业调研史上留下浓重一笔。

四川地区有着悠久的天然气开采历史,但却一直未能发现油田。20世纪30年代,国民政府成立了四川油矿勘探处,在四川地区进行钻探以寻找石油。重庆解放后,西南军政委员会接管了四川油矿勘探处和重庆营业所。之后几年间又经过合并、撤销、另立西南石油勘探处,最终于1955年11月改名为石油工业部四川石油勘探局。

新中国第一个大油田克拉玛依油田发现后,在石油界产生巨大反响,寻找第二个、第三个大油田的呼声日益高涨。第一个五年计划期间,石油产量远远不能满足工业需求。国家本就紧缺的外汇被大量用于进口原油,让中央领导人忧心忡忡。1958年1月,一次会议之后,毛主席对周恩来说道:"你和彭德怀同志商量一下,从军中将领中选一位同志,接替李聚奎任石油工业部长。"于是,开国中将、原任中国人民解放军总后勤部政委的余秋里走马上任,出任第二任石油工业部部长、党组书记。作为将军出身的石油部长,运用大会战方式勘探开发油田成为现实,一直持续到20

世纪 80 年代。

1958年3月9日，川中第一口深探井在蓬莱镇构造正式开钻。这口井在侏罗系地层中发现了含有油砂的岩层，并见到了天然气显示。紧接着，接连传来发现石油的捷报：龙女寺2号井喷油，日产油60多吨；南充3号井喷油，日产油300多吨；蓬莱1号井喷油，日产油100多吨。要知道，这三个构造相距超过200千米，而每个构造的面积都有上百平方千米，却相继喷出了高产油流。从掌握的情况来看，这一发现足以证明四川很有可能发现了个大油田。

消息传到石油工业部，上下十分振奋。3月16日，第二任石油工业部部长余秋里主持召开部党组会，专题研究四川地区的石油勘探形势以及今后的工作安排。经过深入讨论，石油工业部党组决定，在积极推进东北、华北和苏北等东部地区的石油资源战略侦察的同时，必须加强川中地区的勘探工作，争取以较高的效率，实现对南充、蓬莱镇、龙女寺三个构造一定面积的探明，并获得一定规模的工业储量，以便开始实施原油生产。会议还决定，余秋里、康世恩以及勘探司司长唐克共同前往南充进行实地考察与调研。

到达南充，余秋里一行直奔井队。在钻机前调研观察中，他们一直默默地观察司钻的操作，询问了钻速、日进尺、地层情况等技术性问题。4月4日，余秋里主持召开预备会议，传达中央成都会议精神，对川中石油勘探寄予厚望。他希望这是一次鼓劲的会，一次促进的会，通过这次会议，进一步鼓舞士气，加快石油工业发展。他宣布此次会议由康世恩主持，他要利用在四川这段时间到下面跑一跑，在基层作些调查研究。

余秋里在以南充为中心的川中矿区范围内进行调查研究，先后到了南充、龙女寺、蓬莱镇3个构造的喷油现场。他看到黑褐色的原油从管道中喷涌而出时，非常激动，认为是一锄头刨出了一个金娃娃。在调研中，余秋里从一个钻井队到另一个钻井队,围绕基层工作中存在什么问题、怎样才能加强基层建设等话题,征求基层工人意见。

在四川的那段时间,余秋里每晚都会和康世恩等人开碰头会。针对基层进行调查研究,他说:钻井队是石油系统的基本生产单位,相当于解放军的连队。我们多次强调要加强队伍建设,首先要加强钻井队等基层单位的建设。基层建设搞好了,就有了坚实的基础,完成各项任务才有保证。钻井队远离领导机构,分散在野外,条件艰苦,任务繁重。我们提出要加强思想政治工作,像钻井队这样的单位,尤其需要强有力的思想政治工作。现实情况是:钻井队只有一个队长、一个副队长,大家每天忙于组织生产、安排生活,根本无暇顾及思想工作。因此,在井队中,职工闹不团结、打架斗殴、到老乡家偷鸡摸狗等现象时有发生。钻井队有五六十人,麻雀虽小,五脏俱全,井队除钻井工人之外,还有地质员、技术员。地质员、技术员、井队各搞一套,有问题分别找各自的上级,工作不协调,步调不一致,矛盾很多。为了加强党的领导,加强基层建设,我们要学习解放军的光荣传统,在钻井队建设党支部,设立指导员。党支部对钻井队实行统一领导,把各项工作都置于党的领导之下,指导员主要负责钻井队的思想政治工作。我们宁肯少打几口井,也要这样做。

会议期间,余秋里还主持召集四川石油管理局及参加会议的局、厂负责人开会,研究加强川中石油勘探的部署,会议决定,从玉门油田抽调45个钻井队、一个试油处、一个运输大队,共3400人,支援川中勘探。

会议结束时,余秋里主要讲了两个问题:一个是石油勘探方向,他说:我们所以要集中力量投入川中,原因有两条,一是条件好,二是价值大。这里交通方便,修路容易,人口众多,用水不难,对经济建设所起作用、产生的价值都是突出的。苏北、松辽也是价值和条件问题,在经济发达交通便利的工业区里找到油,自然要大力发展。每一个地区的勘探工作者，必须根据经济价值和条件来选择钻井方向，来确定钻井任务。我们钱少，要吃肥肉，骨头待有条件时再啃，反正它跑不了。花好树矮，伸手可摘的，我们就先干。二是加强基层建设，他说，井队是我们石油工业的基本生产单位，各个地区工作做得好不好都集中反映在井队工作上，各级领导必须特别注意井队工作。毛主席早就讲过，红军之所以艰难困苦而不溃散，支部建在连上是一个很重要的因素。为了加强党的领导、加强钻井队的建设，我们要学习解放军的光荣传统，每个井队都要建立党支部，设立政治指导员。

康世恩在现场会议上发表了关于大战川中的动员报告，他宣布在这个地区将部署68部钻机进行勘探，并在南充、蓬莱镇和龙女寺选定20口关键井作为主攻目标，展开川中石油会战。

二、前所未有的遭遇战

多年后，余秋里在回顾往事谈到川中石油会战时，曾写下这么一段文字："川中石油会战，可以说是我刚到石油部后打的一场遭遇战，也是转到石油工业战线后的第一次重大实践。在这次会战中，我们碰了钉子，也学到了不少知识，得到了有益的启示，对我以后的工作大有好处。我曾对四川石油管理局的同志说：感谢你们四川，川中是教师爷，教训了我们，使我们学乖了。"

川中石油会战到底发生了什么？让余秋里如此感叹。1958年10月，石油工业部在新疆克拉玛依召开了一场现场会议，旨在总结和推广克拉玛依油田开展社会主义竞赛以及大力推动技术革新和技术革命的经验。会议期间，余秋里、康世恩专门听取了四川石油管理局关于川中勘探情况的汇报，以进一步研究下一步的工作部署。

川中石油会战开启后，四川石油管理局在半年的奋战中共打了70口井，其中23口井喷出了原油。然而，在原定的20口关键井中，虽然有19口井都已完成钻井，并且有6口井在钻井过程中发生了井喷，但是喷油量却天差地别。经过试油投产的一些井，投产前后产量差异巨大，投产后实际产量下降很快。有一口井喷了28天，每天喷出50～80吨原油。为了节省资源，油田选择关闭这口井，但在一周后重新开启时，却发现不再出油。即使在旁边100米的地方重新打了一口井，仍无法获得产出。与此同时，原来喷油的几口井也都发生了变化，龙女寺2井、南充3井、蓬莱1井都先后停止了喷油。

残酷的现实无奈而又清楚地显示，地下情况远比最初想象的复杂，远非乐观预想的那么简单。在讨论川中石油会战的下一步时，大部分人主张应该进一步集中力量，尽快攻克这个油田。大家认为，川中虽有情况复杂的一面，但已有一批井打出了工业油流，与全国其他探区相比，仍是可能找到大油田最有利、最现实的地区。玉门石油管理局局长焦力人建议，可由油田主要领导带领本单位的先进钻井队到四川参加会战。

与此同时，也有部分技术人员持有不同的看法，他们认为川中地区属于裂缝性油藏，应该深入调查研究，彻底摸清地下油藏，对于已经出油的几口井应该加强观察，以便更好地了解地层情况，然后再大规模布井，继续推进会战。川中矿务局专家们在华蓥山西麓观察了凉高山砂岩和大安寨灰岩储层地面露头，又详细研究了南充、龙女寺、蓬莱镇已完钻探井的岩心和实验室分析化验资料，加上几口探井试油时产量、压力变化曲线，觉得不宜如此大动干戈搞会战，最好再等等已经出油的几口井，观察一下，再大规模布井。

当时，国家需要石油，中央对石油工业部充满希望，客观现实不允许川中石油会战停滞。那时，正值"大跃进"运动在全国各地铺天盖地展开，1958年8月在北戴河召开的中共中央政治局扩大会议上，正式决定1958

年钢产量要比1957年翻一番，达到1070万吨。对于石油工业部而言，国家严重缺乏石油，党中央希望尽快找到大油田，而且石油人在毛泽东主席面前曾立下誓言，要实现"一吨钢一吨油"。这些责任像千斤重担一样压在石油工业部党组一班人的肩上，使他们寝不安席、食不甘味。就算争分夺秒地工作，他们还担心赶不上形势，在这种情况下，怎么可能放缓川中石油会战脚步？因此，少数理性的声音并没有被采纳，石油工业部党组经过讨论，决定在前一段工作的基础上，集中一部分力量，继续会战。

1958年10月26日克拉玛依现场会上，石油工业部通过了加快川中会战的决定，要求各部门集中力量，在最后两个月，必须拿下川中油田。为了完成这项任务，四川石油管理局全力以赴，从玉门石油管理局、新疆石油管理局和青海石油管理局各选调优秀钻井队和试油队，由一位局级干部带领，于11月中旬抵达川中参加会战。

然而，缺乏深入调查研究的会战，结果依旧不遂人愿。1959年1月，石油工业部党组召开了扩大会议，传达学习了中共中央武昌会议文件和毛泽东同志关于压缩空气、冷热结合的讲话。在会议期间，余秋里、康世恩与四川石油管理局以及参加会战的玉门、新疆、青海局的负责同志召开了专门会议，又一次对川中形势进行了深入分析。他们认为，自1958年11月会战开始以来，在钻井过程中，喷油和试油过程中共有37口井出油，其中有9口井出油情况较好。通过对钻井、试油试采结果以及岩心、电测等资料的综合研究分析，发现出油地层——侏罗系凉高山层在川中地区分布广泛，但它的油层性质较差、结构致密，表现为不稳定、变化大，同时油层薄且夹层多，产量低且下降快。这表明含油部分主要是石灰岩的裂缝和晶洞，属于裂缝性油藏，没有找到连片的、产量较高且稳定的含油面积。

川中会战总指挥康世恩在会上提出，鉴于川中地质情况复杂，建议缩小队伍规模，加强调查研究，集中力量研究地质规律。余秋里同意康世恩的意见，认为川中地质情况非常复杂，两个月以来的会战实践证明，再继续下去一时也难以找到分布规律和高产地区。他同意收缩队伍，继续侦察，持久作战，长期打算。会后，康世恩奔赴四川，对川中地区做了深入的综合研究和试采试验工作。

1959 年 3 月，石油工业部在四川地区钻探 81 口井，大批来自川中地层的第一手资料已经无可反驳地证实：川中油藏属于裂缝性油藏，属于大面积的贫矿油田。1959 年 3 月，在南充召开的石油工业部地质勘探和基本建设会议上，康世恩实事求是地总结了川中会战工作，宣布了部党组的决定——结束川中会战。3 月末，石油工业部在北京电报大楼召开电话会议。余秋里代表部党组正式宣布：川中石油会战结束，要求新疆、青海、玉门的勘探队伍撤离川中，归还建制。

回顾川中石油大会战，尽管川中会战未能实现最初的目标和任务，但仍然发现了蓬莱和桂花等 7 个油田，并形成了年产 10 万吨的生产规模，结束了四川和大西南无油的历史。此外，在基层管理上，形成了支部建在连上的政治工作经验，并在基层队伍中建立了党支部，设立了政治指导员。同时，川中会战还锻炼了石油队伍，找到了一条集中优势兵力打歼灭战，用大会战方式开发建设大油田的方法和途径，为石油工业后来的大会战积累了宝贵的经验。

三、经验与教训

川中石油会战是中国石油工业发展史上的一次重要事件，对于我国西南地区油气田的开发和建设具有重要意义。这次会战积累了丰富的经验，同时也吸取了一些教训。

会战结束后，决策层进行了深入的反思。他们认识到，推动工业发展就是与自然界进行斗争，这需要人们的革命干劲，这种干劲可以促进技术的进步，因此，需要将这种革命干劲引导到调查研究上，引导到科学研究上，投入获取第一手资料上，以更好地掌握自然界的客观规律，努力扎扎实实地工作，推动生产的发展，石油工业亦是如此。只有将高度的革命精神、冲天的革命干劲与严谨的科学精神相结合，才能发挥巨大的威力，才能使主观与客观一致，在生产和技术领域上取得预期的成果，创造优异的成绩。要搞好一个现代化企业，运营中就做好每一个细节、每一项扎实的工作，避免蛮干和乱来，以免破坏整个企业的运行。如果违反客观规律，就很容易适得其反。1958年，川中三个构造上同时打出了油，大家以为大油田拿到了手，其实当时做的工作还很少，调查研究不足，对地下情况还很不清楚，又缺乏经验，就做出了错误的判断。

决策者们通过川中石油会战失利的教训，深切认识到：一口井出油，不等于说找到了一个油田；一时的高产，不等于长期高产。川中会战的教训，重视还是不重视第一性资料，是尊重与不尊重科学的分界线；工作有没有把握，首先取决于是不是认识了客观事物的本来面貌，是不是掌握了客观事物的规律。毛泽东对于调查研究的论述，深刻说明这一点："人们必须在自己的实践中，精心地去寻找客观事物的固有的而不是自己主观的臆造出来的规律，并利用这种由客观反映到主观的规律，亦即客观真理转化为主观真理，就可以改造世界，实现人们的理想，否则是不可能的。"

在宣布结束川中会战的那段日子，余秋里、李人俊、康世恩多次讨论过川中石油会战。在全盘分析川中石油会战的经过后，他们从中吸取了教训，更重要的，则是为接下来的石油工业的决策部署累积了宝贵的经验。当时的主要对话大体如下：

康世恩说：这次会战的失败，我应负主要责任，当时主要是在油层情况没有彻底搞清楚以前，就做了过高的估计、判断。

余秋里说：不能这么说。进行会战，是经部党组讨论，一致同意的。另外，我不认为会战是失败了，我倾向于认为是一次挫折，是我们在前进道路上遇到的一次挫折。它告诉我们，在我们面前的道路，决不是像长安街那样宽阔、平坦，而是充满了曲折和艰险。如果我们能从这次挫折中吸取一些教训，那么，在今后的工作中就可以减少一些失误，少走一些弯路，挫折将会成为一种前进的动力。

康世恩说：说到教训，通过川中石油会战，我真正懂得了搞石油必须要十分重视第一性资料，靠数据说话，决不能单凭主观愿望。

余秋里说：会战前，川中有3口油井喷出了高产油流，大家都认为发现了一个大油田。但经过一段时间，三口油井相继停喷。会战中，在这3口井周围打的井，有的未出油，出了油的，也很快就停喷。回过头来看，当时我们对形势看得过于乐观了，把问题看得太简单了。事实证明，一口井出油不等于整个构造能出油；一时出油不等于能长期出油；一时高产不等于能稳定高产。石油深埋地下，看不见，摸不着，搞石油必须要把油层情况搞清楚，掌握第一性资料，要根据数据作出决策和工作部署，决不能凭热情和主观愿望。否则，必然一事无成。

李人俊说：说到经验教训，我觉得还有一条，就是做工作一定要谦虚谨慎，深入细致。川中3口井出油以后，还没有做很多工作，有些情况还没有搞清楚，就匆忙说发现了油田，这个油田不错，吹了牛，给工作带来了被动。

余秋里说：这是一个很大的教训，今后在工作中，要多干少说、只干不说，等事情办成以后，用硬邦邦的事实说话。

川中石油会战的经验和教训为石油工业提供了宝贵的启示。任何一项决策前，首先要对地质情况有更深入的了解和准备，才能更好地进行石油开采工作。要认真总结这些经验教训，调查研究掌握第一手生产资料，不断提高自身素质和管理水平，才能为石油工业增砖添瓦。

第四节 调查研究是大庆油田的根基

一、"三基"工作的诞生

20世纪60年代,在我国石油史上规模最大的石油会战——大庆油田会战初期,勘探开发任务相当繁重,然而基层管理却十分薄弱。面对这一突出矛盾,余秋里、康世恩等石油工业部领导针对当时基层建设出现的问题,深入基层单位蹲点调研,及时总结经验教训,出台了一系列影响石油工业管理方式。"三基"这一具有普遍意义的历史性课题,就是基层建设的经典之作。"三基"是在大庆石油会战时期总结提炼出来的,是苦干实干、"三老四严"、求真务实、精细严谨等优良传统在管理领域的生动体现;"三基"的生命力在于其蕴含的管理理念根植于革命传统和中国精神,完全契合新时代做强做优做大国有企业的新要求,是石油工业的传家宝。

"三基"工作是基层建设、基础工作和基本功训练的简称,具体包括以党支部建设为核心的基层组织建设、以岗位责任制为中心的基础工作管理,以及以岗位练兵为主要内容的基本技能训练。"三基"起源于玉门油田,形成于石油大会战时期,它的产生与石油大会战的特定历史条件以及石油行业的特点密切相关。大庆油田通过"三基"工作,成功地解决了基层管理问题,提高了工作效率和经济效益,不仅为大庆油田的可持续发展奠定了坚实的基础,同时也为其他国有企业提供了可参考的基层管理经验。

"三基"工作形成于石油会战。一个油田面积可达上千平方千米,数万名石油职工需要统一思想，成千上万个岗位需要规划，这一切的根基在哪里呢？时任大庆油田会战指挥部总指挥的康世恩，带领会战总指挥部的一些主要负责人深入钻井、采油、油建的基层班站去蹲点调研，在实践中，余秋里、康世恩等领导人认识到，"上面千条线、下面一根针"，一个油田几万石油职工的思想要统一，成千上万个岗位要规划，其根基就是钻井队、采油队、作业队等基层单位。因此，康世恩1964年在北京汇报大庆会战情况时提到：基层单位强，它就能打硬仗，全面管好生产；基层单位弱，再有好制度、好措施也贯彻不下去，行不通。

在广泛调研的基础上，会战工委下决心要把基层工作做好，在借鉴军队"支部建在连上"的做法基础上，大抓基层工作，发现并总结基层建设、基础工作、基本功训练三项工作的优秀经验和典型，形成了"三基"工作的雏形。

以加强党支部建设为核心，加强基层建设。发挥党员先锋模范作用，围绕教育广大职工，坚决完成生产建设任务，保证党的路线、方针、政策的贯彻落实，党支部成为本单位的战斗堡垒。

以建立健全严格的岗位责任制度为中心，加强基础工作。岗位责任制把日常管理中的千万件事同千万个岗位工人的积极性、责任心联系起来，做到人人有专责、事事有人管。

以岗位练兵为核心内容，加强基本功训练。在坚持岗位练兵的同时，通过轮训、外出进修、委托招生等方法，多层次、多渠道、多形式地对职工进行全员培训，有效提高企业职工的群体素质和岗位工作能力，增强企业活力，提高企业经济效益。

"三基"是继承发扬党的优良传统和借鉴人民解放军的宝贵经验，在油田开发生产实践中形成的创举，是在解决大庆石油会战面临的各种艰难困苦，实现高速度、高水平拿下大油田的过程中应运而生的，对于前期石油员工队伍的管理、石油的保产保供起到了夯基垒台的作用。

二、一把火烧出岗位责任制

大庆油田作为中国石油工业的重要基地，历来以生产安全、管理严格著称。而岗位责任制作为"工业学大庆"的核心内容，通过普及创建"大庆式企业"，使大庆的岗位责任制响誉内外，开启了中国工业企业制度化科学化管理的新阶段。可是，在岗位责任制诞生之初，却经历过一段一把火烧出的"波折"。

大庆石油会战初期，会战人员热情高涨，大家以快速拿下大油田为目标，全力以赴地投入工作。然而，大家把速度视为主要目标，对施工质量和细节却有所忽视。例如，在1961年1月至3月期间，完钻的23口井中竟然有4口井误射孔，5口井固井质量不合格，4口井井底冲洗不干净，5口井油层浸泡时间过长。不仅如此，就连王进喜带过的1205标杆钻井队，也打了一口斜度超过三度的井。

一系列事故引起了会战工委的注意。1961年4月19日，会战总指挥部召开了一场千人大会。在会上，康世恩对近期发生的忽视质量问题的情况一一列举，并点名批评了钻井指挥部和担任大队长的王进喜。在分析了"问题井"为什么会出现的基本情况之后，康世恩一针见血地指出，质量问题并非完全由技术问题引起，而是主要源于人们的思想方法和责任心，以及领导干部对待质量的态度。因此，他号召在整个油田树立"好字当头，质量第一"的思想，全面加强质量管理。

除了领导和职工思想作风问题外，职工技术水平不高也是另一个重要原因。1962年年初，通过对15个工种的调查显示，油田有5年以上工龄的工人仅占17%，其余都是新转业军人和少量技校毕业生。专业技术人员的缺失导致一遇到问题时大部分工人都不能单独处理，工作中常常出现这样的场景：骨干忙得团团转，其余大多数人却插不上手，只能看着干着急。

针对这一现象，会战指挥部立即召开练兵动员大会，开展以"苦练真本领、硬功夫"为中心的练兵高潮。到1961年年底，职工技术水平普遍提高，实现了操作过硬、工作质量过硬、机器维修过硬、复杂情况面前过硬的技术"四过硬"。

在会战初期，一把火烧出的"岗位责任制"成为石油工业基层管理的重要基础工作。1962年5月，大庆油田最早建成投产的中一注水站因管理疏忽酿成火灾，刚投产不久的泵站被大火烧光，造成了巨大的经济损失。当天，这个站党支部根据会战工委的号召，发动群众围绕"一把火烧出的问题"开展讨论。几天后，会战工委召开了党员干部大会，总结了中一注水站失火的教训，并提出两条要求："严格要求，要从常见的、大量的、细小的问题抓起"以及"真本领、硬功夫要在日常工作中不间断地勤学苦练"。会战工委要求油田各单位必须加强基层建设、基础工作和基本功训练，并建立一套完善的生产管理制度。这些措施的实施，旨在保证会战职工在工作中时刻保持高度警惕，严格遵守规章制度，勤学苦练基本功，确保生产过程安全和稳定，避免类似事故的再次发生。只有这样，才能确保油田的安全稳定发展，为我国的能源事业做出更大的贡献。

在"一把火烧出来的问题"讨论中，会战指挥部副指挥宋振明前往刚建立没多久的北二注水站进行蹲点指导和调查研究。该注水站于1962年4月1日正式投产，由140名员工组成，其中大部分是新转业战士。在投产初期，整个团队显得忙乱无序，事故苗头屡次出现。

在蹲点调研过程中，宋振明发现了很多问题。他启发大家从实际出发寻找问题根源，并思考解决方案。鼓励员工从本单位实际情况入手，首先进行物品清点和计数，然后借鉴张洪洲班的经验，将每件事情、每样物品都落实到个人头上，建立起"岗位专责制"。此外，北二注水站还总结了田发林班的"巡回检查制"，明确了固定线路检查的步骤和顺序；借鉴苗安安班的认真交接班的做法，制定了八项不交接的"交接班制"。

同时，北二注水站总结了一号泵断连杆的教训，建立了"机械维修保养制"。为了解决注水水质化验不及时的问题，建立了"质量负责制"。此外，他们还学习外单位经验，进一步完善了"岗位练兵制""安全生产制"和"班组经济核算制"。

"岗位专责制""巡回检查制""交接班制""机械维修保养制""质量负责制""岗位练兵制""安全生产制"以及"班组经济核算制"，这八项制度归纳起来，被称为岗位责任制。

岗位责任制在北二注水站推广应用后，强化了职工的主人翁意识和组织纪律观念，生产管理变得越来越主动，班与班之间、岗与岗之间互相严格检查，注水量稳步提升，设备完好率从25%提高到100%，注水站面貌直接换了新颜。北二注水站荣获石油工业部授予"谦虚谨慎、不断前进"的锦旗、黑龙江省先进班组、大庆油田标杆班组、大庆油田管理样板等荣誉称号。

北二注水站的成功实践，得到了会战工委的肯定，岗位责任制在全油田范围进行推广。在岗位责任制实施过程中，油田还相继建立了基层干部、机关干部和领导干部岗位责任制。通过这一制度，油田的千万件事和千万个人得以联系起来，使得生产任务和管理工作具体落实到每个岗位和每个人身上，做到事事有人管，人人有专责，办事有标准，工作有检查，形成了一整套具有广泛科学性、群众性、实践性的管理办法。

岗位责任制在大庆油田推广后，实施的关键在于持之以恒地坚持，并确保严格执行。会战工委首先注重严格检查和监督，对岗位责任制的执行情况进行严格的检查和评比。康世恩特别指出：对岗位责任制的执行情况进行检查和评比，必须风雨无阻，一丝不苟，还要和开展"五好"竞赛、安全生产、设备完好挂起钩来，作为评比先进和奖励的重要条件，形成一个人人执行、天天教育、月月检查的局面。从 1962 年 7 月到 1966 年，油田的岗位责任制大检查从未间断，这有效地增强了职工执行岗位责任制的自觉性。

在实施岗位责任制的过程中，大庆油田形成了严于律己、自觉遵守制度的优秀传统和作风。比如，"三老四严"的优良作风，即对待革命事业，要当老实人，说老实话，办老实事；对待工作，要有严格的要求、严密的组织、严肃的态度和严明的纪律。"四个一样"的好作风，即黑天和白天一个样；坏天气和好天气一个样；领导不在场和领导在场一个样；没人检查和有人检查一个样。"岗位责任制的灵魂是岗位责任心"的观点，成为广大石油人对革命事业强烈责任心的真实写照。

通过贯彻落实以岗位责任制为核心的管理制度，大庆油田的管理水平得到了大幅提升，油田呈现出崭新的面貌。

党的十一届三中全会后，石油行业掀起学习现代管理经验的热潮，在过去岗位责任制的基础上，全面实行岗位经济责任制，把企业的经济效益、个人的经济利益与执行责任制挂起钩来，增强了职工执行制度的自觉性。

多年来，岗位责任制一直被视为大庆油田事业成功、克服困难的重要法宝。尽管时代、条件和要求都在不断变化，但大庆油田始终坚持和发扬优良传统，对岗位责任制的执行标准、精神实质和本质特征保持不变。在新时代，岗位责任制被赋予了新的时代内涵，它始终是大庆油田企业管理的核心，是弘扬严谨、务实工作作风的关键，是传承大庆精神、锤炼优秀员工队伍的重要手段，也是推动高质量发展的基础。站在新的历史起点上，岗位责任制的重要性更加凸显，它在新时代的征程中展现出耀眼的光彩。

现摘录《康世恩论中国石油工业》相关内容如下：

一年的苦工夫，实在没有白下。目前大庆油田的岗位责任制，已经成了套，基本定了型。人们赞说："我们这套制度是条龙，无孔不入，威力大得很。"他们把以岗位专责制为中心的五种制度，合为一套岗位责任制，确实是丝丝入扣，环环扣得紧。

（一）岗位专责制

就是按照生产工艺划分岗位，明确规定每个工人、班组长和井队、车间干部的职责，把所有设备、工具、物品、工作，都一件一件地落实到每一个人。工人们说："这是卖什么吆喝什么，没有这一条就乱了套。"这样做，岗位就明确了，责任就清楚了，千万件东西、千万件事情就都有专人管理了。不仅免除了无人负责和责任不清的现象，使生产秩序正常，工作顺手，而且更直接加强了职工的责任心和组织性，促进了技术、业务学习，不断提高本领。

（二）交接班制

就是根据生产岗位的具体情况，具体规定交接的内容和要求，不达到要求不交接。例如，油井上规定"六不交接"，即：记录不全不准不交接；清蜡情况不清不交接；工具不点清不交接；加热保温不好不交接；闸门漏油、漏气不交接；防火设施不齐备不交接。接班人一般都提前上班，与交班人一起交叉工作15分钟，实行边检查边交接。这样就能使交接班工人随时掌握生产岗位上的各种情况，保证三班生产紧密协作，互相评比，互相促进，消除责任不清的纠纷。

（三）巡回检查制

就是把各个操作岗位、机器设备的要害部位和工具、物件，划定检查点，根据工作要求和运转情况，按照最方便的线路和次序，定时进行检查。例如在油井上，一般都划了182个检查点，其中有50个点，值班采油工每小时巡回检查一次，每天井组长全面检查一次。这就可以及时进行调整，发现隐患，堵塞漏洞。仅北一区2号注水站，半年内通过这种检查，就消除了532个隐患，避免了八起事故。

（四）设备维护保养制

就是按照操作规程的要求，定人、定位、定时地进行设备维护保养，特别是搞好设备的润滑。这就实现了生产人员首先要搞好设备的要求，改正了过去那种只管使用、不管保养的现象。

（五）质量检验制

就是规定岗位工人、干部和专职检验员对产品质量、修保质量和施工质量的责任，以及自检、互检和专职检验的标准。质量不合格不得交下一工序，不得继续生产或施工，必须返工重来。这就把搞好质量，也落实到每个人、每个班组、每个工序上了。

三、总结形成一套企业管理制度

大庆石油会战不但改变了我国石油工业的根本面貌，而且从中总结和实施了一套企业管理制度、管理方法。这些管理方法，很多根植于调查研究，固化为制度和方法后，又促进了调查研究的发展。

余秋里1963年12月28日在中央机关17级以上干部大会上的报告中指出：大庆石油会战的基本经验中，有一条就是"领导干部亲临前线，一切为了生产",领导亲临前线,能够认真进行调查研究,及时发现、总结、推广先进经验,帮助后进单位,加强薄弱环节。这样,就能做到点面结合,指导全面,更好地起到领导作用。领导干部亲临前线,最重要的是能带动所有干部和工人一起参加劳动。干部参加生产劳动,正如毛主席教导的,有着伟大的革命意义。大庆会战中,机关干部、基层干部参加劳动是经常的,已经形成风气。大庆干部参加劳动的方式,主要有七种:(1)跟班劳动,进行调查研究;(2)带上问题跟班劳动,找解决问题的办法;(3)住在落后班组,跟班劳动,改善落后;(4)在最困难最艰苦的时候,跟班劳动;(5)在最紧要最关键的地方,跟班劳动;(6)生产上遇到复杂情况的时候,跟班劳动;(7)人少打突击的时候,跟班劳动。干部跟班劳动,都要做到参加劳动与组织生产、做政治思想工作相结合。

余秋里1964年在石油工业部局、厂领导干部会议讲话中特别讲到:"要看得准、抓得狠,就要下苦功夫,做深入细致的调查研究。毛主席说过:没有调查就没有发言权。又说:指导员的正确的部署来源于正确的决心,正确的决心来源于正确的判断,正确的判断来源于周到的和必要的侦察,和对于各种侦察材料的连贯起来的思索。所谓侦察、思索,就是调查研究。打仗的时候,情况搞错了,决心下错了,是要吃败仗的。现在搞生产、建设,情况搞不准,下错了决心,就要吃大亏。搞调查研究,最根本的一条,就是要领导深入前线,深入基层,深入实际,深入群众。通过实际试验,取得大量材料进行分析、判断,才能搞深、搞细。像1960年决定组织大庆会战,是事先在现场做了认真地调查研究,对地质资料进行了详细地分析,在这个基础上把情况搞清了,问题看准了,才下决心的。这次华北就不像大庆那样上法,而是搞勘探大会战。要认真搞好调查研究,把问题看准,只有掌握第一性的大量的丰富的资料,认真思索,去粗取精,去伪存真,由表及里,由此及彼,这样,问题自然就会弄得比较清楚。否则那就像毛主席所说的"闭塞眼睛捉麻雀""瞎子摸鱼",事情没有不弄糟了的。

以下介绍几种比较典型的制度。

三三制　这是大庆石油会战期间形成的企业领导机关为基层服务的工作制度。即机关工作人员三分之一在机关办公,三分之一跑面了解情况,三分之一在基层蹲点调查。三分之一的人在机关办公,承担另外三分之二的工作量,使机关工作既有压力,又有责任,进而能紧张而有秩序地工作,促进机关工作效率的提高;三分之一的人跑面,使面上的情况能够被领导机关及时掌握,加强对基层工作的指导、协调;三分之一的人在基层蹲点,住在小队、班组,调查研究,参加劳动,总结典型,协助工作,把领导机关抓重点、抓"两头"的做法具体化了。到先进单位蹲点,使典型经验能够及时得到总结推广,指导面上的工作。到后进单位抓点,能够促进"老大难"单位改变面貌,很快赶上去。实行这样的工作制度,既有利于加强机关建设,又有利于加强基层建设,机关干部轮流下基层抓点,使机关干部更好地了解基层,增长了才干,密切了干群关系,提高了工作效率,有助于转变机关作风,防止和克服官僚主义,推动和促进机关建设。机关干部到基层抓点,也有利于加强基层工作,促进基层建设。基层干部反映说:"机关干部下基层深入一步,基层工作就登高一层。"这种工作制度,对促进大庆石油会战时期的工作起了重要作用。

指挥靠前　指领导干部亲临前线,直接指挥生产,是人民解放军优良传统在大庆石油会战实践中的具体运用。会战初期,会战领导作表率,亲临前线指挥生产,采取部队建立前线指挥所的形式,按照解放军"野战化"的要求,搬上去就能指挥"战斗"。凡是有两个以上施工队施工的地区,就有会战指挥部的前线指挥所。每个大战役,都在集中施工地区,组织大型前线指挥所,领导指挥靠前,深入调查研究,及时了解情况,发现问题，解决问题。这样能够迅速组织队伍，配备力量，选择重点，突破难关，加强薄弱环节，并及时总结推广先进经验，有效地发挥领导作用。领导指挥靠前在大庆油田已经形成了风气，对大庆石油会战起到了重要作用。在当前，继承和发扬这一光荣传统仍有重要的现实意义。

现场办公 是指企业领导干部或领导机关工作人员到现场，就地解决具体问题，这是大庆石油会战过程中形成的一种领导工作作风，也是改进机关工作、提高工作效率的好办法。大庆石油会战时期，每项计划任务下达后，领导就组织有关部门到重点工程、工地或问题比较多的单位，就地解决生产中存在的各种问题，落实计划任务。为了方便分散在野外作业的各基层单位工作，还采取巡回现场办公的办法，由领导干部率领有关人员并带上急需器材，逐井逐队解决问题。凡是能在现场开的会，就在现场开，就地解决问题，不用书面材料。凡涉及两个以上单位协同作战的项目，上一级调度部门派人到现场进行调度、协调。几个指挥部在同一地区施工时，由会战指挥部直接组织前线指挥所，实行"五到现场"。一个指挥部集中兵力建设较大规模的工程时，会战指挥部都会派出工作组，帮助解决具体问题。大庆石油会战时期，后勤服务部门经常组织生活服务队到现场服务，帮助基层解决职工生活上的问题。实行现场办公，能够迅速、准确了解情况，及时、彻底解决问题。

蹲点包队 是企业党政领导干部坚持深入基层蹲点调查，通过"解剖麻雀"，以"点"带"面"解决问题的一种工作方法。从石油会战开始，各级领导干部和机关干部，每年都结合不同时期的工作任务，抽出一定的时间蹲在基层单位，实行包队抓点。有的是一个人包抓一个队（点），有的是两三个人组成一个小组，抓一个队（点）。点，有长期的和临时的两种。抓点的任务主要是：全面了解工人在做什么，想什么，要求什么，掌握第一手材料；了解基层思想政治工作、党的建设、生产技术管理、职工生活等方面的情况和问题，帮助解决；对重大问题、关键问题进行系统的调查研究，科学地分析论证，以便作出正确的决策；总结典型，帮助后进，做到先进经验不总结出来不出队，后进面貌不改变不出队，中间队不带起来不出队。实行领导和机关干部蹲点包队，能够使机关干部及时了解和准确把握职工思想动态，从而有针对性地开展强有力的思想政治工作，使思想政治工作的任务进一步落实到基层；能够及时发现问题，解决问题，解决不了的问题能够及时反映到上级机关解决，减少了推诿扯皮的中间环节，提高了机关工作效率；能够及时沟通上下情况，发现典型、找出差距、避免工作失误，为调整、制定政策和工作计划、部署，提供大量而准确的信息和科学依据，使领导机关减少工作上的失误和盲目性，增强预见性和科学性。它既有利于加强机关建设，又有利于加强基层建设，是调查研究、解决问题、加强基层建设、管理好企业的一种有效方法。

三个面向 这是大庆企业机关工作的一个基本指导思想。即面向生产、面向基层、面向群众。1960年，大庆石油会战一上手，会战工委便强调，各级领导要"亲临生产第一线指挥生产""机关工作要面向生产"。在1962年5月10日召开的全油田党员干部大会上，针对当时基层建设工作还不够巩固，机关工作还不深入、不细致，缺乏扎扎实实作风的问题，会战工委提出："各级领导干部必须深入生产第一线，扎扎实实领导生产。对基层工作，要实行面对面的领导。各级领导机关应当明确主要的任务是把基层建设好，把基层建设好了，就完成了领导工作的基本任务。"接着，《战报》也发表了题为《大力改进作风是加强基层工作的关键》的社论，提出"领导机关要面向基层，一切工作要从加强基层工作出发，把生产全面管好"。经过不断实践、不断总结，到1964年就形成了"面向生产、面向基层、面向群众"的工作指导思想。大庆石油会战以来，大庆企业各级机关工作始终坚持这一指导思想。不论是政治工作部门、生产指挥系统，还是计划、财务、劳动、物资供应部门，都积极为方便基层创造条件，为生产服务，为群众排忧解难。机关坚持这一指导思想，对于克服主观主义、官僚主义和命令主义，密切干群关系，调动各方面的积极因素，提高工作和生产效率都具有重要意义。

五到现场 这是大庆企业机关在会战中形成的传统作风。即生产指挥到现场，政治工作到现场，材料供应到现场，科研设计到现场，生活服务到现场。生产指挥到现场，就是指挥调度人员实行现场调度，计划人员到现场落实计划，进行综合平衡；凡是有两个以上施工单位协同作战的施工地区，就需要组织前线指挥机构，实行面对面的领导。政治工作到现场，就是政治工作部门的干部除有三分之一的人在机关办公，三分之一的人坚持常年蹲点外，还有三分之一的人坚持深入现场了解情况，发现典型，总结经验，并做好现场的宣传鼓动工作。材料供应到现场，就是物资供应部门按照设计和施工的预算，去组织材料供应，实行"大配套""小配套""货郎担"，送料到现场，设备维修人员也"身背三袋"到现场服务。科研设计到现场，就是科研设计工作紧密结合生产实践，有效地解决生产中的问题；由研究设计人员组成工作组，深入生产实践，进行现场调查，组成试验队到现场，边参加生产，边进行试验；研究与生产部门联合组成攻关队，攻克关键技术；进行技术交底，交意义、交目的、交原理、交方法、交技术要求，放手发动群众参加科研设计工作。生活服务到现场，就是后勤和商业等部门组织理发、缝补，保证日用百货到现场，更好地为前线服务。实行五到现场，有利于根据实际情况决定工作方针，避免瞎指挥；能更多地倾听群众呼声，了解群众疾苦，及时地解决问题，激发工人群众大干社会主义的积极性；能更好地改进工作作风，促进机关革命化。干部为群众服务，机关为基层服务，这是由企业的社会主义性质所决定的。在今天，仍需大力提倡这一传统作风。

工人三班倒，班班见领导 是指企业基层干部坚持长年跟班劳动和轮流住队值班，体现基层干部与工人同吃、同住、同劳动、同学习、同娱乐的艰苦奋斗精神和密切的干群关系。从石油会战开始，无论是基层生产管理干部，还是思想政治工作干部，都坚持住队轮流值班，一天24小时管生产，做到"工人三班倒，班班见领导"。1963年，会战工委还总结出干部跟班劳动的七种形式：（1）跟班劳动，跟班写实，进行调查研究；（2）带上问题，跟班劳动，找解决问题的办法；（3）住在落后班组，跟班劳动，改造落后；（4）在最困难最艰苦的时候，跟班劳动；（5）在最紧要最关键的地方，跟班劳动；（6）生产上遇到复杂情况，跟班劳动；（7）人少打突击的时候，跟班劳动。干部以身作则，跟班劳动，不仅有利于激发群众的积极性、主动性和创造性，保证生产任务的完成，而且使干部永远保持劳动人民的本色。

取20项资料72个数据 1960年4月9日至11日，安达县铁路俱乐部里召开了一次关系到会战初期如何摸清地下石油情况的座谈会。会议一开始，汇报人员挂出的图表，就很难令人满意，余秋里部长站在图表前端详了很久，怎么也找不出其中油、气、水的内在规律。他的表情渐渐地凝重起来，内心涌动着一股焦虑的情绪，几乎要发起火来，但还是耐着性子对大家说："我们打探井搞试油的目的是什么？就是火力侦察。结果呢？地下的情况没有搞清楚，就像浪费了很多子弹，也没弄清敌人有几个碉堡，这能行吗？"会议室里鸦雀无声，大家都感受到了余部长内心的沉重。余部长继续说道："难道我们不知道长垣南部地下情况的毛病出在哪里吗？就是出在打井和试油工作粗糙，所取资料不全不准，反映不出油田的情况来。"余部长这番话引起大家深思和自责。这使技术人员产生了震撼性的认识，深知余部长要求他们在油田勘探中，要老老实实，尊重自然规律，取全取准第一手资料。对此，会议展开了认真的讨论，总结出每打完一口井，必须取全取准 20 项资料和 72 个数据，并要求在测井记录中做到"四全四准"。这 20 项资料和 72 个数据，不仅成为大庆油田勘探开发的基本要求，同时成为以后石油工业勘探工作中的一项基本法规。这次会议后，会战领导小组决定成立地层对比研究大队，总指挥康世恩要求："石油工作者的岗位在地下，斗争的对象是油层。要准备做百万次分析，百万次对比，要一粒砂子一粒砂子地对比，一块石头一块石头地对比。"从此，所有研究人员白天到井上收集资料，晚上趴在床铺和木架子上进行分析对比，绘制图表。他们通过对比上百口井的资料，上百万个数据，对油层进行分析，经过 1577 万次对比，弄清楚了大庆油田 5 个砂岩组、45 个小层的非均质面貌。运用这套分小层研究方法可以把油层大小、厚薄、好坏，按不同的小层情况搞得一清二楚。这个由余秋里部长组织召开的座谈会，更加树牢了会战初期勘探工作重视调查研究的好作风。

给大地量体温——万点调查 地处高寒地区的大庆油田，生产出的原油凝固点高，气温一低就流不动，甚至凝固。为把原油从油井输送到泵站、油库，需要制订出具有"大庆特色"的集输流程，而要拿出这样的流程，必须确定一个关键技术数据——土壤传热系数，又称 K 值。按国外权威经验数据推荐，K 值可选在 8~10，可是 8~10 的微小变化，在大庆却隐含着巨大的技术风险。选 10，要消耗大量钢材，花费大量资金；选小些，原油凝固，管线灌了"肠"怎么办？如果出现这些情况，在会战初期的那个时代，损失和责任都是巨大的。在一次技术座谈会上，油田设计院工程师谭学陵大胆提出要确定大庆地区 K 值，这个提议得到了绝大多数与会同志的支持。随后，谭学陵主动请缨，参加了这场战斗。1960 年 7 月，他带领五名同志开始了工作。在广阔的荒原现场，他们不管好天坏天，无论炎夏寒冬，始终连续作战。有时，他们冒着零下 40 摄氏度的严寒，蜷伏在冰冷的大地上，每隔两分钟测一次温度；有时，他们忍着饥饿与劳累，坚持测温。10个月时间，谭学陵小组跑了600多千米，观察测定了1600个点，取得了5万多个数据，进行了1100多次分析对比，终于测出大庆地区的土壤传热系数为3，为油田集输流程设计提供了科学的依据。根据这个K值，设计出适合油田开发的既经济又快捷的加热保温集输方案，保证了高速优质开发大油田。后来，他们不辞辛苦，克服重重困难的观察测定工作，被称为"万点调查"，也成为大庆油田科技工作者学习的榜样。

狠抓第一性资料 这是大庆职工在认识和开发油田中始终坚持的一条准则，是大庆人高度责任感和科学求实精神的具体表现。1960年4月9日召开的大庆油田首次技术座谈会，总结了过去因地下情况不清，使油田开发受影响的教训，提出搞好油田开发必须立足于对地下情况的清楚认识，狠抓第一性资料。石油工业部部长余秋里在专题发言中强调："搞石油，必须了解'敌情'，重视地下，狠抓第一性资料。我们搞油的，侦察和进攻的对象是地下油层。必须把地下情况侦察得清清楚楚，有半点马虎都不行。这不是一般的工作，而是对人民的事业负责，是坚持唯物论、坚持辩证法的问题。"座谈会的意见整理后，由总地质师李德生执笔，起草了《大庆长垣钻探和开发过程中取全取准20项资料72个数据》的调查提纲，经过部党组讨论批准，公布执行。在油田勘探和开发中，每钻一口井都必须取全、取准20项资料和72个数据，做到一个不能少、一点不能错。搞假资料、不准的资料，比没有资料还坏，心中无数决心大，情况不明办法多，是要受到客观规律惩罚的。大庆石油会战以来，广大职工坚持把高度的革命精神与严格的科学态度结合起来，对地下情况大搞调查研究，录取大量、准确、齐全的第一性资料。在此基础上，认真分析研究，使认识更加接近油田的客观实际。据1963年统计，全油田共钻井取岩心13407米，测曲线2万多条，测压力4万多次，做岩样分析553万个，分析化验160万次，地层对比1744万次。由于取得大量齐全、准确的第一性资料，油层分布情况和各类油层的开采状况及变化，从而制定出了正确的开发部署和油田综合调整措施，在编制"四五"计划时，由于大搞调查研究，主观认识比较接近客观实际，结果提前一年实现了"四五"期间原油产量翻番的设想。

一切经过试验 是指在不同类型的客观事物中选择不同的典型进行试验，从而总结概括出该类事物中带有一般规律性的东西，借以指导面上工作的一种方法。大庆油田在开发建设过程中始终坚持"一切经过试验"这种领导方法。大庆石油会战初期，为了检验早期内部注水、保持压力这一开采方法是否正确，在油田中部开辟了30平方千米的生产试验区，还进行了依靠天然能量开采、晚期注水、分层注水等十大试验项目。经过实践对比证明，早期内部注水、保持压力开采的方法具有优越性，因而在全油田的开发设计中采用。为了研究油田开发的全过程，及早考虑油田开发中后期的产量变化情况和总采收率情况，大庆油田专门钻了14口井，进行

小井距试验，把需要几十年才能看到的油田开发全过程，缩短到半年至一年的时间，并且得以正确认识和掌握产量的变化规律。另外，岗位责任制的建立、承包经营责任制的完善，以及年终的"评、比、选、树"活动等，都是经过试点获得了经验以后再逐步全面展开的。实践证明，坚持"一切经过试验"，是制定和实施正确决策的前提，它有助于克服官僚主义，有效地解决问题，提高领导水平，不断开创新的工作局面。

第五节 三次重大战略调整背后的调查研究

一、松辽地区石油勘探

1959年9月26日,松基三井喜喷工业油流,大庆油田被发现,随后掀起了气吞山河、波澜壮阔的石油大会战。60多年来,大庆油田累计生产原油近23.9亿吨,为建立我国现代石油工业体系做出了重大贡献,并孕育了大庆精神铁人精神。

松基三井喷出工业油流的那一刻,是大庆油田的伟大时刻,同时也开启了中国石油工业的新纪元。松基三井的确立,是在艰苦的探索调研中逐步确定的。1958年7月,松辽石油勘探局在松基一井和松基二井陆续开钻后,提出了打松基三井的设想。经过对各种方案的调查研究与反复分析,大家一致同意将松基三井移至黑龙江省肇州县大同镇高台子。1958年9月15日,提交了松基三井井位意见报告。

虽然这个设想是经过深思熟虑提出的,但由于松基一井在钻井过程中没有发现油气显示,松基二井试油时没有见到工业性油流,松辽石油勘探局的地质技术人员不免担心松基三井再次失败。为了完善方案,他们不断收集新资料并反复修正方案。

1958年10月上旬,松辽石油勘探局基准井研究队队长钟其权和地质部长春物探大队朱大绶等人再次前往收集资料。他们在黑龙江省明水县地震队队部查阅了最新的地震构造图,证实了高台子确实存在一个局部圈闭。随后,钟其权又到高台子进行实地调研勘探,发现原井位恰巧定在农民的房顶上。为了避开老百姓的房屋,钟其权将原井位做了小小的移动,形成了最终方案,再次上报石油工业部。

石油工业部对掌握的调研及勘探资料进行反复论证、补充和修改后,于1958年11月24日正式发文批准了松基三井的井位。1959年2月8日,康世恩和翟光明、余伯良等专家专程找到松辽石油勘探局领导和技术人员,共同研究松基三井的打法。

在决定由哪个队伍来执行打井作业时,松辽石油勘探局领导推荐了曾参与松基一井打井的包世忠任队长的32118队来完成。康世恩对此表示赞同。1959年4月11日,松基三井正式开钻,设计井深为3200米。8月21日,停钻后进行划眼作业时,两次发现泥浆面上漂浮着薄薄的原油和气泡。次日,将其用火柴点燃后,呈现出蓝色的火焰。当钻至1460多米时,发现井身弯曲,最大井斜达到了5.79度。康世恩在得知松基三井的情况后,认为按照原设计井深继续钻井保守估计还需要一年多的时间,于是他成功说服了在场的苏联专家米尔钦柯,决定停钻并试油。石油工业部特别派遣玉门油田的彭佐猷工程师现场指导试油工作,并组成以赵声振为首的工程技术人员队伍到现场指导射孔作业。

终于,1959年9月26日,位于黑龙江省肇州县大同镇附近的松基三井喷油,松辽盆地发现一个大油田的事实正渐渐清晰。

松基三井成功喷油后,石油工业部立即着手加快勘探部署,到了1960年年初,已经掌握了200平方千米的含油区域,根据粗略估算,可采储量至少达到一亿吨以上。此外,包括松基三井在内的重点井都经过了长期试采,充分证明了大庆不仅是一个储藏大量石油的大油田,而且还是一个具有极高开采价值的油田。石油工业部开始考虑如何能够迅速开发这个大油田,并尽快实现其生产能力,早日为国家的建设提供更多的石油资源。

1960年1月，石油工业部党组召开了一次扩大会议，经过反复研讨，决定采用集中优势兵力、打歼灭战的方式，组织一场石油大会战，进一步提升大庆油田的勘探和开发速度。

在当时的历史背景下，我国内外都面临着巨大的挑战。对外，不仅有着西方资本主义国家对我国的经济封锁，那时候中苏关系也发生了变化，苏联专家逐渐撤离；对内，当时我国正处于国民经济的困难时期，国家缺乏足够的资金，松辽石油勘探局的力量也相对薄弱，只有20部钻机和不足5000名员工，无法独立承担大庆油田的开发任务。

不过，从全国石油行业的力量来看，已经具备了开展石油大会战的实力。全国石油职工总数已达到17万人，资产超过10亿元，拥有100多部钻机。如果将这些力量集中起来，投入松辽地区，就能形成局部优势，通过集中优势兵力打歼灭战的方式，依靠自力更生和艰苦奋斗的精神，得以顺利开发大庆油田。

这样一个"金娃娃"在手，中共中央、国务院对松辽地区的石油勘探工作给予了高度关注。1960年1月在上海召开的中共八届七中全会和2月在广州召开的中央军委会议期间，毛泽东两次会见了余秋里，了解石油勘探工作的进展情况。在听取了余秋里关于松辽地区勘探及工作部署的汇报后，毛泽东表示赞同，并连说好。当得知准备调动来自克拉玛依、玉门、柴达木和四川的石油队伍参与松辽地区的会战时，毛泽东表示赞同，并表示要搞会战，准备上阵。毛泽东的肯定无疑增强了石油工业部组织开展松辽石油大会战的决心和信心。

1960年2月，石油工业部党组向国务院李富春和薄一波两位副总理提交了关于松辽石油会战的报告。两位副总理对石油工业部的想法表示了全力支持，并提出要在中共中央书记处的领导下进行大会战。

为了进一步推动松辽石油勘探工作，余秋里和李人俊于1960年2月上旬向时任中共中央总书记的邓小平汇报了石油工业部的工作，并提出了开展松辽石油大会战的计划。邓小平对此表示赞同，并要求石油工业部向中共中央提交申请。

1960年2月13日，石油工业部以部党组名义向中共中央和国务院提交了《关于在东北松辽地区石油勘探情况和今后工作部署问题的报告》，正式提出了大庆石油会战的申请。现摘录报告内容如下。

《关于东北松辽地区石油勘探情况和今后工作部署问题的报告》

总理、李、薄副总理并中央：

最近，我们对东北松辽地区的石油勘探情况和今后工作部署问题，作了反复的研究和讨论。从现在已经掌握的资料来看，可以说形势很好，来头很大。目前，已经在黑龙江省肇州县大庆（原名大同镇）地区，探明了一块二百平方公里储油面积的大油田。初步估算，可采储量在一亿吨以上，大体上相当于新疆克拉玛依油田。产油情况很好，现在已经打出来的探井，经过一个多月的采油试验，平均每口井日产量在十二吨左右。油层多、油层厚，现在已经发现的就有六组油层，光第一、二两组油层就有十多米厚。油层产油性能良好，出油稳定。油层埋藏不算很深，第一、二两组油层深度在一千米左右，而且地层松软，打井容易。总体来看，开发和建设这里的油田，有很多便利条件。

整个大庆地区，从地质资料上看，是一个很大的适于储油的构造带，面积达两千余平方公里。现在拿到手的这块油田，仅是其中的一小部分，边界尚未摸到。看来，储油面积还会有大的扩展，远景非常乐观。

这个地区的石油勘探工作进展迅速，收效特大。我们和地质部一起，在黑龙江省委的大力支持下，进行了大量的系统的地质调查。一九五九年九月六日我们打的第一口探井出了油。此后，我们就迅速地抽调了一批较大的力量，加强了勘探和科学研究工作，打了二十二口探井，并取得了大量的地质和试油试采资料。从开始较大规模的钻探，到找到这块二百平方公里的大油田，仅仅用了四个多月的时间。这是一个很大的胜利。像这样大的油田，全世界也只有二十多个，它又处在工业发达、交通便利的东北地区，这对于加速我国石油工业的发展，是具有极其重大的意义的。

大庆地区的石油勘探工作，虽然经过了很大的努力，取得了很大的效果，但总的来讲还是一个开始，要想把油田全部探明，并投入开采，还需要作更大的更艰巨的工作。根据这个地区的情况，我们认为应该下一个狠心，用最大的干劲，用最高的速度，迅速探明更大的油田面积和更多的新油田。为此，我们的部署是：

第一，甩开钻探。在现已探明的二百多平方公里储油面积的四周，向外扩展。在两千平方公里的构造范围内部署钻探，以求迅速探明油田的面积和储量究竟有多大。

第二，在已经探明的储量面积内，选择一两块地区，打出一批生产试验井，进行油田开采试验。拟在今年生产原油二十万吨以上，到年底达到年产原油一百万吨的生产能力，为明年大规模地开发准备条件。

第三，在大庆构造带以外的附近地区，还发现有许多好的构造，储油的可能性很大。准备用一部分勘探力量，有选择地进行钻探，以期找出新的油田。

按照这个部署，预计今年需要打探井和生产试验井四百多口，钻井进尺数大约五十万米；同时进行相应的油田建设，其中包括采油、集油、输油、供水、供电、保温、运输和机修等项基本建设工程。所需的投资、设备器材及劳动力等，已向经委、计委作了专门报告。

为了实现上述任务，我们打算集中石油系统一切可以集中的力量，用打歼灭战的办法，来一个声势浩大的大会战。从玉门、新疆、青海、四川等石油管理局和其他有关石油厂、矿、院、校，抽调几十个优秀的钻井队和必需的采油、地质及其他工种队伍，加上两千多名科学技术人员，参加这个大会战。抽调的人员都要精兵强将，在现场大搞比武竞赛，掀起一个大规模的群众运动，一鼓作气地拿下这个地区。

这样做法的好处很大。第一，可以用最快的速度，力争在夏秋两季，拿下大庆油田，减少冬季野外作业的困难。同时又可以用最高的工作水平，精确地解决油田中主要技术问题，研究出合理的开采方法，做到边勘探、边设计、边采油，从而闯出一套我国自己的、符合总路线多快好省的石油勘探和开发的办法；第二，便于集中使用石油工业各方面的先进经验，在大会战中，进一步发动群众，破除迷信，解放思想，从而大大提高石油工业群众运动的水平；第三，便于现场比武，大搞各工种联合表演赛，掀起"学、赶、超、帮"热潮，从而有力地推进石油工业群众性的技术革新和技术革命运动。我们考虑，这样做法虽然有些单位抽出了一些力量，但对当前生产和工作不会有多大的影响；反过来，通过这种大会战，还可以提高各厂矿的各个方面工作水平，给完成今年的任务创造更有利的条件。

以上报告当否，请指示。如认为可行，望批转有关省、市、自治区和部门。

石油工业部党组
一九六〇年二月十三日

报告提交给中央后，仅隔了7天时间，中共中央就批准了这个报告，充分体现了中央对松辽石油勘探工作的高度重视和支持。

1960年3月11日，位于长垣北部萨尔图构造上的第一口探井——萨66井顺利完成钻探并开始喷油。在试油初期，该井的日产量高达148吨，这一生产能力远远超过了在大庆长垣南部探井的产量。像这样高的产量、这样厚的油层以及这样易于开发的油井，在我国石油勘探的历史上还是第一次。

1960年3月9日和11日，国家经济委员会两次召开会议，讨论支援松辽油田的石油勘探开发工作。会议强调，凡是应当解决的问题，国家计划委员会、经济委员会和建设委员会一定积极帮助解决。随后，国家计划委员会、经济委员会和建设委员会于3月13日和17日连续发出电报，要求相关单位迅速组织货源，动员一批钢材、设备及其他基本建设物资，支援松辽油田的勘探工作。

在中共中央和国务院统一指挥下，各地和各部门立马行动，当时全国有18个省、市、自治区的超400个厂家，为大庆石油会战提供设备及原材料。

大庆会战胜利是党的伟大胜利，是全国人民的伟大胜利，是人民解放军的伟大胜利，是石油工业战线的伟大胜利，同时，也是石油决策者成功调查研究的结果。

二、稳定东部与发展西部

中国西部地区一直以来都是石油资源的重要发现地和开采区，如延长油矿、独山子油矿、玉门油矿这些在早期就投入开发的油矿，是中国石油工业重要发展基础。新中国成立之后，克拉玛依、冷湖和依奇克里克等油田的发现，进一步推动了西部石油工业的发展。这些油田所在的区域环境荒凉、人烟稀少，但却是中国石油天然气工业增储上产的重要战略接替区。

进入 20 世纪 80 年代，为了持续推动我国石油工业的稳定和发展，石油工业部历经大规模的调查研究，在掌握大量资料的基础上，做出了重大决策，决定在西部地区的塔里木盆地等地方重新进行钻探工作，再次深入探索这片曾经辉煌过的广阔地区。这一决定无疑为中国的石油工业发展带来了新的机遇和挑战。

1980 年，由于中东地区局势动荡不安导致的国际原油供应短缺，油价猛涨，国际社会面临着严峻的"石油危机"。在那时，我国正处于经济快速增长、国内大力开发建设的时期，对石油的需求量不断增加。这样一来，国外原油供应短缺，国内的又不够用，对石油勘探开发提出了新的要求，石油工业再一次站在了国家经济发展的紧要关口。

在这一历史背景下，石油工业部开展认真调查研究，首先是摸清家底，其次是寻找有利勘探和上产地区。

我国石油工业大体上分为三大战略战场，即陆上的东部、西部战场，以及广阔的海上战场。

东部战场方面，当时我国大部分的石油产量集中在东部地区，其中以松辽盆地和渤海湾盆地为主的陆上东部地区，是我国最重要的石油生产基地，也是我国原油稳产一亿吨的基本战场。1980 年松辽盆地探明石油地质储量超过 30 亿吨，渤海湾、二连、南襄等盆地已探明的地质储量达 30 亿吨，从远景来看，整个东部地区还有 40 亿~50 亿吨的远景储量，这成为我国原油年产一亿吨的保障基础。

保持并发展东部油气区的勘探开发，是西部石油勘探开发以及发展海洋石油工业的前提和基础，直接关系到国家的能源战略安全。因此，必须高度重视东部油气区的勘探开发工作，不断推进东部油气区的稳产增产。

在稳定和发展我国石油产业的过程中，东部地区的稳定是基础，而东部地区稳定的的关键则在于大庆油田的持续稳定生产。20世纪80年代中期，大庆油田实现了5000万吨原油的十年稳产以后，我国经济建设进入了一个崭新的阶段——改革开放后社会转型的关键时期。为了满足国家对石油工业更高的需求，大庆油田肩负起为国分忧的使命，努力克服各种困难，通过科技进步和改革创新的方式，年产原油5000万吨以上持续了27年。

为了实现稳产目标，大庆油田积极探索和实践，通过在老区大力开展层系细分调整综合挖潜，制定了多个开发调整方案，例如南一区至南三区萨葡差油层层系调整方案、高台子油层开发方案、萨北过渡带四条带开发方案等13个区块的开发调整方案，总计设计井数为5542口。油田还制定了北二东及北一区一二排东部两个区块的二次加密调整方案，设计井数为454口，设计产能达到101.64万吨。此外，油田还采取了一系列增产措施，包括油井压裂、自喷井转抽以及外围投产新井等。

1986—1990年，大庆油田共生产了27798万吨的原油，平均年产达到5559.74万吨，创造了油田开发史上的新高峰。大庆油田的持续高产稳产业绩为其在中国石油工业中的战略地位提供了坚实的支撑，有力地保证了"稳定东部，开发西部"战略目标的推进。大庆油田为国民经济发展注入了强大的动力。同时，大庆油田的成功经验和技术创新也为西部地区的石油勘探提供了有力的借鉴和支持。

尽管东部"油仓"持续不断地稳定供油，但对于经济飞速发展的中国，靠这些，还远远不够。在调查清楚当时我国石油勘探开发的基本情况后，石油工业部经过反复研究讨论，把发展目光再次聚焦到广阔的西部地区。

其实，中国的石油工业就是从西部开始的。新中国成立初期，西部特别是西北地区的石油工业培养了大批技术和管理人才，为国家建设做出了不可磨灭的贡献。从 1958 年石油工业勘探战略东移后，西部地区石油勘探进展变得缓慢下来。

20 世纪 70 年代末，石油工业部也曾经大幅度增加南疆和青海的石油勘探工作量，但囿于技术水平有限，并没有取得突破性进展。

中共中央及国务院的一系列战略决策让西部石油工业的转机在 20 世纪 80 年代再次开启。1983 年 8 月 20 日，中国西部石油勘探会议在克拉玛依召开。国务委员康世恩指出：这次会议是西北石油发展史上的一个重要转折点，要打开西北石油勘探的新局面，把西北地区作为寻找石油储量的重要战略接替区，西北地区原油产量要大上。

1985 年 8 月 21 日，石油工业部召开塔里木盆地勘探工作汇报会。王涛部长宣布：石油工业部党组决定在"七五"期间六上塔里木，目标是在五年内钻探 20 到 30 口井，争取找到一到两个大油田。10 月，石油工业部在北京召开领导干部会议，再次提出要加快西部石油勘探步伐。

1986 年，中共中央和国务院作出了石油工业"稳定东部，发展西部"的战略决策。在经过 20 多年的等待之后，西部地区的油气勘探终于迎来了新一轮的机会。

西部地区勘探程度普遍较低，但勘探基础较好，具有广阔的勘探找油找气地域。玉门油田作为中国第一个天然石油基地，先后向东部多个地区输送了一批又一批的装备和人才，原油保持了 60 万吨稳产十年和 50 万吨稳产十年的奇迹；在准噶尔盆地，新疆石油管理局勘探已经进入盆地腹地，查明了盆地地质构造的大格局；在塔里木盆地，勘探队伍先后进行了多次勘探，发现了依奇克里克油田；在冷湖之后，青海油田又在尕斯库勒湖畔发现了花土沟油田；横跨陕甘宁的长庆油田，提出了"东抓三角洲，西探水下扇"的勘探思路，找到了亿吨级的安塞油田。

根据地质理论预测，塔里木、准噶尔、柴达木、陕甘宁和河西走廊五大盆地具有巨大的资源潜力。特别是自党的十一届三中全会以来，石油工业的改革发展政策以及科技水平和装备实力的显著提升，为西部地区的勘探工作提供了坚实的保证。

中国共产党第十三届中央委员会第七次全体会议通过了《中共中央关于制定国民经济和社会发展十年规划和"八五"计划的建议》，强调了石油工业的重要性，并提出要采取"稳定东部，发展西部"的战略方针，保证东部老油田稳产增产，适当集中力量加强西部新油区（主要是塔里木、吐鲁逊地区）的勘探和开发。这一战略方针的实施，为石油工业的发展提供了重要的指导和支持，为西部地区石油工业的发展注入了新的动力。

石油工业部在提出"稳定东部、发展西部"战略后，及时调整工作部署和有关技术经济政策，积极采用新工艺新技术，逐步加大西部地区的油气勘探开发力度，深化老油田综合治理，大力推进难采储量的开发动用，加快西部新油田的开发建设，打开了西部地区石油工业发展的新格局，使陆上原油产量保持了稳定增长。这不仅推动了石油工业的发展，也为国家能源战略的实施和国民经济的发展做出了重要的贡献。

蕴含着中国石油源头的中国西部广袤的疆域，在国家石油工业"稳定东部、发展西部"的战略指引下，西部地区的石油勘探工作取得了显著的进步。除了新疆，其他西部省也通过积极发展，实现了石油天然气勘探开发的一系列重大突破。一些过去的老油区，在新探索思想的引导和先进科技手段的帮助下，再次焕发出繁荣景象。

三、海外调研催生海洋石油对外合作

自新中国成立以来，海洋石油工业经历了从无到有的发展过程。20世纪50年代开始，中国的海上油气勘探工作开始起步。到了80年代，随着对外开放的政策的实施，以及与国际伙伴的广泛合作，海洋石油工业迎来了飞速发展的时期。进入21世纪初,中国的海洋石油工业已经发展壮大,并大步走向国际市场。

海洋石油走向深海过程充满了艰难曲折,无数海洋石油人为之付出了巨大的努力和心血,经历了无数次的挫折和困难。为了实现中国海洋石油工业的发展目标,他们不断地探索、创新、超越自我。这些努力和付出,不仅为中国海洋石油工业发展奠定了坚实的基础,也为中国能源产业的快速发展提供了强有力的支撑。

中国是一个拥有漫长海岸线和广阔海域的海洋大国,为了开发海底丰富的油气资源,国家在大力推进陆上石油勘探的同时,也在积极展开海洋石油勘探开发工作。

在海上早期勘探阶段,中国经历了较长的低速发展和探索过程。在近海区域的石油地质调查基本完成,但这个阶段的成果并不显著,到1981年,只有渤海地区3个小油田被试验性地开发,累计生产原油96.3万吨。尽管这个数量相对较小,但这是中国海洋石油工业发展的重要里程碑。在这个过程中,还建立了两个海上石油勘探基地,基地不仅为中国海洋石油工业提供了基础设施支持,也为中国培养了一批技术管理骨干。通过探索,中国初步形成了海上勘探试采能力,为后续的发展奠定了基础。

在资金、技术和经验不足的困境下,中国完全依靠自身力量发展海洋石油工业显得力不从心。当时,国际海洋石油工业的发展正处于繁荣时期,欧美石油公司早就希望中国对外开放。为了改变海洋石油工业落后的局面,中国政府根据国内外形势,决定利用国内海上油气资源优势和市场优势,吸引国外资金、先进技术和科学管理。

1973年中央政府决定引进国外先进的石油技术装备。为此,石油化学工业部先后两次派遣石油代表团前往法国、加拿大和挪威进行考察调研并采购石油设备。代表团在国外目睹和亲身感受了迅速发展的石油勘探与石化装备技术、现代化的海上钻井平台、花园式工厂以及全新的管理和思维方式，这些与国内石油工业的落后状况形成了鲜明的对比。两个代表团向国务院提交了详细的调研汇报，对于解放石油工业思想产生了深远的影响。

从1973年开始，国家安排了1.5亿美元用于引进海洋石油工业的自升式钻井平台、物探船和三用工作船，随后又专项拨款6亿美元和3.7亿美元贷款用于海洋石油项目。在前后的8年间，中国引进了包括9座海上钻井平台、21艘三用工作船、10艘工程船、10台数字地震仪、6套地震数据处理计算机、10套可控震源成套设备和数字测井仪等先进装备，总计花费了14亿美元。这些先进装备提高了中国海洋石油工业的作业能力和水平，并在后来的承包作业中发挥了重要作用。

然而，尽管引进了这些装备，但海上勘探几年来一直没有重大突破，并没有出现可观的储量和成规模的油气田。因此，康世恩于1977年再次提出到国外考察调研，探索新的思路和方法。

1978年1月5日至2月12日，以石油化学工业部常务副部长孙敬文为团长、国家计委副主任李人俊为顾问的中国石油代表团一行19人，第一次考察调研了美国石油工业，重点考察了美国大型油气田和炼油厂，并探讨了进行经济技术合作的可能性。回国途中代表团又去日本考察调研了机械、造船和石化企业。

同年3月26日，中共中央、国务院领导听取代表团的汇报。孙敬文等人讲述了考察调研后了解的美国海洋石油的情况，认为中国海域广阔、找油前景良好，但由于各种条件制约，至今工作做得很少，亟须利用国外先进技术和装备，加快海上石油勘探开发。代表团建议，在不损害国家主权和民族利益的前提下，以平等互利的方式，直接和美国一些石油公司建立商务关系；在我国指定的海域进行石油勘探，购买国外的先进设备，雇佣国外的技术人员，将来采用分期付款的方式以生产的原油进行偿还，加快我国海上石油资源的勘探开发。

中共中央、国务院领导听取汇报后，在反复研究和分析讨论后，决定在坚持独立自主、自力更生的原则下，中国海上石油勘探开发可以采取平等互利的补偿贸易方式，直接和外国石油公司建立商务关系，开展对外合作。这一重大战略决策的出台标志着我国海洋石油工业的发展进入了一个新时期。

为了贯彻中央领导的指示并落实海洋石油工业的对外合作，石油化学工业部决定由张文彬副部长主管，负责组织研究对外合作和海洋石油勘探事宜。1978年5月，新成立的石油工业部向国务院申请批准，以中国石油天然气勘探开发公司的名义邀请了多个国家的石油公司和联合国官方人士来华介绍情况，探讨合作方式。

从1979年开始，康世恩副总理，以及石油工业部部长宋振明，副部长张文彬、闵豫、阎敦实、秦文彩先后率领代表团前往美国、英国、日本、挪威、荷兰、意大利、法国、巴西和中东等多个产油国家进行考察调研和访问。

在不断的调研和思索过程中，他们以冷静的目光和清醒的头脑探寻中国海洋石油对外合作的方式。石油工业部外事局全力以赴收集与合作有关的资料，派出3批人员出国考察，收集了国际上120多种海上石油的合同及法规文本。通过与外国石油公司的接触和各方面的调查对比，石油工业部逐渐明确了适合中国海洋石油工业的合作方式。

石油工业部领导对国际上海洋石油的三种对外合作方式（租赁、技术服务、风险合同）有了较为全面的了解后，借鉴资源国的经验教训，经过深入调研论证，认识到在海洋石油的对外合作开发中采用风险合同和分阶段合作的方式对我方更为有利。具体来说，这种合作模式是由外国公司独立投资并承担勘探风险。如果在勘探阶段未能找到油田,中方无需偿还资金;而如果找到油田,中方则有权参与投资并共同开发。

在具体合作上,石油工业部建议应首先进行地球物理勘探,然后再签订石油合同。经国内相关部门和法律界仔细研究整合意见后,最终确定采用这种国际上通行的合同方式作为我国海洋石油对外合作的基本模式。

在开展调查研究以制定合作实施方案的同时,石油工业部还组织了一批地质、地球物理专家和经济、财务人员集中进行对国际石油法律、合同、招标方法、经济和外事财务等知识的强化培训。此外,石油工业部还从各油田抽调干部,组建了11个联合管理委员会。这些委员会不仅学习了中央政策,还研究了挪威、印度尼西亚等国家的石油合作经验,并熟悉了石油合同,准备派往合作区块进行管理。

1978—1979年,石油工业部组织了两组谈判团队,与法国的埃尔夫、道达尔公司以及日本的石油公司就渤海湾和北部湾的石油合作进行了双边谈判。与日本方面的谈判开始采用了外方总承包模式,即外方提供资金和技术,而我方负责承包作业,最后以原油偿还;与法国方面的谈判开始则采用了工业合作方式。

然而,这两种方式外方均不承担风险,只是单纯利用外资和技术,我方缺乏合作经验并担心可能遭受损失,后来发现这种合作模式对我方并不有利。经过请示,决定改用以巴西合同为基础,同时吸收挪威和印度尼西亚合同的一些做法,将合同模式定为低风险、合作开发、原油补偿以及中方固定留成的模式。

1979年,石油工业部与众多的外国石油公司(共13个国家的48家石油公司)签订了42万平方千米海域内的8个物探协议,并在沿海设立了21个定位台站。从1979年5月到1980年7月,外国公司共租用了14艘物探船,在海上开展了大规模的海上物探工作,总计完成了11万千米的地震测线。随后,中外专家集中处理和解释了这些数据,发现了474个地质构造,于1980年5月签订了4个双边合同。与美国阿科公司的双边谈判过程相当艰苦,最终在1982年9月在莺歌海签订了合同。

在对外开放与合作的几十年来,中国海洋石油工业实现了跨越式发展。海洋石油开采具有"三高"特点,即高风险、高科技、高投资。各国对本国海域油气勘探一般都采取开放政策,用招标方法和产品分成吸引外国投资者。中国政府吸收国外经验,大量引进国外先进技术和装备,并在1978年果断决策让中国海域的油气资源开采率先采取对外合作的方式。从此,中国海洋石油工业开始融入世界海洋石油发展的潮流,我国海上油气开采进入快车道。对外合作为中国石油带来了资金、技术和现代管理理念,促进了我们在观念、科技、体制和机制上的创新,为我们造就了大批现代科技管理人才,与外国公司形成了互利双赢局面。

习近平总书记指出:"经过多年发展,我国海洋事业总体上进入了历史上最好的发展时期。这些成就为我们建设海洋强国打下了坚实基础。"海洋能源开发势头强劲,民生保障进一步改善,海洋能源供给力度进一步加大,海洋油气、海洋电力等海洋能源供给量大幅提高,为保障民生提供了坚实基础。新时代,加快海洋深水油气资源的经济开发,正在成为世界海洋石油勘探开发的潮流,中国海洋石油作业勇立潮头,正在从浅海向深海跨越,向着更深海进军。

第三章

石油调查研究的成果与经验

第一节　党和国家领导人对石油工业的调查研究

中国现代石油工业是在党的领导下发展壮大的，石油工业走过的每一步都与国家发展紧紧相连。在每次攸关石油工业发展的关键时刻，党和国家领导人都深入石油企业开展调查研究，及时作出重要指示批示，为石油工业发展指明前进的方向。我国石油石化工业的每一次成长与跨越，都闪耀着中国共产党理论路线方针政策的光辉，凸显出党和国家领导人大兴调查研究之风的典范。

早在1944年5月，毛泽东同志为延长石油厂厂长陈振夏同志题词"埋头苦干"，从此，党领导下的石油工业就深深打下了"永远听党话跟党走"的烙印。新中国成立后，毛泽东同志批准中国人民解放军第十九军第五十七师转业为石油工程第一师，近8000名官兵开赴石油战线主战场，掀开了石油工业新篇章。1958年，党中央作出勘探开发"战略东移"重大决策，带来了石油工业历史性突破。党的十八大以来，习近平总书记提出"四个革命、一个合作"能源安全新战略，发表了关于国有企业改革发展和党的建设一系列重要论述，就大力提升勘探开发力度、加强天然气产供储销体系建设、大力弘扬石油精神等多次作出重要指示批示，为新时代石油工业高质量发展指明了方向。历史和实践证明，中国石油工业只有坚定不移与党中央保持高度一致，始终以党的旗帜为旗帜、以党的方向为方向、以党的意志为意志，才能永葆与党同呼吸、共命运的政治底色，才能实现兴油报国、兴油为党的政治追求。

一、毛泽东：发展石油工业，还得革命加拼命

作为党的第一代领导人，毛泽东主席对石油工业非常重视，不仅亲自到石油企业调研，还多次听取石油工业的汇报，为我国石油工业的发展殚精竭虑。新中国成立之初，百废待兴，国防和经济建设都需要石油。早在"一五"计划开始时，毛泽东同志就请来首任地质部部长李四光，询问我国石油资源问题。1956年春，毛泽东同志在春节前后的10天时间内，两次听取了石油工业部的工作汇报，他提出，要在全国广泛开展石油勘探，"发展石油工业，还得革命加拼命。"

毛泽东同志工作繁忙，但是依然十分关心石油工业的发展，特别是大庆油田会战的发展。大庆油田发现后，他亲自批准并调集3万名转业官兵参加大庆石油会战。1960年2月中旬，余秋里专程向毛泽东同志汇报1959年9月26日松基3井喷油、发现大庆油田，毛泽东同志对开展石油大会战给予了充分肯定。1964年1月25日，在中南海会客室，毛泽东、周恩来、陈云、邓小平、李富春、李先念等中央领导同志听取余秋里关于大庆石油会战情况汇报后，毛泽东同志说："我看这个工业，就要这个搞法，向你们学习嘛！要学大庆！"在当年的春节座谈会上，毛泽东同志向全国发出"工业学大庆"的号召，并在中国共产党第九次全国代表大会上亲切接见铁人王进喜。1964年，毛泽东同志对"工业学大庆"作出了23处讲话、批示、谈话，对大庆石油会战的成功探索、大庆石油会战所提供的宝贵经验和实践，给予了高度的肯定和赞扬。1971年6月20日，《人民日报》发表社论《工业学大庆》。从此，毛泽东同志和党中央树立的大庆红旗一直在我国工业战线高高飘扬。

在毛泽东同志与党中央、国务院的领导下，石油勘探取得了一系列

重大发现,开展了一系列大会战,迎来了原油产量增长速度最快的阶段。1955 年,克拉玛依油田的发现实现了新中国石油工业的首个突破。1958 年,党中央作出"战略东移"重大决策,其后发现、开发了大庆油田。1963 年,我国实现"石油基本自给"的历史性转变,之后又相继开发建设了胜利、华北、辽河等大油田,建成了大庆石化、"八三"管道等一批重大工程。1963 年 12 月 25 日,新华社发布消息:中国人民使用"洋油"的时代即将一去不复返了。1978 年,我国原油年产量突破 1 亿吨,正式跨入世界主要产油国行列。中国石油工业取得的一系列成就,都是在毛泽东同志与党中央对石油工业调查研究与英明决策下实现的。

二、邓小平:石油勘探工作应从战略方面来考虑

作为党的第二代领导人,邓小平同志始终对石油工业寄予厚望,多次调研石油企业,并对我国石油战略进行谋划。党的第八次代表大会后,时任中共中央总书记邓小平开始领导经济工作,分管石油工业。那时,我国的石油工业基础非常薄弱,而石油工业对于国家工业化建设又特别重要。邓小平同志在对石油工业进行深入的调查研究之后,提出石油工业"应该有这个雄心壮志超越国际先进水平,世界先进水平也不是高不可攀的"。在他的领导和决策下,石油工业战线选准突破口,集中力量打歼灭战,在很短的时间内便发现和建设了新中国的第一个特大油田——大庆油田,我国石油工业获得了很大的发展。1958 年 2 月,邓小平同志听取石油工业部汇报后指出:"石油勘探工作应从战略方面来考虑,总的来说,第一个问题是选择突击方向,不要十个指头一样平,要排个先后次序,对松辽、华北、华东、四川、鄂尔多斯五个地区,要好好花一番精力,研究考虑一番,在第二个五年计划期间东北地区能够找出油来就很好。"根据他的指示精神,1958 年之后石油勘探的重点开始向东部转移,我国石油工业从此

进入新的历史阶段，大庆、胜利等一批油田相继发现，到 1978 年，我国原油产量突破 1 亿吨大关。

邓小平同志和石油工业有着不解之缘，先后三次视察大庆油田，深入油田基层进行调查研究后，他指示"要把大庆油田建设成美丽的大油田"。1961 年 7 月 23 日，邓小平首次视察大庆，对勘探开发工作以及职工生活十分关心。1964 年 7 月 17 日，他第二次视察大庆，先后对 1205 钻井队、中 3 转油站、中 2 注水站、李天照井组、西油库、大庆炼油厂等企业进行了调研，并听取了油田的汇报。1978 年 9 月 14 日，他第三次视察大庆。视察过程中，他对大庆油田高产稳产十分关心，还详细询问了大庆蔬菜、肉食供应，还有多少人住干打垒等情况，指示说："大庆贡献大，房子要盖得好一点，要盖楼房。"

三、江泽民：能源安全中，最重要的是石油安全

江泽民同志对石油工业的发展十分关注，不仅亲自率领党和国家领导人接见石油工作会议代表，并在调查研究的基础上写出了《能源发展趋势及主要节能措施》《对中国能源问题的思考》等文章。

20 世纪 90 年代，江泽民同志提出把石油工业的发展方针确定为"稳定东部、发展西部、油气并举"，为石油工业的发展进一步指明了方向。江泽民同志在党的十五大报告中提出，要通过市场形成具有较强竞争力的"跨行业、跨地区、跨所有制形式、跨国经营"企业集团。1998 年，中共中央、国务院加快石油石化工业改革发展，设立中国石油天然气集团公司和中国石油化工集团公司，为更好地适应市场经济发展和满足国内外市场竞争的客观要求奠定了基础。

江泽民同志多次到石油行业调查研究，先后两次到大庆油田，十分关心大庆精神的继承和发扬，关心大庆油田的长远发展。1990 年他视察大

庆油田时，把大庆精神概括为"爱国、创业、求实、奉献"八个字。在大庆油田期间，他先后调研了 23 个基层单位，接见了 400 多名干部和群众，作了一系列重要指示，并挥笔题词："发扬大庆精神，自力更生，艰苦奋斗，为建设有中国特色的社会主义而努力。"江泽民同志在调研中深入十六联合站、萨中聚合物配制站后，来到铁人王进喜生前所在的 1205 钻井队。在钻井平台上，在隆隆的机器声中，他关心钻井队的作业情况，更关心工人们的工作环境。当看到钻井工人的劳动条件已大为改善、劳动强度大为降低时，他十分满意。他与油田劳动模范、铁人王进喜的家属一一握手，向他们表示慰问。

1995 年，适逢大庆油田开发建设 35 周年暨年产 5000 万吨稳产 20 周年庆祝大会胜利召开之际，江泽民同志亲笔为大庆题词："发扬大庆精神，搞好二次创业。"1997 年 1 月 17 日，江泽民同志在人民大会堂亲切接见了"新时期铁人"王启民。2000 年 8 月 24 日至 25 日，江泽民同志第二次来到大庆油田进行调查研究，对大庆油田生产和科技进步给予了充分肯定。

江泽民同志退休后，依然情系石油工业，继续对石油企业进行调查研究，思考新形势下石油工业的发展。他在退休后写的《对中国能源问题的思考》一文中强调："能源安全中，最重要的是石油安全。"文章指出，中国不能照搬发达国家的传统发展模式，而要探索新的发展路子。要将节能优先作为我国能源问题长期的战略，并分别从工业、交通、建筑等诸多领域提出了对国家节能政策的具体建议。国际石油市场的稳定，对中国的能源安全、经济安全乃至国家安全的影响越来越大。他希望通过开展国际合作，解决中国的能源问题，包括鼓励企业走出去，扩大对外投资，开发能源资源，增加石油天然气供应能力。

四、胡锦涛：不断攀登石油勘探开发的高峰

进入 21 世纪，能源发展面临新的挑战。胡锦涛同志强调，能源、资源问题是关系中国经济社会发展全局的一个重大战略问题，要积极开展国际能源资源合作，充分利用国际国内两个市场、两种资源。胡锦涛同志先后两次到大庆油田调查研究。1984 年 8 月 16 日，胡锦涛同志第一次到大庆油田调研，指出：大庆精神不仅仅是我们六十年代建设大庆的时候所需要的，也是我们今天建设现代化所需要的。1996 年 3 月 21 日，他在中南海接见大庆油田负责同志时指出：大庆的历史功绩不仅在于为国家生产了大量的石油资源，而且，还在于为国家造就了一支英雄的工人阶级队伍，培养输送了一批领导骨干和科技骨干；不仅在于创造了巨大的物质财富，而且在别人卡我们脖子、国家十分困难的时候，用石油支撑了共和国的经济大厦。还有很重要的一条，就是在大庆油田的开发建设中培育了大庆精神铁人精神这一宝贵的精神财富。

大庆油田发现 50 周年之际，胡锦涛同志专程前往大庆油田调研。他首先来到铁人王进喜工作过的 1205 钻井队作业现场，登上钻塔操作台，仔细察看正在运转的钻机，还走进值班宿舍，了解职工野外作业时的生活情况。他对大家说：与 50 年前相比，现在的条件已经有很大不同，但大庆精神永远是激励我们不畏艰难、勇往直前的宝贵精神财富。希望大家高扬钢铁 1205 钻井队的旗帜，发扬优良传统，继续艰苦创业，为我国石油工业发展作出新的更大贡献。

胡锦涛同志还十分重视石油科技，他来到大庆油田勘探开发研究院采收率实验楼调研。当他看到大庆依靠自主创新不断提高原油采收率，支撑了油田长期高产稳产，正在研发微生物采油技术，挑战世界同类油田采收率极限时，高兴地说：你们提出的超越权威、超越前人、超越自我的口号

很有气魄,要继续弘扬这种精神,瞄准更高目标,攻克更多难关,使大庆油田不断焕发新的生机,为确保我国能源安全发挥更大作用。

胡锦涛同志鼓励石油工业走出去,分享全球资源。在他的大力支持下,1997年中国和苏丹开始了石油领域的合作。经过10的努力,在离苏丹首都喀土穆100多公里的茫茫戈壁上,建起了一座现代化的石油加工企业——喀土穆炼油厂,使苏丹从一个石油进口国变为一个石油出口国。喀土穆炼油厂带动和促进了苏丹经济的快速发展,为当地创造了大量就业机会,为苏丹培养了6000多名掌握现代炼油技术的管理和技术人员;促进苏丹当地经济社会发展。2007年2月2日,在苏丹总统巴希尔的陪同下,胡锦涛同志来到喀土穆炼油厂调研。他指出,中苏石油合作既有利于中国企业的发展,也促进苏丹建成了比较完备的石油工业体系,为苏丹合理利用资源、创造就业、增加税收、把本国的资源优势转化为经济发展优势作出了贡献。事实证明,中苏石油合作堪称"南南合作"的典范。中国政府一贯鼓励和支持有实力、讲信誉的中国企业,到包括苏丹在内的非洲国家开展多种形式的经贸合作,并要求他们多做有利于增强非洲国家自主发展能力,帮助非洲人民改善生活的好事。

五、习近平:能源的饭碗必须端在自己手里

进入新时代,石油工业面临新的机遇与挑战。党的十八大以来,习近平总书记站在统筹中华民族伟大复兴战略全局和世界百年未有之大变局的高度,统筹国内国际两个大局、发展和安全两件大事,在深入调查研究的基础上,提出了"四个革命、一个合作"能源安全新战略,作出大力提升国内油气勘探开发力度等一系列重要指示批示,为我国石油石化工业高质量发展提供了根本遵循。

习近平总书记高度关注油气行业发展和能源供应安全，多次作出重要指示批示，提出殷切期望。从"大力提升国内油气勘探开发力度"到"加快天然气产供储销体系建设"，从"能源安全关系我国经济社会发展全局，是最重要的安全之一"到"能源保障和安全事关国计民生，是须臾不可忽视的'国之大者'"，从"能源的饭碗必须端在自己手里"到"用我们自己制造的装备，开发我们的油气"，习近平总书记一系列关于能源发展的论述，为从单一油气开采的石油工业走向综合性国际能源公司指明了方向。

大庆油田发现60周年之际，习近平总书记发来贺信，代表党中央向大庆油田广大干部职工、离退休老同志及家属表示热烈的祝贺，并致以诚挚的慰问。他在贺信中指出：60年前，党中央作出石油勘探战略东移的重大决策，广大石油、地质工作者历尽艰辛发现大庆油田，翻开了中国石油开发史上具有历史转折意义的一页。60年来，几代大庆人艰苦创业、接力奋斗，在亘古荒原上建成我国最大的石油生产基地。大庆油田的卓越贡献已经镌刻在伟大祖国的历史丰碑上，大庆精神铁人精神已经成为中华民族伟大精神的重要组成部分。习近平总书记强调，站在新的历史起点上，希望大庆油田全体干部职工不忘初心、牢记使命，大力弘扬大庆精神铁人精神，不断改革创新，推动高质量发展，肩负起当好标杆旗帜、建设百年油田的重大责任，为实现"两个一百年"奋斗目标、实现中华民族伟大复兴的中国梦作出新的更大的贡献。

2021年10月21日，习近平总书记到胜利油田调研并作出重要指示，充分肯定石油石化行业的历史性贡献，特别强调"要加大勘探开发力度，夯实国内产量基础，提高自我保障能力""要集中资源攻克关键核心技术，加快清洁高效开发利用，提升能源供给质量、利用效率和减碳水平""石油能源建设对我们国家意义重大，中国作为制造业大国，要发展实体经济，能源的饭碗必须端在自己手里""石油战线始终是共和国改革发展的一面旗帜，要继续举好这面旗帜，在确保国家能源安全、保障经济社会发展上再立新功、再创佳绩"，为石油石化行业在新发展阶段推进高质量发展指明了前进方向、注入了强大动力。

第二节　石油行业调查研究成果

一、调查研究催生石油精神

调查研究是中国共产党的工作方法与传家宝,一直都是石油石化行业的工作根基。回首石油精神的孕育、发展和升华,都与石油调查研究史密不可分,可谓调查研究一定程度上催生了石油精神。

从概念上看,石油精神是指中国石油工业创建和发展过程中涌现的一种特定的企业文化,它是百万石油人奋斗和智慧的结晶。在我国石油石化行业发展历程中,以"苦干实干""三老四严"为核心的石油精神,是石油人为石油事业执着打拼而孕育出的精神和财富,是历代中央领导集体亲自培育、精心哺育出来的精神法宝,饱含着中央对百万石油人的亲切关怀和殷切期望。石油精神还是一种历久弥坚、执着笃行的信念信仰;是一种实实在在、恪尽职守的态度作风;是一种超越小我、奉献报国的价值选择和情怀坚守。石油精神的永恒生命力来自坚定的理想信念和不断的实践。

石油精神是中国共产党精神和中华民族精神的重要组成部分。回顾中国石油工业百年发展历史长河,石油精神涵盖从抗日战争时期的"埋头苦干""一滴油一滴血"的牺牲精神,到建国初期的玉门精神、克拉玛依精神、柴达木精神等;从石油师的红色基因,到"爱国、创业、求实、奉献"的大庆精神铁人精神;从毛泽东主席号召"工业学大庆",到习近平总书记批示"弘扬石油精神",汇聚形成了"石油精神"谱系,成为中国共产党精神和中华民族精神的重要组成部分。石油精神是历代石油人长期生产实践形成的行业精神，其意义远远超出了石油行业。从党和国家全局的高度，从中国共产党精神谱系、中华民族精神传承的高度，更能深刻把握石油精神应有的历史定位，认清石油精神蕴含的重大价值。

石油精神是我国工业战线的行业精神典范，是一脉相承的旗帜，并不断升华。在我国各行各业涌现出的诸多精神中，石油精神始终是最闪耀的明星。以毛泽东同志发出"工业学大庆"号召为标志，大庆成为我国工业战线的一面旗帜，大庆精神铁人精神成为当之无愧的行业精神典范。2016年3月22日，习近平总书记对大庆油田给予"标杆和旗帜"的定位；2016年6月13日，习近平总书记又作出"弘扬石油精神"的重要批示。

石油精神是中华民族精神中的一座丰碑。以"苦干实干""三老四严"为核心内容的石油精神，与中华民族精神一脉相承，非常生动、充分地体现了中华民族精神中最根本的精神基因。同时，石油精神所蕴含的对党和国家的无限忠诚，以及崇高的思想觉悟、严谨的工作态度、无私奉献的精神等，充分体现了石油人对中华民族精神的传承。

翻开我党领导的百年石油史，就会发现一条清晰的调查研究脉搏，与石油发展史共存共依。调查研究在石油行业发展史中具有不可或缺的重要地位，凡是石油史上取得的所有成就，全是深入细致调查研究的结果；同样，凡是石油史上深刻的教训，全是调查研究不充分的后果。

1935年，中央红军长征到达陕北后，党中央和边区政府非常关心拥有我国陆上第一口油井的延长石油厂的发展。毛泽东、朱德、贺龙、毛泽民、王震、王维舟等中央领导先后到延长石油厂进行调查研究、指导工作，并在石油场建立了第一个党支部，派来了一大批管理干部和工程技术人员。通过调研，毛泽东等领导得出结论，延长石油厂在我党的领导下应该发挥其更大价值，为党和人民服务。延长石油厂除了生产汽油、煤油、蜡烛供应中央机关，生产出的油墨印刷《新华日报》，为部队提供擦枪油等标配用品外,还研制了凡士林医治军民冻疮。1938年,正值抗战时期和玉门油矿开发初期,需要钻机,接到国民政府的请求后,毛泽东等人通过调研得知没有任何石油钻探设备的玉门油矿有望成为国内首个油田,就以振兴民族工业和维护国共合作大局为重,倾其所有,在所有装备中拼凑成两部完整的顿钻钻机支援玉门,同时派去18名技术熟练的钻井工人。延长石油厂在玉门老君庙钻成1号发现井,揭开了玉门油田开发建设的序幕。

在中国石油界,人们习惯上把玉门称为中国石油工业的摇篮,而延长石油厂,则是中国石油工业的鼻祖。1944年,因为延长石油厂的巨大贡献和我党首任延长石油厂厂长陈振夏的卓著成绩,毛泽东同志亲笔题词"埋头苦干"予以鼓励,这是毛泽东同志对石油行业的第一次题词,也是对石油职工的最高褒奖,从此"埋头苦干"就成为百年油田的企业精神,代表着延长石油人的价值观念和精神追求。抗日战争和解放战争期间,延长油矿在边区政府的支持下扩大了生产。从1936年至1949年的14年间,共钻井25口,生产原油319吨,平均年产比前26年增长1.24倍,有力地支援了前线,被誉为功臣油矿。

1959年,大庆油田横空出世。在波澜壮阔的会战中,老一辈石油人在调查研究的基础上,学习运用马列主义、毛泽东思想,继承发扬中国共产党、中国工人阶级和人民解放军优良传统,铸就了中华民族精神的重要组成部分——大庆精神铁人精神,把中国贫油的帽子甩到太平洋。1964年,毛泽东同志发出"工业学大庆"号召,亲手举起大庆这面红旗。

改革开放以来,石油精神的火炬燃遍中国和世界,石油人挥师塔里木、重上吐鲁番、再战陕甘宁,进军大海、走出国门,创造了建设海外大庆、西部大庆等奇迹,开发了一个又一个油田,建设了一座又一座炼厂,也树起一座又一座精神的"丰碑"。

溯源中国石油工业发展历程，正是在以"苦干实干""三老四严"为核心的石油精神的鼓舞下，一代代石油人战胜物质的匮乏、环境的险恶、技术的鸿沟，迸发出强大的创造力，书写出世界石油工业史上的中国奇迹。从一穷二白到如今三大国有石油公司均跻身世界石油公司50强；从昔日外国地质权威眼中的贫油国到世界第五大产油国……短短几十年，新中国石油工业挺起精神的脊梁，真正站了起来。

伟大的时代孕育伟大的精神，伟大的精神推动伟大的事业。产生于艰苦创业年代的石油精神，在不同的时代背景下传承、升华，始终焕发着旺盛的生命力，一直是推动石油事业发展的强大力量。

2016年6月，在党的95岁生日的前夕，习近平总书记作出重要批示：石油精神是攻坚克难、夺取胜利的宝贵财富，什么时候都不能丢。要结合"两学一做"学习教育，大力弘扬以"苦干实干"和"三老四严"为核心的石油精神，深挖其蕴含的时代内涵，凝聚新时期干事创业的精神力量。

"苦干实干"与"三老四严"是石油精神的精髓，中国石油工业发展历程中一个又一个辉煌都是在"苦干实干""三老四严"的基石上拼搏而来的。党和人民对石油人的这一特质给予了充分肯定，"苦干实干""三老四严"也成为石油人攻坚克难、无私奉献的精神禀赋。未来，在科技日新月异的年代，我们仍然需要"苦干实干"，朝着建设世界一流综合性国际能源公司的发展目标大踏步迈进。

二、大庆精神是调查研究的结晶

石油精神和大庆精神铁人精神都是党领导下的石油工业的精神财富，从内涵上讲，石油精神是指石油工人在极端困难的环境下坚持不懈、勇往直前、顽强拼搏的精神品质；大庆精神指大庆油田克服巨大困难，坚持办好油田、建设好祖国的奋斗精神；铁人精神是指大庆石油人顽强意志、坚忍不拔、不怕困难、不怕牺牲、百折不挠的精神风貌。从历史背景上看，石油精神和大庆精神是在石油工业发展时期所形成的精神风貌，铁人精神则是石油工人英勇豪情和崇高气节的象征。

（一）"三老四严"

大庆精神产生于20世纪60年代初举世闻名的大庆石油会战，是中华民族精神的重要组成部分，伴随大庆油田的开发建设而不断丰富完善。无论过去、现在，还是将来，大庆精神都是激励人们奋进的动力。大庆精神具有如下内涵：为国争光、为民族争气的爱国主义精神；独立自主、自力更生的艰苦创业精神；讲求科学、"三老（当老实人、说老实话、办老实事）四严（严格的要求、严密的组织、严肃的态度、严明的纪律）"的求实精神；胸怀全局、为国分忧的奉献精神。概括地说就是爱国、创业、求实、奉献。

"三老四严"的提法，最早出现于1962年，到1963年就形成了完整的表述。这一好作风，来自实践，是在党领导下的石油工业部和大庆油田领导班子通过反复调查研究，总结经验，反复倡导和精心培养下，通过实际工作的磨炼，逐渐在职工队伍中形成的。

"三老四严"是大庆会战作风建设的核心。大庆油田开发初期，在各项工作尤其油田勘探开发中，受浮夸风影响，由于缺乏深入细致的调查研究，草率决策，工作做得不细、缺乏科学态度，造成了工作中的失误。会战领导通过深入细致的调查研究，认为应该提倡"说老实话""办老实事"。余秋里说："讲得有道理，但不完全，还应该加一个'当老实人'，而且放在第一位。只有当老实人，才能说老实话、办老实事。"

1962年年初，在石油工业部局厂领导干部会议上，大庆会战工委正式提出"三老四严"；1963年"三老四严"被写进《石油工业部工作条例》。

主要内容和具体要求是:

"三老":一是当老实人。鼓足干劲,艰苦奋斗,不图安逸,不怕困难;埋头苦干,少说多做,一切从实际出发,尊重科学;有全局观点,向上级要东西不能越多越好,交东西不能越少越好,不闹分散主义;有团结协作精神,不能只图自己方便,不顾别人困难;对同志讲原则,以诚相见,有意见当面提,不当面一套、背后一套,不耍手段。二是说老实话。向上反映情况,向下作报告,必须有什么说什么,有多少说多少,不夸大成绩,不缩小缺点,不隐藏错误,更不能封锁消息、报喜不报忧、夸夸其谈、哗众取宠;凡做计划、要投资、要材料、要人员、做统计报表以及对上报告,都必须实事求是,是多少要多少,坚决反对弄虚作假,宽打窄用,打埋伏,藏一手。三是做老实事。必须提倡调查研究,实事求是,做"笨事",做"傻事";工作要越做越细,不怕麻烦,认真负责,讲求实效;要一件事一件事,一个问题一个问题,一点一滴去干,搞个水落石出;不做表面花花哨哨、内容空空洞洞的事,反对粗枝大叶、马马虎虎、道听途说、指手划脚的坏作风。

"四严":一是严格的要求。一切行动都要严格按党的政策和上级指示办事,各个方面的工作都要有严格的标准,要做就要做彻底,绝不允许凑合、应付。产品质量不合国家规格,坚决不出厂;工程质量没有达到设计要求,坚决返工重来;设备检修质量不合格,坚决不许开动。二是严密的组织。在生产、建设的各个环节、每个岗位上,必须做到人人职责分明,事事都有人管;各个环节、各个岗位都要紧密协同配合,使上下左右都工作、生活在严密的组织之中。坚决反对责任不明、无人负责和互不协作的混乱现象,绝不允许自由散漫,各行其是,自搞一套。三是严肃的态度。对党和国家的方针政策、上级指示,要做到严肃认真,雷厉风行,说干就干,干就干好,要抓紧,抓狠,一抓到底,反对那种囫囵吞枣、拖拖拉拉、疲疲沓沓的坏习气；对人对事必须坚持原则，划清正确与错误的界限，分清责任，自己有错误，必须诚恳进行自我批评，坚决改正；一切正确的东西，都要支持，一切错误的东西，都要及时批评纠正，发扬正气，批判歪风邪气，不能是非不分，马虎迁就。四是严格的纪律。在生产、建设各项工作中，必须实现集中统一领导，严格遵守各种规章制度、工艺纪律和劳动组织。凡是遵守制度、积极工作的，就要表扬鼓励；违反制度的，就应按照不同情况及时严肃处理，不能迁就姑息；在执行纪律时，应坚持原则，以说服教育为主，防止惩办主义。

邓小平同志视察大庆油田中四队时，对"三老四严"给予高度评价，后来他在讲话中说："要极大地提高科学文化水平，没有'三老四严'的作风，没有从难从严的要求，没有严格训练，也不能达到目的。"

大庆"三老四严"的革命作风，是从日常的、大量的、细小的事情上抓起，坚决和那种"马虎、凑合、不在乎"的坏作风作斗争，一点一滴培养起来的。调查研究中，大庆油田领导发现，石油工业地下作业多、隐蔽工程多、间接获取资料多；同时，大会战有几万人，150多个工种，分散在上千平方千米的草原上，班组作战，单兵顶岗，昼夜施工，四季不断，又要协同配合，必须有高度的集中统一和对各方面的严格要求。当时会战队伍来自四面八方，虽然有革命干劲，但也带来了一些旧习惯和坏毛病，不适应大规模的石油会战。在调查研究的基础上，大庆油田领导在会战初始，就提出调查研究为先，培养革命作风，强调严格要求，首先从领导严起。在平时的工作中，事事讲作风，时时讲作风，处处讲作风，人人讲作风。凡是好作风，就大力表扬和提倡，对常见的、大量的、具体的低标准、老毛病，如"一粗、二松、三不狠"、"马虎、凑合、不在乎"，则反复进行批评教育，加以纠正。经过会战时期的培养和实际工作中的磨炼，"三老四严"在几万人的职工队伍中形成了风气。这一作风是大庆人高度主人翁责任感和科学求实精神的具体表现，它增强了队伍的组织性和纪律性，生产中的主动性和科学性，执行制度的自觉性和严肃性，起到了单靠领导工作和生产管理制度不能完全起到的作用。

（二）"两论"起家

"两论"起家是会战大军拿下大油田的取胜之道。从军心不齐、调度混乱，到行伍严整、勠力作战，全体将士们用它来武装思想，拼命也要拿下大油田。石油工业部机关党委（大庆会战初期党的临时办事机构）在石油会战一开始，就旗帜鲜明地将"两论"作为指导油田开发建设的思想武器、理论指南，开展广泛深入的调查研究，了解油田在创业时所面临的困难，以及如何克服困难。

通过广泛深入的调查研究，油田领导发现，油田开发初期不仅生产乱，思想也乱。大庆石油会战是在极其困难的条件下开始的，几万人的队伍一下子涌到只有几处牧场、几百户人家的萨尔图草原。从安达站到萨尔图站，沿途50多公里的铁道线上，两边堆满各种设备、器材、行李、货物，有的火车皮几天卸不下货，卸下的设备材料几天运不到施工现场。1960年4月的萨尔图，天寒地冻，会战职工们一无房屋，二无床铺，有的寄住在牧场的牛棚马圈里，有的挤在自己修的地窝子、马架子里。吃饭也很困难，少粮缺菜，连锅灶、炊具都非常少，有的职工用铝盔盛饭，脸盆熬汤。生产上设备不配套，汽车、吊车严重不足，钻机设备在铁道两边一躺就是好几天运不走。没有工业水源，靠农村的土井连生活用水都保证不了，生产用水只能到水泡子里破冰取水。公路不通，电话不灵，组织指挥生产常常要靠步行。

面对巨大的困难，余秋里部长想起会战前周恩来总理关于运用毛泽东思想解决实际问题的指示。工作之余，他把自己关在屋子里学习毛主席

《实践论》《矛盾论》等著作,同时要求会战领导小组的同志也学习。通过两天的讨论研究,会战领导小组一致认为,将油田以最快的速度开发好,就要在实践中摸索规律,找到规律按规律办事,就要抓住主要矛盾,解决主要问题。同时强调,学习"两论",不能停留在一般性的号召上,要以党的组织作出正式决定,对党员、团员和干部群众提出明确要求。余秋里同康世恩等同志经过讨论,一致认为,面对矛盾和困难,要抓住主要矛盾和矛盾的主要方面。

此后,余秋里、康世恩在石油工业部党组会上强调,要认真学习"两论",用以解决会战中遇到的困难。经过部党组共同讨论,由宋惠执笔,于1960年4月10日拟定了《关于学习毛泽东同志的〈实践论〉〈矛盾论〉的决定》(以下简称《决定》)。《决定》中指出:"在会战中,把别人的经验都学到手,但又不迷信别人的经验,不迷信书本,我们要勇于实践,发扬敢想、敢说、敢干的风格,创出自己的经验。同时,我们在实践中要不迷失方向,就要掌握马列主义的理论武器,把实践经验上升到理论,包括正确认识油田规律,使我们的实践具有更大的自觉性。"部机关党委决定立即组织全体共产党员、共青团员和干部学习毛泽东同志的《实践论》和《矛盾论》,并号召非党职工都来学习这两个文件,用这两个文件的立场、观点、方法来组织我们大会战的全部工作。掌握武器,勇于实践,认识油田规律,这是我们学习的目的。根据这一决定精神,会战职工认真学习"两论",努力掌握马克思主义哲学这一认识世界、改造世界的强大思想武器,努力清除唯心论和形而上学的思想影响,逐步地认识到大庆油田的具体实际和油田开发建设的规律,比较好地解决了会战工作中的一系列问题。

1960年4月13日,《大庆战报》创刊号上全文刊载了石油工业部部长余秋里逐句修改过的《关于学习毛泽东同志所著〈实践论〉和〈矛盾论〉

的决定》，这个决定是大庆石油会战中的第一个决定。会战工委关于学习"两论"的决定刊登之后，全战区掀起了学习"两论"的热潮。

学习"两论"活动开始后不到两天，当地新华书店的"两论"全部卖完，会战工委就派人到安达县书店去买，安达县书店售完，就到哈尔滨去买，这些地区书店的"两论"也都卖完，会战工委派人到北京去买，一下子就买了上万册"两论"单行本，保证了四万多会战职工人手一册。

一时间，全战区迅速掀起了学习"两论"的热潮。干部读，技术人员读，工人也读。有文化的读，没文化的就听别人读。职工们都把"两论"带在身上，放在枕边，有时间就读一段。技术人员下现场、到工地，都随身带着小书包，里边总是装有"两论"。各级干部更是带头学习，开会时学，总结工作时学，遇到问题和矛盾时结合实际深入学习，并逐渐成立了各级领导班子的中心学习小组，建立了学习日制度。除了个人自学、领导班子集体学习之外，各级领导成员还经常深入基层调查研究，讲解辅导，畅谈学习心得，了解基层的学习情况，总结、推广职工的学习经验。每到夜幕降临，人们便围着篝火学"两论"，"青天一顶星星亮，草原一片篝火红；人人手里捧毛选，'两论'学习方向明。"描绘了整个会战现场学习"两论"的场景。

人们不仅认真地学，还热切地议、实际地用。遇到困难和问题，懂得运用辩证唯物主义的观点和方法去调查分析、去判断解决。穷苦出身的王进喜没有多少文化，但他在学习"两论"中曾经说过这样的话："这困难，那困难，国家缺油是最大的困难；这矛盾，那矛盾，国家建设等油用是最主要矛盾。"从他的身上可以看出，"两论"已经深入会战职工的内心，增强了他们战胜困难打好会战的决心和信心。

"两论"的学习，让参加会战的将士们获得了一个目标、一个梦想、一份力量，也让他们看到了实现理想的指路明灯。

"两论"是会战指挥者们决策的重要依据和武器,会战领导小组引导职工正确对待、认真解决众多具体困难,使主要矛盾的解决落到实处,确保了会战的顺利进行,拿下大油田。

1964年12月,周恩来总理在第三届全国人民代表大会第一次会议上所作的《政府工作报告》中指出:大庆油田的建设"是学习运用毛泽东思想的典范。用他们自己的话说,是'两论'起家,就是通过大学《实践论》和《矛盾论》,用辩证唯物主义的观点,去分析、研究、解决建设工作中的一系列问题"。

"两论"起家,是辩证唯物主义哲学指导石油大会战实践的产物,不是空洞的、机械的、僵化的口号,而是内涵丰富、充满辩证法的科学理念。它包括:调查研究是一切工作的第一步,没有调查就没有发言权。认识只有回到实践中去,才能得到检验,才能纠正其错误或片面性。

正确处理主要矛盾和非主要矛盾的关系,诚心诚意、卓有成效地依靠并调动群众的智慧和力量,主观和客观,理论和实践的统一,不是一次完成的,要在新的历史条件下,达到新的主观和客观的统一,就必须坚持靠"两分法"。

1966年1月2日,《人民日报》刊载的《大庆——一个活学活用毛泽东思想的范例》一文中有这样一段论述:"他们用毛泽东思想,用辩证唯物主义观点去分析、研究、解决油田建设中的一系列问题。油田的同志说得好,我们是靠'两论'起家的。"

"文化大革命"给大庆各项工作造成了严重的干扰破坏。大庆石油会战中形成的基本经验,从"两论"起家、"两分法"前进到"三老四严"作风、领导干部"约法三章"以及岗位责任制等,统统被当作"修正主义"的黑经验、假经验"批倒批臭",当作"套在工人脖子上的枷锁"被"砸烂"。科技人员被打倒、夺权,油田科研被取消,生产指挥系统被破坏，导致工程质量下降，恶性事故不断发生。由于注水不足，油田地下形势恶化，出现了"两降一升"（油层压力下降，油井产量下降，原油含水上升）的被动局面。

面对大庆油田存在的问题，王进喜通过调查研究，掌握了油田的基本情况，于 1970 年 3 月 11 日到北京向国务院和石油工业部汇报。石油工业部根据汇报内容整理了一份《当前大庆油田主要情况的报告》，上报周恩来总理。周恩来总理于 3 月 18 日在报告上作了大庆"要恢复'两论'起家基本功"的重要批示，指出"两论"是大庆人坚决勇敢、排除干扰、大幅度提高原油产量的精神支柱，并接见了铁人王进喜。周恩来总理的批示极大地鼓舞了大庆广大职工。原大庆会战领导陆续恢复工作，他们排除干扰，组织油田职工深入开展学"两论"、忆传统活动，努力恢复大庆优良传统和革命作风。

在"两论"的指导下，大庆油田数万干部、科技人员和工人对油田地下进行了空前规模的大调查，重新核实、补取了大量的资料、数据，摸清了地下情况；组织了抢建 843 口油水井的会战，进行萨尔图、杏树岗老区的开发调整，大打以注水为基础的综合调整、挖潜、"攻坚啃硬"进攻仗，到 1972 年下半年才基本扭转了油田地下被动局面。1973 年，大庆职工再接再厉，组织了开发喇嘛甸新油田的会战。4 月上钻机，6 月上基建，几万职工支起帐篷大干，98 天产出原油。1974 年年底，大庆职工用 20 个月时间建成了 800 万吨的生产能力。1975 年全面投入开发，全油田当年生产能力达到 4443 万吨，为高产上 5000 万吨创造了条件。

学"两论"为大庆会战确定了正确的认识论和方法论。坚持"两论"起家，就是通过学习《实践论》和《矛盾论》，用辩证唯物主义的立场、观点、方法，去调查分析、研究解决油田开发建设中的一系列问题。用"两论"指导会战实践，使马克思主义走出了经典著作，走向了生产建设实践，实现了马克思主义哲学的大庆化、大众化、实践化。

"两论"是会战指挥者为会战大军找到的一个思想武器，依靠"两论"起家的大庆油田由此探索出了一条自主开发的道路。石油大会战的辉煌胜利和大庆油田的发展历程都雄辩地证明，这一决定不但正确，而且意义和影响极其重大和深远。

1981年，中共中央发出47号文件——《关于工业学大庆问题的报告》，充分确定了"爱国、创业、求实、献身"的大庆精神及六条基本经验，肯定了大庆精神是工人阶级优秀品质的表现，在推进社会主义现代化建设的进程中要大力提倡和发扬。

史料链接：

关于工业学大庆问题的报告

中央书记处：

去年九月，耀邦同志对黑龙江省委李力安同志的一封信作了批示。信中提出对工业学大庆问题，要有一个明确的说法，以便统一大家的认识。我们认为，这样做很有必要。根据党的十一届三中全会的思想路线，实事求是地评价大庆经验，认真总结学大庆中的经验教训，正确对待工业学大庆运动，这对于调动工业交通战线广大企业和职工的积极性，坚持和发展我国自己的管理企业的好经验、好传统，继续正确地开展学先进的活动，有着积极的现实意义。现将我们经过调查研究后的一些想法和意见报告如下：

（一）对大庆基本经验应该肯定

大庆油田一直是工业战线的一个先进典型。六十年代前期，大庆油田为独立自主、自力更生发展我国石油工业做出了卓越贡献。在"十年动乱"中，大庆油田针对林彪、江青反革命集团的疯狂破坏，提出"大干社会主义"的豪迈口号，团结广大职工，鼓足干劲，坚持生产，原油产量稳步上升，一九七六年达到年产五千万吨水平。在当时极其困难的情况下，大庆油田对国家经济建设仍能有所进展起了重要的作用。一九七六年以来，大庆油田老油区产量连年递减、注水量大量增加，他们发动群众，积极采取措施，做了大量工作，继续保持稳产高产。到一九八〇年底，累计为国家生产原油五亿二千七百万吨，累计财政上缴等于国家投资的十七倍，现在每年给国家上缴利润和税金四十亿元左右，为社会主义建设积累了大量资金，做出了重大贡献。

大庆油田在生产建设实践中，创造了许多好的经验，其中最可贵的，是他们从油田的实际出发，认真学习和运用毛泽东思想，在实际斗争中培育出来的大庆精神。大庆职工面对苏联霸权主义的封锁，那种发愤图强、自力更生、以实际行动为中国人民争气的爱国主义精神和民族自豪感；在严重困难面前，那种无所畏惧、勇挑重担、靠自己双手艰苦创业的革命精神；在生产建设中，那种一丝不苟、认真负责、讲究科学、"三老四严"、踏踏实实做好本职工作的求实精神；在处理国家和个人关系上，那种胸怀全局、忘我劳动、为国家分担困难、不计较个人得失的献身精神，等等。这些都是中国工人阶级优秀品质的表现，是需要大大提倡和发扬的。过去我们靠这种精神，甩掉了石油工业的落后帽子；今后还要靠这种精神，推进社会主义现代化建设。

大庆油田还在其他许多方面，为我国工业生产建设提供了丰富的经验。他们坚持思想领先的原则，深入细致地做思想政治工作，不断加强领导班子和职工队伍建设的经验；他们坚持学习铁人王进喜，年年进行总结评比，选模范，树标兵，以一批先进个人和先进集体带动整个队伍革命化的经验；他们坚持科学态度，掌握第一性资料，加强基层建设、基础工作、基本功训练，建立以岗位责任制为中心的各项管理制度的经验；他们依靠职工管理企业，重视发挥工程技术人员的作用，发扬政治民主、技术民主、经济民主，坚持"两参一改三结合"的经验；他们提倡领导机关和后勤部门面向基层，为生产第一线服务的经验；他们在发展生产的基础上逐步改善职工生活，组织职工家属因地制宜地发展农副业生产和创办集体福利事业的经验，都是十分可贵的。这是大庆油田广大干部、工人和职工家属在毛泽东思想指引下艰苦奋斗、辛勤劳动的结晶，应该加以肯定。还应该指出，在大庆企业的经营管理上，中央和地方的上级领导机关一向注意给他们以相当的自主权，调动了大庆不断改善经营管理的积极性，使他们能够在生产、基建、资金等方面，根据实际情况，统筹兼顾，合理安排，多快好省地促进生产的发展。大庆这方面的实践经验，也应该加以肯定。所有这些经验，不仅在过去起了好的作用，而且对于我们当前加强政治思想领导，振奋革命精神，搞好现有企业的整顿，提高企业管理水平，推进社会主义现代化建设，仍然具有重要意义。

当然，大庆经验是在大庆油田这个具体环境中产生的，是在一定的历史条件下形成的。在"十年动乱"中，大庆也受到"左"的错误的影响。大庆油田应本着六中全会决议的精神，认真总结经验教训。既要敢于坚持经过实践证明是正确的经验，又要不断修正不再适用的东西，坚决纠正那些不大科学甚至违背客观规律的错误的东西，更要在新的形势下，从实践中探索、总结出符合现代化建设要求的新的经验，做到有所创造，有所发展，有所前进。这就要求大庆油田的同志更加自觉地坚持"两分法"前进的原则，虚心学习其他先进单位和国外的先进经验，发扬成绩，克服缺点，谦虚谨慎、戒骄戒躁，为四化建设做出更大贡献。

（二）工业学大庆运动主流是好的，对其历史作用应该加以肯定

十几年来，工业学大庆运动经历了一个曲折发展的过程。

一九六四年，毛泽东同志号召"工业学大庆"；周恩来同志总结了大庆油田"两论"起家的基本经验，总结了大庆建设"工农结合、城乡结合、有利生产、方便生活"的新型工矿区的经验，这对当时振奋全国人民自力更生、奋发图强的精神，推进社会主义建设事业，起了很大作用。"十年动乱"中，林彪、江青反革命集团极力歪曲和否定大庆的基本经验，攻击、污蔑大庆的革命精神，使学大庆运动受到很大的干扰和破坏。一大批先进企业被说成是"黑样板""黑典型"，学先进不能讲了，企业里问题成堆，不少单位生产上处于瘫痪状态。粉碎"四人帮"以后，为了迅速恢复濒于崩溃的国民经济，切实解决企业中存在的问题，迅速恢复和发展生产，工业交通战线广泛地开展了工业学大庆运动，学习和推广大庆经验，创建和命名了一批大庆式企业。所有这些是起了积极作用的，效果是好的。

在工业学大庆、普及大庆式企业的运动中，我们着重抓了二十七个关系国民经济全局的大型骨干企业和三百二十个地方重点企业。各行各业都树立了一批生产秩序、工作秩序，狠抓了以提高产品质量为中心的各项基础工作，在部分企业中推行了全面质量管理、全面经济核算和全员培训，使很多企业管理工作逐步走上了正轨。到一九七九年底，全国大中型企业恢复性的整顿工作取得很大成绩，县属以上企业建成大庆式企业的有一万多个。这些单位，大多数至今还保持先进水平，在发展生产、改善经营管理、提高经济效益方面，做出了显著成绩。对于他们做出的贡献和获得的荣誉称号应该给以充分的肯定，以进一步调动广大职工的积极性，促使这些企业巩固提高，继续前进。当前，全国工业交通战线正在开展一个全面整顿企业、为国家多做贡献的活动，各地方和各单位在这一活动中都要结合学习大庆和其他先进典型的经验，做出更大的努力，使工业生产和交通运输工作能取得更好的经济效益。

在工业学大庆、普及大庆式企业的运动中，在指导思想和具体组织工作上，确也存在一些缺点和问题。主要表现在：（1）对大庆的经验缺乏一分为二，说了一些过头的话。任何先进典型都不可能十全十美，他们的经验是在一定的具体条件下产生的，有的具有普遍意义，有的就不可能适用于一切地区、部门和企业。因此，对大庆的经验，绝不能照抄照搬，更不能把学不学大庆说成是革命不革命的问题。而在过去一段时间内，往往把大庆的一些经验模式化、绝对化，用一个模式去指导各行各业的工作，提出了一些不切实际的要求。（2）在普及大庆式企业中，存在着某些要求过急、降低标准的情况和一些形式主义的毛病。比如组织大检查、大评比、大参观，规模越来越大，时间越拉越长，甚至出现了"千人百日检查团"，铺张浪费，效果不好。（3）学习大庆经验，有些单位不从实际出发，生搬硬套，有的甚至提出"大庆怎么干，我们就怎么干""大庆怎么迈步，我们就怎么走路"的口号。出现这些情况，问题不在大庆，主要责任在我们国家经委党组。这方面的经验教训应当认真吸取。

（三）对今后学习和宣传先进典型的一些意见

为了搞好经济调整和体制改革，逐步实现经济结构、管理体制和企业组织的合理化，走出一条发展我国经济的新路子，开展学先进的活动仍然是一个十分重要的方法。榜样的力量是无穷的，先进单位、先进人物代表着事物发展的方向。在建设社会主义物质文明和精神文明的过程中,要进一步发挥先进典型的作用。要通过学习先进,推广国内的好经验,同时吸收国外的好经验,以期逐步形成一套具有我国特点的社会主义企业的管理制度和方法。为了继续发展已经形成的好形势,大庆的基本经验仍然应该继续宣传和推广,大庆自力更生、艰苦创业的革命精神仍然应该继续提倡和发扬,以铁人王进喜同志为代表的大庆职工的好思想、好作风仍然应该学习和表彰。

总结前几年工业学大庆运动的经验和教训,对今后工交战线继续开展学先进活动提出以下建议:

(1) 要把选模范、树标兵、定期进行总结评比、表彰先进单位和先进人物,作为一项经常性的活动开展起来。要以学先进、赶先进为内容,广泛开展比学赶帮超的劳动竞赛和群众性合理化建议活动,充分发挥劳动模范、先进人物在竞赛中的骨干作用,要在企业里形成争当先进光荣、多做贡献光荣的风气,扶植和发扬正气,压倒歪风邪气,彻底改变先进人物受孤立、受打击的不正常状况。

(2) 要提倡辩证法,反对形而上学。对先进典型任何时候都要一分为二,讲成绩不能夸大,有了缺点也不能护短。对树立和宣传先进典型要持慎重态度,不能搞一阵风,说好就一切皆好,出了些问题就一无是处。先进典型是不断发展的,不会一成不变。对于先进典型,要从政治上、思想上、工作上给予正确的指导,严格要求,使他们能够不断前进。对于经过实践检验、长期起作用的先进经验,应该实事求是地坚持宣传和推广。

(3) 学习先进典型一定要从自己的实际情况出发。我国工交企业单位近四十万个,情况千差万别,学习先进绝不能只搞一个模式,

"一刀切",绝不能生搬硬套,强迫命令,应该提倡学习有选择的自由。比如学习上海和其他地区先进经验时,学什么、不学什么,先学什么、后学什么,都要具体分析,根据自己的情况来决定。

(4) 学先进要注重实效,反对形式主义。做经济工作,学习先进典型,一般不宜采取搞运动的形式,也不能简单化为一句口号。不要大轰大嗡,一阵风;不能讲排场,图形式。

(5) 先进典型对待自己要一分为二,要谦虚谨慎,警惕骄傲自满、固步自封;要善于向别人学习,取长补短,不断取得新的进步。大庆也应当这样。建议石油工业部和黑龙江省委加强对大庆油田的领导,帮助他们进一步实践和总结在现代化建设中的新经验。

以上意见当否,请批示。

中共国家经委党组

一九八一年九月二十四日

三、铁人精神与调查研究

铁人不是一个人,而是一个英雄的群体造像,是中国石油工业英雄群像。从"宁肯少活20年,拼命也要拿下大油田"的王进喜到石油科学家王启民,再到走出海外的第三代铁人李新民,共同谱写了铁人精神的精髓。

(一)铁人王进喜

"铁人"是20世纪五六十年代社会上送给大庆石油工人王进喜的称号,而铁人精神是王进喜崇高思想、优秀品德的高度概括,也集中体现出我国石油工人的精神风貌。铁人精神是大庆精神的人格化。

铁人王进喜是工人阶级的先锋战士、共产党人的优秀楷模和顶天立地的民族英雄。铁人精神的基本内涵包括:"为国分忧、为民族争气"的爱国主义精神;"宁肯少活20年,拼命也要拿下大油田"的忘我拼搏精神;"有条件要上,没有条件创造条件也要上"的艰苦奋斗精神;"干工作要经得起子孙万代检查""为革命练一身硬功夫、真本事"的科学求实精神;"甘愿为党和人民当一辈子老黄牛",埋头苦干的无私奉献精神。铁人精神是王进喜崇高风范、优秀品质的生动写照,是我国石油工人光荣传统和优良作风的集中体现,蕴含着丰富的价值,是加强党的作风建设的生动教材。

铁人精神具体体现在以下几个方面:

一是矢志不渝、壮怀激烈的爱国主义情怀。铁人精神为什么总能给我们无尽的力量,其中一个重要的原因就是它用火热的爱国主义精神激励着我们。王进喜的爱国,既是轰轰烈烈的,更是扎扎实实的;既是刻骨铭心的,更是披肝沥胆的。王进喜的爱国是倾心爱国,倾其全部身心热爱自己的伟大祖国。在大庆会战初期,面对生活、生产中那么多难以想象的艰难困苦,他说:"这困难,那困难,国家缺油是最大的困难"。王进喜的爱国是敬业爱国,通过自己埋头干事业表达对祖国的大爱。他爱国讲究实际,反对空谈,他说:"不干,半点马列也没有!"王进喜的爱国,是赤诚无私的。他不但自己全身心爱国,而且要求家眷、亲人全方位爱国,明确要求"公家的钱一分不能占"。

二是积极向上、乐观负责的人生态度。这种良好的人生态度源于铁人豁达乐观的人格。大庆石油会战初期,晴天一顶星星亮,荒原一片篝火红。条件十分简陋,生活十分艰苦,而铁人却充满了乐观主义的精神,他在石油会战中创作了许多充满乐观主义精神的诗句:石油工人一声吼/地球也要抖三抖/石油工人干劲大/天大困难也不怕。艰苦而有价值的劳动,是铁人的最大的享受和快乐。

三是坚忍不拔、无难不克的意志品格。坚忍不拔、无难不克是铁人王进喜的鲜明品格。1958年年初,玉门矿务局为贯彻"发挥老油田潜力,积极勘探开发新油田,发挥基地作用"的战略部署,组织一批先进队"大战白杨河"。当时几个著名的标杆队参加了这场钻井"大战",力图在解决钻井速度低这个老问题上有个大突破。而像王进喜的贝乌五队这样的先进队则被安排在"大战"之外。在一次调度会上,王进喜提出要上白杨河大干一场。他找大队长和局长都没有同意,最后在市委书记刘长亮的支持下才闯进了白杨河。正是白杨河的"大战"磨炼出了一支支铁的队伍。

四是积极刻苦、不怕牺牲的工作精神。最能表现铁人王进喜积极刻苦工作精神的是三个经典故事:"人拉肩扛""端水打井""带伤跳泥浆池压井喷"。这三个经典故事是石油工人刻苦奋发、不怕牺牲的工作精神的缩影。

五是严细认真、一丝不苟的工作作风。铁人王进喜是一个最讲认真工作的人,是一个极端负责任的人。他说"对油田要负责一辈子""干工作要经得起子孙万代的检查"。他在工作中猛如老虎,细如绣花。他不管做什么事情总是事先调查研究,认真谋划,注意听取各方面的意见。在钻井中,他曾多次根据井下声音判断钻头使用情况,杜绝事故发生。工人们都说他是"钻机的医生""井下的压力表""泥浆的体温计"。

六是解放思想、实事求是的思想方法。铁人王进喜从小家里穷,没有读过书,但他却是一个认真学习、不断从实践中培养自己实事求是思想方法的人。铁人带领他的战友们为什么能够用落后的设备在20世纪60年代打出那样多、那样高水平的钻井,双倍地实现了"月上千,年上万,祁连山上立标杆"的宏伟目标,就是因为在工作中坚持实事求是。他用大量的点滴时间和精力,及时、充分地调查收集、比较研究众多钻井队生产实践的丰富材料,总结出经验和规律,创造性地用于自己钻井队的生产实践。特别是他到大庆参加石油会战,又认真学习了毛主席的《实践论》和《矛盾论》,进一步提升了哲学素养。他把自己实事求是的思想作了最朴实的表述:白馍馍是蒸出来的,天上掉馅饼也要用手去接。

(二)新时期铁人王启民

在长达半个世纪的大庆油田科研工作中,王启民先后主持参与了大庆油田实现稳产高产的八项重大开发试验项目,参加并组织了40多项科研攻关课题和大庆油田"七五""八五""九五"开发规划编制研究等工作,多次获国家科技进步奖。1997年1月,被中国石油天然气总公司党组授予"新时期铁人"荣誉称号。

1964年,大庆油田出现了"注水三年、水淹一半、采出程度5%"的严重局面。王启民受命到油田中区西部搞注水开发试验,他深入开展调查研究,对国际上的温和注水理论提出挑战。在油田领导的支持下,他结合大庆油田油层多、厚层薄层的渗透率差异较大、呈典型非均质分布的特点，以"跨过洋人头，敢为天下先"的精神，把调查研究与实践结合起来，把生产与科研结合起来，对症下药，变温和注水为因势利导，转移接替，为油田打造一批日产百吨以上的高产井。提出的高效注水开采方法，打破了当时国内外普遍采用的温和注水开采方式，开创出中低含水阶段油田稳产的新路子。

20世纪70年代中期，由于"文化大革命"的干扰和破坏，中区西部试验区的油井平均含水上升到54%，油田地下形势严重恶化。为了控制含水上升和保持原油稳产，王启民又带领试验组来到中区西部9平方公里的试验区，通过对地层的调查研究，进行分层开采、接替稳产试验，一干就是10年。王启民和他的伙伴们与现场工人密切配合，战胜重重困难，将油田上的单井资料收集整理了8种，近1万个数据，绘制出了油田第一张高含水期地下油水饱和度图，从而揭示出油田不同含水期开发的基本规律和稳产办法，有力地指导了油田开发实践。1985年，大庆油田不但胜利实现5000万吨稳产10年，而且还攀上了年产5500万吨高峰，创造了世界油田开发史上的奇迹。

1984年，王启民受命承担了大庆油田1986—1995年第二个"5000万吨稳产10年"规划的编制任务。这个规划囊括了大庆油田"七五"和"八五"两个五年计划。国家要求年产5500万吨不能降，超出的500万吨指标从何而来。王启民发扬"有条件要上，没有条件创造条件也要上"的铁人精神，向国内外公认的难啃硬骨头——表外储层要油。由于大庆油田地质成因条件的特殊性，造成了地下油层多、层间变化大、0.5米以下的表外储层十分发育。这些单独看起来很"瘦"，加起来又很"肥"的油层，被王启民及其伙伴们看作新的资源宝藏，开始了艰难的攻关。历经数次失败，1986年年初，在油田领导的支持下，他又和伙伴们制定详细计划，成立了试验小组，通过对1500多口井的地质解剖、分析、研究，以及对4个试验区45口井采取试油、试采和注水开发等措施，把理论研究与反复实践相结合，取得了重大认识，从而为全面开发表外储层提供了科学依据。表外储层开采的成功，不仅大大解放了人们的思想，扩大了开发领域，也实现了世界油田开发史上一个新的突破。据计算，大庆油田表外储层地质储量可达7亿吨，按30%的可采储量计算，可为国家增加2000多亿元的财富。

进入20世纪90年代，大庆油田全面进入高含水开发阶段。如果继续沿用世界上惯用的提液稳油的办法，年产液量将激增1.62亿吨，而生产的经济效益将会大大降低。此时，国家要求石油工业稳定东部、发展西部，中国石油天然气总公司要求东部要硬稳，大庆油田要雪中送炭。如何寻找一条既不大幅度提液，又能保持稳产，切实可行地把稳油与控水统一起来的开发新路，王启民为此呕心沥血、殚精竭虑。他以铁人王进喜为榜样，发扬为国争光、为民争气的爱国主义精神。组织科技人员广泛调查，潜心研究，集中群体的智慧，得出了不同区块、不同井网、不同井点的地下油层在注水开发过程中始终存在着不均衡性的结论。根据这一特点，他们采用老井转抽、新井压裂、打力口密井、堵水等技术措施，探索出了一套符合油田实际的开采技术，这就是作为确保油田持续高产稳产重大战略方针的"稳油控水"系统工程。广大科技人员投入了大规模的以"攻三难，过三关"为主要内容的科技攻关战。王启民把全部精力都放在全油田稳油控水编制和结构调整上，及时组织研究院的有关科技人员进行数十项科技攻关。经过群策群力，他们提出了"三分一优"等一套具体做法和调整方法，即利用油水井和各类井不均衡的特点，进行分类井结构调整，使稳油控水有了切实可行的操作性。"三分一优"的结构调整方法，使大庆油田实现了三年含水上升不超过1%。由于有效地控制了产液量剧增，与国家审定的"八五"油田开发指标相比，大庆油田5年累计多产原油610多万吨,少产液24749万吨,累计增收节支150亿元,而且使大庆油田连续20年保持年产5000万吨以上高产稳产。这一凝结着以王启民为代表的油田广大科技人员和职工心血的成果,标志着大庆又攀上了世界油田开发的新高峰,此前世界上同类油田高产稳产的最长年限仅为12年。

王启民始终用大庆精神铁人精神从事科学研究,敢于挑战油田开发极限;坚持"宁肯把心血熬干,也要让油田稳产再高产"的信念,攻克一道道技术难关,创造多项世界纪录。

2009年9月14日,王启民入选100位新中国成立以来感动中国人物。

(三)大庆新铁人李新民

李新民是大庆钻探工程公司哈发亚项目部经理、大庆1205钻井队队长。自从接过队长的大旗,他率领这支英雄的队伍创造了无数个全国第一:第一个实现连续15年人均每年向国家交一口井,第一个累计进尺突破200万米大关,第一个累计打井突破1800口以上;带队出征海外,圆了老铁人把井打到国外去的梦。2011年,李新民被中国石油授予"大庆新铁人"称号,被誉为"第三代铁人"。

李新民常说,党员干部不能靠耍嘴皮子,关键时刻要冲在前面。井队统计过,从他当了队长后,每年都有270多天守在井上,有2800多个小时跟班作业;他带领队伍创出了井身质量和固井质量合格率均达100%的好成绩。

在保障大庆油田健康持续发展的进程中,始终当先锋、站排头,创下了用一个平台打13口定向井、平均井距只有6米的大庆油田打井纪录,成功完成了大庆油田首口长水平段取心井施工任务,创造了全国纪录。

以今日之我战胜昨日之我,是1205队的学习理念。2003年,李新民创新培训方法,组建青工岗位技校,把课堂办到井队,搬到井场,融进工作岗位。2005年,1205队准备出国打井的那一段时间,李新民经过摸底调研,精准找到井队出国的薄弱之处,他和队友一起走进学堂,带领队友们从头学外语。在李新民的带领下,将1205钻井队打造成一支"人人出手过得硬,个个上岗是能手",能打多种井型,完全具备在国际钻井市场叱咤风云的"亮剑"之师。

2006年春,李新民率队征战海外的第一站,是多年战乱、有"世界火炉"之称的苏丹。刚到苏丹,困难就接踵而至——运输船在海上遇到风暴,设备被海水严重浸泡。他带领几名队员人拉肩扛,当天就将110辆卡车的钻机设备从集装箱里卸了下来。500多个部件、上百部设备、上千吨钻具,平常十几个人最快也要半个月才能清点搬运完的工作,李新民带领5名队员加班加点,仅用了6天就完成了。到了井场,最担心的事发生了:三台柴油发电机,两台被海水严重腐蚀,钻机无法工作。可是根据合同规定,14天后必须开钻!李新民调查到苏丹还有中国其他钻井队,马上联系,终于找到了一台准备大修的同品牌发电机,然后四处奔波找配件修理。在每天50多摄氏度的高温里,他忍着炎热酷暑和蚊叮虫咬,始终坚守在工作第一线,几乎24小时连轴转。仅用了17天,他就带领队友成功交出了第一口优质探井,一举打响铁人队的品牌。

2010年10月,李新民被选派到伊拉克哈法亚油田,负责大庆钻井项目。在这里,人人手中都有枪,如果没有荷枪实弹的警察保护,中国石油工人连外出都会有生命危险。由于连年战乱,伊拉克油田设备毁坏严重,许多油井只有30多年前粗略勘探的地质资料。没有可参考的地质资料,没有可借鉴的钻井经验,没有会打井的当地雇员,就连基本的生活保障都十分困难。在这种情况下,李新民带领队伍细致阅读图纸,认真研究地层,只用了47天,就成功打完一口3167米的水平井,比设计节省了19天,一举打出了大庆速度、铁人水平,创出哈法亚油田的钻井最高纪录,为哈法亚油田提前15个月完成一期目标做出了重大贡献。

2022年6月26日，新华社刊发《党旗在基层一线高高飘扬"大庆新铁人"李新民：初心不改，他用铁人精神打造"中国名片"》文章，介绍了大庆第三代铁人李新民的奋斗历程，解读了铁人精神在新时代中国工业史上镌刻下光辉一页背后的精神传承，深刻诠释了铁人精神的内涵。

"这活儿我敢接，我们能行！""在海外，我们的队员大部分是共产党员，党组织就是我们坚强的堡垒，无论遇到什么困难，党员永远要冲在最前面。"在海外打井，困难重重，不仅作业范围小，还要时刻谨防恐怖袭击事件等。但李新民"不怕牺牲、英勇斗争"，冲锋在前，始终发挥先锋模范作用，敢于担当，主动作为，以勇于自我革命的魄力，面对困难不低头，迎难而上，遇到挫折不退缩，逆水行舟，他就是用着这股拼劲，创出打丛式井的高水平，打出了许多"复杂井""疑难井"，用实际行动努力书写着"大庆铁人"新篇章。

李新民先后当选第十一届全国人大代表，党的十八大、十九大、二十大代表，第十三届全国政协委员。被中国石油党组授予"大庆新铁人"称号，成为大庆油田第三代铁人。2013年7月，李新民被中宣部定为全国重大典型——新时期产业工人实现中国梦的优秀代表。

第三节 石油工业调查研究的启示

一、石油工业调查研究史也是一部中国石油工业发展史

石油,被誉为"工业的血液",对于一个国家的经济发展和社会进步具有不可替代的作用。中国作为世界上最大的石油消费国之一,其石油产业的发展历程充满了曲折与挑战。通过深入了解中国石油的调查研究历史,可以从中获得许多宝贵的启示和经验。

调查研究对石油工业的发展具有重要意义。石油作为现代工业的血液,其开采、生产和利用对国民经济发展起着至关重要的作用。而这一切都离不开深入细致的调查研究。从当年玉门油矿的地质调查,到我国第一个石油会战的川中油气会战,从新中国第一个大油田克拉玛依油田的诞生,再到我国最大的油田——大庆油田的横空出世,乃至走出国门,走向海洋,都是基于广泛深入的调查研究基础上的成果。通过调查研究,石油人更好地了解了石油的生成、分布和储量,为合理开发和利用石油资源提供了科学依据。

石油调查研究是一项需要严谨科学态度和求真务实精神的工作。在石油工业发展初期,中国的石油工作者面临着技术落后、设备匮乏等重重困难。玉门油矿勘探初期,连一台钻机都没有,不得不向延长石油厂请求支援调拨。大庆油田会战初期,人拉肩扛,用血肉之躯开展会战。面对困难,石油人始终坚持科学探索,通过反复实践和不断创新,逐渐掌握了石油勘探和开发的关键技术,为我国石油工业的发展奠定了坚实基础。

石油调查研究与总体国家安全和民族复兴紧密相关，是中国式现代化的重要支撑。作为一个拥有广阔领土和丰富石油资源的国家，中国的石油调查研究不仅关系到国家经济的发展，更关乎国家的战略安全。在新的历史时期，必须进一步加强石油调查研究，提高自主创新能力和国际竞争力，以保障国家能源安全和经济持续健康发展。

石油的发现与开发不仅仅是物质层面的富集，更是科技进步与人类智慧的结晶。自20世纪初中国开始进行石油勘探以来，从最初的浅井钻探到如今深海、非常规资源的开采，以及新能源新材料的开发，每一次技术突破都伴随着无数科研人员的努力与付出。这其中，既有以李四光为代表的老一辈地质学家为我国石油勘探事业做出的卓越贡献，又有以王进喜、王启民、李新民三代铁人为代表的石油产业工人的无私奉献，也有当代科技人员不断探索、勇于创新的实践。正是由于他们的努力，才使得中国从一个石油匮乏的国家转变为拥有完整石油工业体系的全球重要产油大国。

石油的调查研究历程也是一部中国近现代工业发展的历史。从最初依赖进口汽车、飞机等交通工具，到如今已成为全球最大的汽车生产和出口国，这一转变离不开石油产业的支撑。同时，石油也是许多高端制造业所需的重要原料，如航空航天、化工等领域。可以说，石油产业的发展直接关系到我国现代化建设的进程。

然而，石油的开采与利用也带来了一系列的环境问题。随着开采深度的增加和规模的扩大，如何实现石油产业的绿色发展成为一大挑战。在这个背景下，科技创新成为解决环境问题的关键。例如，通过数字化、智能化技术的应用，可以提高石油勘探的精度和效率，减少无效井和资源浪费；通过清洁能源的研发和应用，可以降低传统化石产品的碳排放，从而实现绿色生产。

石油的调查研究历程也让人们认识到资源的有限性和可持续发展的重

要性。随着全球气候变化和环境问题日益严峻，国际社会对于可再生能源和清洁能源的需求越来越迫切。中国作为世界上最大的发展中国家，在推进工业化和现代化的进程中，必须坚持走绿色、低碳、循环的发展道路，加强科技创新和国际合作，努力实现经济发展与环境保护的双赢。

综上所述，可以明显看出，中国石油的调查研究历史是一部充满曲折与机遇、挑战与希望的发展史。通过深入了解这段历史，可以从中汲取正反两方面的经验和教训，为我国石油产业的未来发展指明方向和路径。

二、调查研究要目标明确、有的放矢

调查研究必须深入务实，这是百年石油调查史带给我们的启示。

不做调查就没有发言权，不做正确的调查同样没有发言权。调查什么，研究什么，是做好调查研究首先要回答的问题。方向准确，则纲举目张；方向偏离，则事倍功半。

做实做好调研，要以"不畏浮云遮望眼"的定力登高望远，与党和国家事业同心同向。"国之大者"关乎发展全局、事业根本。只有自觉从党和国家事业发展全局的高度谋划调查研究、确定目标任务，石油事业才能行稳致远。要提高站位、统筹兼顾，聚焦新时代新征程党的中心任务，积极开展事关全局的战略性调研、破解复杂难题的对策性调研、新时代新情况的前瞻性调研、重大工作项目的跟踪性调研、典型案例的解剖式调研、推动落实的督查式调研。要围绕中心、服务大局，牢牢把握中国式现代化的本质要求，将制约石油行业高质量发展的深层次问题列入调研清单，答好"四个如何"发展之问，切实增强"我为祖国献石油"的底气和能力。

做实做好调研，要以"吾将上下而求索"的执着坚持与石油中心工作同频共振时时围绕"企之要情"，将其作为调研的切入点，既关注"是什么""为什么"，又回答"怎么办""怎么干"。坚决杜绝"为了调研而调研""调研与工作脱节"等现象。

做实做好调研,要以"绝知此事要躬行"的态度捕捞"活鱼",与基层生动实践交融碰撞。基层的生动实践,既是获得正确认识的来源,又是检验决策效果的"试金石"。只有扑下身子了解基层情况,才能获取真实的一手材料和新鲜案例。坚持广开言路、畅通渠道,将基层石油员工的意见建议作为调研的主要内容,确保调研主题既通天线又接地气,反映员工期盼,体现群众意愿。群众关注的事无小事,调查研究绝不能忽视群众的"急难愁盼"和"关键小事"。坚持大处着眼、小处着手,紧扣员工群众生产生活,围绕社会保障、职业规划、医疗卫生等热点难点问题,选取切口小、员工受益大的题目,通过调查研究汲取真知灼见、蓄足源头活水,为企业科学决策提供参考。

三、调查研究必须深入、务实

马克思指出:"研究必须充分地占有材料,分析它的各种发展形式,探寻这些形式的内在联系。只有这项工作完成以后,现实的运动才能适当地叙述出来。"理论知识驱动的每一步,都扎根于翔实的资料,研究过程中发现的每一个规律性认识,都是对经验现象的提炼和总结。因此,对材料的占有程度,决定了调查研究的可信度和有效性。

首先,调查必须深入基层、深入一线、深入群众。只有"深入"进去了,才能发现员工群众最关心、最急迫的问题,"深入"是获得一手材料的必要条件。党员领导干部要坚持党的群众路线,从群众中来,到群众中去,避免"浮萍式调研""折腾式调研""抢功式调研""作秀式调研"。通过深入基层,真正读懂民情民意,将日常工作中"观念的世界""文件的世界"转换成"案例的世界""经验的世界",在头脑里建构起人民群众"生活的世界"后,再经过自己的总结提炼,形成新的观点和判断。党员领导干部必须摆脱由自我价值设定的内心世界，真正走入客观世界，走进现场，走到员工群众中去，去切身感受国家治理体系的运行逻辑，切身领悟党的方针政策的落地执行。

其次，获取材料还要"系统"，兼听各方意见，运用矛盾的观点、联系的观点以把握材料的要点。调研的时间有限，不可能全面掌握调研对象的所有情况，平衡好取舍的关系，体现了调研者的水平。调查获取的情况中既要有现实材料，也要有历史材料；既要有正面材料，也要有反面材料；既要有数据材料，也要有访谈材料；既要有直接材料，也要有间接材料。此外，"系统"还要求对获取的材料进行初步的去粗取精、去伪存真筛选，使材料条理化、逻辑化，避免支离破碎、片段零散，确保材料能够准确体现研究对象的前因后果。对于重要的材料，要进行多方验证，考察内容真伪，对于不同来源的材料，绝不能凭借个人好恶进行删减，更不能被材料中某些夸大的说法所迷惑。只有在占有材料时做到深入系统，才能在后续分析时找准问题。

第三，要不断丰富调查研究的工作方法，注重调研方法的时代性、科学性、系统性。未经方法加工的材料只是初始原材料，材料必须经过一定的科学分析加工才能作为调研的佐证。分析材料的方法大致可分为定量和定性两类，这两者最大的区别在于所回答问题的范畴不同。定量方法更多地用于描述总体的分布、结构、趋势及特征，以及揭示变量之间的相关关系、验证已有的理论假设等；而定性方法则更多地用于揭示现象变化过程、现象内在联系、调研对象的主观认知，诠释行为意义，解释变量之间的因果联系等。调查研究之所以存在定量和定性两种不同的方法，是因为现实的复杂性需要不同的方法给予恰当的回答。

"解剖麻雀法"是革命战争年代我们党独创的简便易行又效果显著的办法，后来成为党在调查研究方面的优良传统和作风。从调研类型上看，

"解剖麻雀法"是一种典型调查法。所谓典型调查,就是从有关范围内所有的对象中选择有代表性的案例进行调查,通过调查具有代表性的事物,即可推知同类事物的情形。

马克思主义认识论告诉我们,人们对客观事物的认识,都是从个别到一般,再由一般到个别,"共性寓于个性之中"。集中一定的时间,蹲下去,通过对典型的解剖,以小见大、以点带面,从中得出规律性的认识。"解剖麻雀法"的优点是调查对象集中、调查时间短、调查内容紧凑周密、反映情况快、节省人力物力,若在"解剖麻雀"中结合明察暗访、"四不两直"等形式,则会感知更加鲜活、体验更为深刻。

大庆油田从石油会战开始,通过"解剖麻雀法"深入基层调查研究。各级领导干部和机关干部每年都结合不同时期的工作任务,抽出一定的时间蹲在基层单位,实行包队抓点。有的是一个人包抓一个队(点),有的是两三个人组成一个小组,抓一个队(点)。点,有长期和临时的两种。抓点的任务主要是:全面了解工人在做什么,想什么,要求什么,掌握第一手材料;了解基层思想政治工作、党的建设、生产技术管理、职工生活等方面的情况和问题,帮助解决;对重大问题、关键问题进行系统调查研究,科学分析论证,以便作出正确的决策;总结典型,帮助后进,做到先进经验不总结出来不出队,后进面貌不改变不出队,中间队不带起来不出队。实行领导和机关干部蹲点包队,能够使机关干部及时了解和准确把握职工思想动态,从而有针对性地开展强有力的思想政治工作,使思想政治工作的任务进一步落实到基层;能够及时发现问题,解决问题,解决不了的问题能够及时反映到上级机关解决,减少了推诿扯皮的中间环节,提高了机关工作效率;能够及时沟通上下情况,发现典型、差距和工作失误,为调整、制定政策和工作计划、部署,提供大量准确的信息和科学依据,使领导机关减少工作上的失误和盲目性,增强预见性和科学性。它既有利于加强机关建设，又有利于加强基层建设，是调查研究、解决问题、加强基层建设、管理好企业的一种有效方法。

在"解剖麻雀"的过程中，从典型个案到发现规律之间的"惊人一跃"，需要理论的助力。理论是一套认识和理解的框架，没有理论，调查研究得出的结论就是经验主义的。理论是无数现实经验的抽象和总结，是高度凝练的"前车之鉴"。一方面，理论可以指导调研者去收集特定的事实，当不同的调研者用不同的理论作指导去作调查时，他们所看到的"事实"是不同的；另一方面，理论可以给调研者提供更多的思考维度，不同理论知识的分析框架可以把个案中得到的具体结论引向更深的机制反思和更广的模式借鉴。

党员领导干部应多储备一些理论知识，虽然在某项具体调查中，不一定所有的理论工具都有机会使用，但储备充足，就有了可供选择的"武器库"。理论越丰富，就可以选择越有竞争力和解释力的框架来对典型个案进行升维，从而得出更具穿透力、更接近现象本质的规律，认识事物更深刻，更能有效地作出决策。

知识链接：

大庆油田调查研究"六靠"方法

一靠中央精神。就是根据党的路线、方针、政策和中央领导同志对大庆的批示精神作出决策。比如，1964年贯彻毛泽东主席关于反对骄傲自满、故步自封批示的精神，大找差距，坚持"两分法"前进；1979年贯彻邓小平同志关于坚持四项基本原则的讲话精神，开展"要社会主义现代化"大讨论等。

二靠群众智慧。从会战开始，就实行政治、生产技术、经济"三大民主"，油田每年召开"五级三结合"会议，调研讨论政治、经济、生产技术上的重大问题。发挥人大、政协和群众团体的作用，定期召开党外人士座谈会，商议重大决策。广泛开展群众性合理化建议活动，认真听取群众的意见和建议。

三靠专家论证。每年召开一次油田技术座谈会，就开发建设中的重大问题进行座谈讨论。成立了石油专家论证小组、化工专家论证小组、市局咨询委员会和70多个学会，组织各方面专家对大庆石油、石油化工的重大科研课题、科技发展规划、引进技术方案以及社会发展规划等进行科学论证；还邀请了中国科学院及国内各方面专家学者，对大庆的发展建设进行研究论证。

四靠基础工作。每打一口井都要取全取准第一性资料，并且建立岩心库、科技资料库、地宫和人才库等基础资料档案，使之成为决策的可靠依据。坚持超前研究、超前试验，通过开辟专门试验区，确定油田开发建设的方针、方案。开展调查研究，每年都要进行几次有几万名工人、干部、技术人员参加的油田地下情况大调查,从地上查到地下,从生产查到思想;开展了科技、资源、工业普查和农业区划、工矿区建设、替代产业发展等方面的调查研究。比如,科技进步与社会发展大调查,为制定大庆科技与社会发展长远规划提供了依据。加强信息工作,与全国800多个单位建立了信息往来,还出版了《大庆经济年鉴》《经济和社会发展统计》等20多种资料。

五靠现代化手段。大庆全市建立了科研、管理、物探、物资、化工5个计算机中心,运用电子计算机进行开发方案计算、地区开发数据处理、地球物理测井资料处理、生产管理和化工设计,进行计量、统计、物资、人事、定员定额管理。油田生产指挥系统实现了电子计算机人机对话。大庆许多重大决策方案都依靠电子计算机进行数据分析和处理。

六靠班子集体。凡涉及有关全局问题的决策,都采取上下结合的办法,集思广益,拿出可行性方案,然后再召开常委会、常委扩大会、全委扩大会,进行充分讨论,正式作出决定。对重大问题,坚持没有深入调查研究不决策,没有专家论证不决策,没有几个可供选择的方案不决策,没有领导班子集体讨论不决策。

四、调查研究的核心在于应用和推广

总结经验,将好的经验应用和推广是调查研究的核心。

对现象的分析和规律的总结,最终是为了改革创新和制度创新。调查研究形成的成果,其价值归根结底要体现在能否提出好的政策建议。好的政策建议应该有的放矢、针对性强、有着良好的操作性和衔接性。

任何政策都是在已有基础上的延续和迭代,要"向前看",前人为什么会选择某条施政路径,要设身处地放在当时的历史条件下去考量,进而分析现在的时机是否成熟。同时还要"向后看",留出发展空间,留出包容余地。头脑中要有历史观,所谓历史观,不仅是站在现在看过去,更重要的是站在未来看现在。

全面把握某项政策与其他政策的系统性,注意相互之间的兼容性,防止出现"矫枉过正""大开大合"的偏差,造成"合成谬误"。对各种可能的施策方向进行权重排序,而后再确定一种或几种可行方案。通过横向对比不同地域、纵向对比不同时期的政策,形成相对稳妥的"政策群"。对所提政策"出牌顺序"的排列组合,通过调整政策的优先次序,小步走、不停步地去推演目标的实现过程,避免过早透支政策福利。针对不同对象的特点,做到分类施策。同一政策作用在不同的对象身上,效果往往相距甚远。比如针对一些企业当前发展的痛点难点,大企业的难处和小企业就不太一样,此一时的难处和彼一时也不一样,要针对不同经营主体的实际困难,帮到关键处、帮在紧要时,真正发挥出政策的杠杆效应。

(一)技术应用和推广

当年玉门油田是石油工业起步的"试验田",起到了"大学校""研究所"的作用,再向全国推广,对石油技术的发展起到重要作用。

大庆会战时十分重视搞开发试验区和小井距试验区,解剖麻雀,搞清

一点，取得经验，再全面推广，使大庆油田开发能在比较短的时间取得较大的效果。

辽河油田对含蜡量高、开采难度大的稠油油藏，长期坚持多种方法的工艺试验，形成开发稠油的配套工艺技术。在全国其他油田推广后，使以往难以开采的稠油近几年产量大幅度增长。这种科学的推广精神，对于正确认识和开发油气田是十分必要的。

（二）典型总结和推广

除了技术的推广外，先进单位、先进人物的事迹也是推广的对象。为了搞好经济调整和体制改革，逐步实现经济结构、管理体制和企业组织的合理化，走出一条发展我国经济的新路子，开展学先进的活动仍然是一个十分重要的方法。

榜样的力量是无穷的，先进单位、先进人物代表着事物发展的方向。抓典型，树样板，普及推广先进经验，使人们学有榜样，赶有目标。在建设社会主义物质文明和精神文明的过程中，要进一步发挥先进典型的作用。要通过学习先进，推广国内的好经验，同时吸收国外的好经验，以期逐步形成一套具有我国特点的社会主义企业的管理制度和方法。

党员干部要通过调查研究，不仅要及时发现问题、深入思考、挖掘真相、解决矛盾，更要推广工作经验，指导全局工作。抓好先进典型的总结和推广工作，运用各种形式，大张旗鼓地宣传典型经验和先进事迹。

第四章

新时代石油企业的调查研究

深入学习贯彻习近平新时代社会主义思想，不仅要学习思想的内涵，更要学习和运用其中的立场、观点和方法。

调查研究是辩证唯物主义认识论在社会实际工作中的具体应用，是意识反映存在的认识过程。只有通过系统的、周密的调查研究，使我们的主观符合客观，思想符合实际，才能在实际中得到预期的效果。

当前我们正在全面建设社会主义现代化国家，这是一项崭新的、开创性的事业，有许多东西是我们不熟悉、不了解、不懂得的。同时，各种决策不可能都完全符合实际，一方面，必须老老实实地学习；另一方面，必须坚持一切从实际出发，加强调查研究，及时反馈决策执行情况，为调整决策提供依据。只有这样，才能加快现代化建设的步伐，不断把建设有中国特色的社会主义事业推向前进，把石油事业推向前进。

在一切失误中，决策的失误是最大的失误。决策，必须具有科学的严肃性。科学的决策依赖于充分的、周详的调查研究。科学决策，是指在调查研究的基础上，对未来的行为确立目标，并从两个以上的方案中选择一个最佳方案的分析判断过程。一些关系长远、重大问题的决策，应力求稳妥，确保作出符合客观实际的选择，经得起历史的检验。但在实际工作中，决策活动有急有缓，有时进行重大决策，来不及准备若干个方案，只是在实地调查之后决定。正确决策的关键有两条，一是民主化，就是要集思广益，充分听取各方面的意见；二是科学化，就是要采用科学手段，经过反复论证，选择最佳方案。而要做到这两点，都必须依靠调查研究。调查研究是进行科学决策的重要前提和基础，是科学决策不可缺少的程序和方法。只有通过调查研究，人们才能确定决策目标，才能拟定和选择方案。因此可以说，没有调查研究，就不可能有科学的决策。

时代发展到今天，随着现代科学技术向社会各个领域的渗透，领导机关的每项重大决策，所涉及的知识范围越来越广，包含的不确定因素越来越多，因此，必须进行深入的调查研究和缜密的理性思考，才能使决策更符合实际，更正确，以最大限度地避免实际工作中的挫折和失误。

世界是物质的，物质是运动的。任何事物都处在不断变化发展中，决策也是一个动态过程。一个决策只能根据此时的情况做出，在决策实施中，还会出现许多新的情况、新的矛盾。这就需要决策者根据变化了的情况，跟踪决策，解决新矛盾。决策实施中的信息，也必须通过调查研究，反馈其中的不断变化的各种因素。特别是当前，各种新情况、新问题、新矛盾层出不穷，各项政策的预期目标与实际结果并不总是一致的，不一致的原因和程度，应尽可能及时和全面地掌握，以便实施政策调整和配套。整个管理过程就成为"决策→执行→再决策→再执行"的一个不断反复的过程。另一方面，只有通过执行才能最后验证决策的合理性，在决策的执行过程中往往会发现决策不够周密的地方，或是因客观情况的变化而存在不适应的地方，及时把原决策与客观环境之间存在的矛盾信息进行收集，从而对决策作必要的修改和补充。这个信息反馈的过程，有赖于大量实际的调查研究。

所以，各级领导决策前要进行广泛的调查研究，以提出决策的建议或方案，还要在决策后，对决策实施情况进行追踪，把问题和效果再及时地研究和改进。

调查研究是一项理论与实践相结合的综合性研究工作，目的在于更好地指导实践。因此，调查研究工作的指导思想必须立足一个"新"字，要紧紧围绕中国石油的中心工作，不断研究新情况，提新观点，总结新经验，推广新典型，解决新问题。尤其在调查研究过程中，要特别注重联系改革和发展中遇到的"热点"和"难点"问题，做好深层次的研究和思考。要真正深入到基层去，到实际中去，到群众中去，力求做到靠得上、沉得下、蹲得住。既要到条件好的单位总结经验，又要到条件差、困难多的单位帮助提出解决问题的思路和办法；既要认真听取各级干部的意见和建议，又要倾听群众的呼声和要求；既要把握全局，多了解面上的情况，又要注意"解剖麻雀"，及时发现苗头性、倾向性的问题，总结典型经验。在调查研究过程中，在课题的选择上，还要注意处理好四个关系：一是要正确处理好宏观和微观的关系，从微观入手，研究宏观，提出宏观方面的意见；二是要正确处理好当前与长远的关系，从当前研究出发，考虑长远；三是要正确处理好理论和实际的关系，以研究实际问题为主，以理论为指导；四是要正确处理好情况和建议的关系，不仅要掌握真实情况，而且要由表及里，上升到理性认识，找出规律性的东西，提出可行的建议。

第一节　顶层设计　率先垂范出实招

建设社会主义现代化强国，既没有标准的答案参考，也没有现成的模式借鉴。我们正处在社会主义初级阶段的中后期、改革开放的深化期，遇到的矛盾和问题既不同于初级阶段的前期和改革开放的初期，又相当错综复杂，只有解放思想、实事求是，在不断总结实践经验的基础上，才能找到解决现实社会一系列根本问题的对策。从国际背景看，从工业化社会到信息化时代再到人工智能时代，从文明冲突到利益争端，从世界分工到跨国合作，整个世界经济处于百年不遇的全球格局巨变中，国际经济格局正在发生深刻调整，外部经济环境复杂多变，全球经济增长缓慢，外部需求常态萎缩，强国重定游戏规则等，既给我们带来了难得的发展机遇，也面临严峻的挑战。从国内来看，中国经济增长速度由高速转向中高速，产业结构由中低端转向中高端，增长动力由要素驱动、投资驱动转向创新驱动,经济下行的压力前所未有,社会治理的矛盾尖锐复杂,我们党面临着重大考验,石油工业同样面对诸多挑战。因此,解决这些新问题、新矛盾不能光靠经验,要大兴调查研究,利用好调查研究这个创新之器,找到解决问题的思路和可行办法,才能在实现中华民族伟大复兴的中国梦伟大实践中把握未来发展的正确方向,沿着时代进步的逻辑前行。

一、统筹推进,顶层设计

在党的十八大特别是党的二十大以来,中国石油深入学习贯彻习近平新时代中国特色社会主义思想,以及习近平总书记对中国石油和中国石油相关工作重要指示批示精神,坚决落实党中央、国务院决策部署,攻坚克难、接续奋斗,各项工作成效卓著,生产经营业绩逐年向上,石油事业发展开创新局面,重点工程建设捷报频传,"双碳三新"业务跑出加速度,高水平科技自立自强成果丰硕,深化改革强化管理取得实质性进展,企业和队伍大局稳定,党的领导党的建设全面加强,高质量发展迈上新台阶,世界一流企业建设展现新气象,在石油发展史上续写了新华章,在新征程开局起步之年向党和人民交出了亮丽答卷,展示了央企的勇毅担当。

面向未来,时不我待,机遇与挑战共存。只有抓住大好时机,深入进行调查研究,牢牢把握新时代新征程中国石油的使命任务,清醒认识面临的外部环境和内部条件,才能准确识变、科学应变、主动求变,在推进中国式现代化中展现更大作为。坚决扛起责任使命;辩证看待面临的复杂形势,积极应对、趋利避害;深刻认识我国经济高质量发展对清洁高效能源的需求与公司保障国家能源安全能力不足之间的矛盾、公司打造世界一流与自身科技供给不足和管理滞后之间的矛盾这"两大突出矛盾",坚定决心破解突围;进一步坚定信心,保持战略定力,增强忧患意识,牢牢把握发展主动权。

自 2023 年 4 月 9 日中国石油正式启动学习贯彻习近平新时代中国特色社会主义思想主题教育以来，中国石油党组紧锣密鼓，深入贯彻落实党中央关于本次主题教育的指导意见和《关于在全党大兴调查研究的工作方案》要求，统筹推进顶层设计、过程实施、研究分析、整改问题等工作，先后深入多家单位，扑下身子、沉到一线，深入基层站队班组，把脉问诊、解剖麻雀，深入调查研究，全面系统了解全产业链生产经营、能源保供、科技创新等情况，查找剖析问题不足，谋划改进工作思路举措，高效率破解发展难题，调研成果成效明显。

在广泛深入的调研中，中国石油党组围绕以下五个问题有的放矢的实施：如何贯彻落实党中央决策部署和习近平总书记重要指示批示精神？如何更好地贯彻新发展理念？如何更好地解决保障国家能源安全等事关企业全局的战略性问题？如何破解制约企业高质量发展的难题？如何增强员工获得感幸福感安全感？

千头万绪，答案归根在基层、在一线。怎样问计于基层、问需于基层？中国石油党组早在主题教育正式启动前，就做了周密部署。中共中央办公厅《关于在全党大兴调查研究的工作方案》出台后，中国石油党组书记、董事长戴厚良第一时间作出批示，要求研究起草《集团公司党组贯彻落实〈关于在全党大兴调查研究的工作方案〉的实施细则》（以下简称《细则》）。《细则》全面贯彻党中央要求，与中国石油实际充分结合，拟定14 个方面 43 个题目，在反复征求意见的基础上，于 2023 年 4 月 6 日通过党组会议审议，4 月 8 日由戴厚良签发实施。

《细则》明确了"坚持以习近平新时代中国特色社会主义思想为指导，全面贯彻落实党的二十大精神，加快建设基业长青的世界一流综合性国际能源公司"的调研主题，提出要按照坚持党的群众路线、坚持实事求是、坚持问题导向、坚持攻坚克难、坚持系统观念的总体要求，将调查研究同中心工作和决策需要紧密结合起来，运用党的创新理论研究新情况、解决新问题、总结新经验、探索新规律，推动调查研究成果转化为推进工作、战胜困难的实际成效。

《细则》对于调研的形式提出详细要求：加强统筹安排，细化调研方案和问题内容；倡导"四不两直"[①]，力戒形式主义、官僚主义，不给基层增加负担；及时起草形成调研报告，讲清调研开展的总体情况、提炼的典型经验、发现的突出问题、解决的措施和成效、提出的意见建议；推进解决问题，可现场解决的马上就办，不符合政策要求或确实不能解决的，给予明确答复并做好解释；加强对问题解决情况的督查督办和跟踪问效，梳理现状、查摆不足；抓好成果转化，把调研成果转化为解决问题、推进改革的实际举措。

《细则》印发后，中国石油党组领导每人认领2～3个调研题目，围绕学习贯彻落实习近平总书记重要指示批示精神、着力高水平科技自立自强、加大油气勘探开发和增储上产力度、深化提质增效和亏损企业治理等主要情况与重点问题开展调查研究，提出调研单位、调研时间等工作计划。在此基础上，形成了《集团公司党组领导班子调查研究总体工作方案》。

中国石油董事长、党组书记戴厚良特别提出加强统筹、力戒形式主义等要求。中国石油总经理、党组副书记侯启军和中国石油党组副书记段良伟等，就方案提出意见和建议。"一题一策"，对每个题目都细化目标、内容与任务，围绕增强针对性、实效性制定了具体方案。

二、领导干部率先深入基层调研

一份份务实的方案，一项项具体的举措，为深入开展主题教育调研奠

[①] 即不发通知、不打招呼、不听汇报、不用陪同接待，直奔基层、直插现场。

定了务实基调。中国石油党组率先深入基层调研，为公司各方面的调研提供了示范。

2023年6月1日上午，主题教育中央第44指导组组长焦开河和戴厚良一行来到大庆油田，进行为期3天的主题教育调研。时间紧、任务重，调研内容列了密密麻麻的几页纸：铁人王进喜纪念馆、第一采油厂第五作业区南1-1联合站集输班、第三采油厂第八作业区生产指挥中心、星火水面光伏示范项目及星火一次变电所、装备制造集团力神泵业公司电泵制造厂……

这次主题教育调研的主基调是突出一个"实"字。6月2日，大庆油田1205钻井队施工现场，戴厚良一行登上高高的钻台，查看机械化、自动化设备配备使用情况，并和钻台上的员工深入探讨施工中遇到的问题和解决办法。6月的井场，骄阳当头，许多人的工装被汗水浸透。戴厚良和调研组的同志们不停地走、细致地看，关切地询问着现场的每一个细节。

在古龙页岩油5号试验井组压裂现场，戴厚良登上压裂指挥车了解施工情况，详细询问试验进度。他对油田负责人说："这个地方的噪声还是有点大，员工们长期在这样的环境里工作，要想办法改善一下。噪声的主要来源是柴油机，改用网电会好一点。"

"当年铁人王进喜说，'这困难，那困难，国家缺油是最大的困难'；今天我们更要责无旁贷地扛起保障国家能源安全的重大责任。"走进勘探开发研究院提高油气采收率全国重点实验室，戴厚良看得仔细、问得深入。

夯实油田稳产基础。在大庆油田第一采油厂第五作业区南1-1联合站集输班，戴厚良说："老油田要通过技术挖潜不断提高采收率，发挥好产量'压舱石'作用。"在长庆油田低渗透油气田勘探开发国家工程实验室，戴厚良勉励大家要继续扎实深入研究，大力推广科研成果，推动页岩油更快更好地发展。

每一个具体的细节，每一句关心的话语，都让现场员工的心里涌起一股暖流。用眼睛发现问题，用脚步寻找答案。坚实的足迹里，浸润着破解难题的决心、奋进高质量发展的力量。

"你们这便利店卖得最好的商品是什么？""员工们的收入是不是和非油商品的销量挂钩？"2023年5月9日，中国石油总经理侯启军来到河北销售公司石家庄元氏39加油站和大地136加油站，开展亏损企业治理工作调研。在加油站便利店里，他关切地询问加油站的营销情况和加油员的收入等细节。从加油站离开，侯启军又来到天然气销售河北分公司石家庄栾城调压站，观看了燃气泄漏全流程演练，并进入泵阀室仔细查看调压设备，边看边叮嘱站内员工："周边有学校和居民区，一定要提高防范意识，加强安全风险隐患排查，切实防范化解重大安全风险。"

2023年5月10日，侯启军带领调研组来到山东销售公司、天然气销售山东分公司、济柴动力公司现场调研。两天时间，两个省，5个公司的生产经营一线，1000多公里的奔波，调研组马不停蹄、披星戴月，把两省终端市场上存在的问题、困难摸清，为接下来的提质增效和亏损企业治理工作收集到沉甸甸的第一手资料。

姿态放得低，问题问得细，情况摸得透，工作做得实。党组领导们每到一处，都给人留下这样的印象。2023年5月17日，中国石油党组副书记段良伟来到甘肃兰州，深入西北销售公司、甘肃销售公司、西北化工销售公司开展主题教育调研。在甘肃销售兰州西路加油气站，段良伟与一线员工面对面聊天，研讨加油（气）站的经营难题，深入了解党建引领实现加油（气）站增销创效的经验做法。在西北销售综合营运指挥中心，段良伟认真听取公司智慧物流项目建设情况介绍，围绕西部地区成品油产运销组织情况，逐项提出问题、寻找答案。

2023年5月18日，中国石油党组成员、总会计师蔡安辉深入华北石化公司生产一线，一下车便来到中央控制室开始了一天的调研。加氢裂化装置、四联合外操室、千万吨展台、中心化验室、质检计量部党员活动室……每到一处，他都认真看、仔细记，从提质增效的角度分析运营情况，寻找更优路径。

2023年6月18日，中国石油党组成员、副总经理、安全总监黄永章来到西南油气田相国寺储气库调研，先后到集输工艺区、压缩机厂房、中控室等区域，了解生产设备运行、安全环保等情况。了解到储气库目前已进入第十一注气期，他说："这是今冬明春国内千家万户保供用气的'底气'，一定要做细做实各项工作，确保关键时刻能够顶得上。"

2023年5月16日，中国石油党组成员、纪检监察组组长钱朝阳来到哈尔滨石化公司装置检修现场员工们的身边，认真看着几名检修工人埋头作业，趁着工人休息的时间，和他们聊起了工作。看到检修车间的"红黑榜""党员突击队风采"等照片内容，钱朝阳说："大检修就是大考场。党支部要充分发挥党员的先锋模范作用，进一步把主题教育学习成果转化为干事创业的高强本领。"

在遍布全国各地的石油产业链条上中下游生产一线，中国石油党组领导深入困难多、条件艰苦、群众意见集中的地区，足迹遍布井场、班组、车间、库站。他们听真话、察真情，一路调研、一路思考，扎扎实实将主题教育调研引向深入。

如何有效保障国家能源安全、有力保障国家经济社会发展，始终是我国能源发展的首要问题。在调研中，党组成员聚焦高质量发展，发现并解决问题，听真话、察真情，真研究问题、研究真问题。

加快实现高水平科技自立自强，是中国石油党组调查研究中最关注的问题之一。从重点实验室到产业化工房，从创新工作室到POE①试验装置，集团公司党组始终高度重视科技创新工作。

"要坚持事业发展科技先行。"在石油化工研究院，戴厚良详细了解石化行业关键技术攻关、新产品开发、人才培养和重点实验室建设等情况。

2023年5月中旬，侯启军来到中石油上海新材料研究院技术研发中心建设工地，了解建设进度，对现场工作人员说："我们要大力推进关键核心技术攻关，着力培育科技人才队伍，加强科技资源保障。"

盯着问题去，追着问题走，心中更有方向，脚下更有力量。开展基础研究、掌握核心技术、加快数智化建设、打造"产品巨人"、培育人才队伍，一遍遍反复要求、一句句深切叮嘱，集团公司党组为创新发展谋实效、求实招，力促"科技中国石油"砥砺前行。

既有正视问题的清醒，又有解决问题的担当。多位党组成员在基层调研时注重知实情、办实事，查找问题、明晰举措。一项项问题、一条条措施，主题教育清单在一次次调研后渐渐充盈。

"严守生态红线，高标准制定绿色低碳生产运营方案，加大技术攻关力度，确保资金投入"，在乌鲁木齐石化公司，围绕绿色无异味工厂建设方案等问题，中国石油党组成员、副总经理任立新条分缕析提出建议。

在川庆钻探公司泸203H10钻井平台，中国石油党组成员、副总经理谢军细数数字化钻井建设各个环节："要让数字化建设对任务指派、指令调度、生产预警、成本核算、绩效考核等钻井全过程各环节进行科学引导。"

在塔克拉玛干沙漠腹地，中国石油党组成员、副总经理张道伟看到了塔里木油田哈得采油气管理区的优异成绩背后的精神支撑："要不断传承

---

① 环氧丙烷和聚醚多元醇。

和拓展特色站队文化，为高质量发展持续注入强大精神动力和底气。"

中国石油党组始终把正视问题、解决问题作为大兴调查研究的出发点和落脚点，为中国石油高质量发展注入源源不断的动力。

一次次不远千里、一次次风雨兼程、一次次倾听意见、一次次问计于基层。两个多月时间，党组领导以身作则、现场示范，为全系统重视调研、深入调研、善于调研树立了模范标杆，也为实现中国石油高质量发展、建设基业长青的世界一流综合性国际能源公司夯实了基础。

第二节　发扬斗争精神
动真碰硬求实效

在学习贯彻习近平新时代中国特色社会主义思想主题教育工作会议上，习近平总书记强调，以深化调查研究推动解决发展难题。中国石油党组坚持在主题教育中大兴调查研究，带着问题进井场、到车间、访加油站，运用党的创新理论研究新情况、解决新问题、总结新经验、探索新规律，对症下药、因"企"制宜，提出一批解难题、促发展的具体举措，扎实推动主题教育走深走实。把情况摸清，把问题找准，坚持问题导向，增强问题意识，敢于正视问题，善于发现问题，既看"高楼大厦"又看"背阴胡同"，真正把情况摸清、把问题找准、把对策提实。

一、坚持"问题导向"破题

调查什么，研究什么，是做好调查研究首先应解决的问题。志不求易者成，事不避难者进。中国石油党组坚持扑下身子、沉到一线，深入基层单位"解剖麻雀"，为如何做深做实主题教育调查研究"功课"树立标杆。

带着以深化调查研究推动解决发展难题的目的，2023年4月，中国石油党组书记、董事长戴厚良深入大连石化转运车间新码头一线调查研究，带着"解剖麻雀"的思维，与基层员工对话，问得细致而深入。"油轮靠港的风险点具体都有什么？其中最大的风险点在哪里？你们的安全环保措施都有哪些？"

在古城西安，戴厚良观看数字化系统演示，强调"把数字技术和科研开发、生产经营紧密地结合";在渤海之畔,戴厚良与院士、专家探讨行业技术难题破解之策。在燕赵大地,中国石油总经理、党组副书记侯启军深入了解提质增效及亏损企业治理情况。在调研路上,"疑问句"频频出现,每个提问都紧紧围绕大事、难事、要事、关键事,都蕴含着敢于正视问题、直面挑战的勇气与决心。

从最突出的问题着眼,让调查研究"走深"。增储上产,是中国石油的立身之本和价值所在。在长庆油田勘探开发研究院,戴厚良向科研工作者接连提问:"长庆油田目前在勘探开发方面,最主要的问题、矛盾是什么?""我们的采收率能达到多少?"直面勘探开发的重大挑战,戴厚良强调:"我们要找准主要矛盾和矛盾的主要方面,只有解决主要矛盾,解决主要问题,才能推动高质量发展。"

提出问题,深挖根源,逐层拆解。"立足长远,做好规划,思考如何将我们的陆相页岩油经济高效地开发出来,提高采收率,在鄂尔多斯盆地上找到更多的资源,实现可持续发展。"切中肯綮、鞭辟入里的"解题思路",使调查研究的过程成为理论学习向实践运用转化的过程。

二、坚持"效果导向"解题

从最具体的工作入手,把调查研究"做细"。蹲下去发现问题,融进去思考问题。中国石油党组时刻将调查研究的"准星"对准高质量发展的"靶心"。

在大庆油田装备制造集团力神泵业公司,戴厚良一行深入了解制约企业高质量发展的痛点、难点:"从你们的角度看,打造'专精特新'的'小巨人',企业还有哪些困难?""我们在基础材料、理论设计等方面还有短板,制约着进一步的发展……"

柔性化自动装配线的加工方式、CCUS压缩机的注气原理、自动换电业务运作……在济柴动力装配试验分公司，侯启军一路看、一路问、一路议，"要抓好市场发展机遇，做快做好新能源业务"。

中国石油党组拿出动真碰硬的精神，奔着问题调查、带着问题研究，实行问题大梳理、难题大排查，真正把情况摸清、把问题找准，确保主题教育不走偏、不走样、不走空。问计促发展，对症开良方。在深入分析思考上下功夫，去粗取精、去伪存真，由此及彼、由表及里，找到事物的本质和规律，找到解决问题的办法。

带着问题去调研，拿出办法促发展。中国石油党组围绕调研题目做足案头准备，找准切入口、把准着力点，既要挖掘典型、总结经验，又要提出切实可行的具体对策，实现"调"以务实、"研"以致用。

问计于基层，求策于一线。在大庆油田，戴厚良深入基层班组，与员工广泛交流，寻找老油田高质量发展之道。在第一采油厂第五作业区南1-1联合站集输班，戴厚良认真询问老油田压舱石示范工程的技术进展，了解技术人员调整老油田的井网布局、利用上下层系的举措。在第三采油厂第八作业区生产指挥中心，戴厚良对老油田数字化建设寄予厚望："希望你们把地面技术和地下技术有机融合起来，扎扎实实走下去，在数字化建设方面当标杆、作示范。"从夯实老油田稳产压舱石到建设数字中国石油，戴厚良在大庆地区的调查研究中，抓住典型，总结经验，谋划老油田发展新思路、新战略。

念好"准"字诀，从实际出发，靶向施策。2023年6月19日至21日，侯启军深入在京金融企业，了解产融结合、融融协同、深化改革、防范化解风险情况。"要不断创新商业模式，加快推进信息化建设、数字化转型，全面构建科技创新金融服务支撑体系""要深入研究客户需求，加强市场营销，发挥特色化、差异化优势"，从改革创新到提质增效，对策建议有的放矢、靠船下篙，紧扣发展之需。

2023年5月17日,段良伟深入甘肃销售兰州分公司西路加油(气)站,得知甘肃销售推出的速食版兰州牛肉面"好客牛大"销量好、好评多、成了网红产品后,他频频点头:"这就显现出了品牌的作用。要持续把品牌优势转化为发展优势、竞争优势,服务高质量发展大局。"

"我们将班组核算系统与提质增效劳动竞赛相结合,增强了员工的精益管理意识。"华北石化四联合运行部主任顾望介绍得详细,中国石油党组成员、总会计师蔡安辉听得认真。针对"四精"管理①,蔡安辉悉心叮嘱:"要全面提升生产运营和财务管理水平,推动人、财、物等资源与业务精准管控,有效支撑治理体系和治理能力现代化。"

2023年6月18日,中国石油党组成员、副总经理、安全总监黄永章赴驻川渝地区石油石化企业开展专题调研,对企业生产运行、安全生产责任落实、安全隐患排查治理等工作进行深入了解,强调要围绕全国"安全生产月"活动主题,强化全员履职尽责,培育特色安全文化,提升应急处置能力。中国石油党组既准又实的良方,使调查研究成为解决问题、推动工作的重要抓手。

变"问题清单"为"成果清单"。"衡量调查研究搞得好不好,不是看调查研究的规模有多大、时间有多长,也不是仅看调研报告写得怎么样,关键要看调查研究的实效,看调研成果的运用,看能不能把问题解决好。"《集团公司党组贯彻落实〈关于在全党大兴调查研究的工作方案〉的实施细则》明确要求,要抓好成果转化,把调研成果转化为解决问题、推进改革的实际举措。

在中科院大连化学物理研究所,戴厚良详细了解从基础研究到产业化的全链条创新路径;在中油测井,戴厚良勉励科研人员锻造更多测井

---

① 经营上精打细算、生产上精耕细作、管理上精益求精、技术上精雕细刻。

利器，把关键核心技术牢牢掌握在自己手中。在勘探开发研究院、石油化工研究院、大庆油田古龙页岩油 5 号试验井组压裂施工现场……中国石油党组从实地调查研究中积累"真知"，丰富了高水平科技自立自强的"灼见"。

2023 年 6 月 13 日，中国石油打造原创技术策源地工作推进会在京召开。会议要求，要深刻把握科技革命和产业变革趋势，聚焦战略性新兴产业发展，在集聚创新要素、深化创新协同、促进成果转化、优化创新生态上下功夫。字里行间，凝聚着从调查研究中汲取的智慧与力量。

一锤接着一锤敲，一步紧跟一步行。中国石油党组认真做好调查研究的"后半篇文章"，将调研成果上升为决策部署，转化为解决问题、推动发展的硬招实招，把"问题清单"变为"成果清单"，切实推动各项工作取得新突破。

2023 年 5 月 31 日，中国石油党组成员、副总经理任立新前往宁夏石化污水处理场、污水应急池现场调研时提出："要坚定不移走'生态优先、绿色低碳'的高质量发展道路，为推动黄河流域生态保护贡献力量。"宁夏石化认真贯彻领导要求，加强污水处理装置与上游装置联动调整，生化系统指标达到历史最高水平，减排降耗成效显著。

2023 年 6 月 14 日，中国石油党组成员、副总经理谢军在吐哈油田开展提质增效和亏损企业治理专题调研时强调，要把准发展定位、强化经营管理。吐哈油田自觉加压，打好效益开发主动战，着力优化产能结构和布局，强化深井超深井等优快钻井、储层改造技术攻关，油气产量保持箭头朝上。

"要树牢大局意识，锚定科探、预探、工程、人才等目标，勇攀深地油气'珠穆朗玛峰'，打造国家深地工程新名片。"2023 年 5 月 30 日，在深地塔科 1 井开钻现场，中国石油党组成员、副总经理张道伟提出殷切期望。塔里木油田为破解超深层勘探开发瓶颈难题，深入推进科研单位体制机制改革，建立"揭榜挂帅"优选课题负责人等运行机制，进一步激发科技创新的动力和活力。

　　问题是时代的声音，回答并指导解决问题是理论的根本任务。中国石油党组以主题教育为契机，将调查研究发扬光大，破局开路、攻坚啃硬，以身作则上好调查研究的生动一课，切实把主题教育成果转化为推动高质量发展、加快建设基业长青的世界一流综合性能源公司的工作业绩。

第三节 坚持群众路线
用心用情关爱员工

一、以调研践行群众路线

2023年7月4日至5日，戴厚良深入兰州石化公司、中国石油内蒙古销售公司等单位调研，看望慰问奋战在一线的广大干部员工，详细了解员工倒班、休假通勤等情况。他对公司领导说："要进一步落实各项措施，用心用情呵护好员工的身心健康。"

这是中国石油党组在调查研究中贯彻群众路线的一个缩影。开展主题教育以来，中国石油党组率先垂范，深入基层调研，与员工群众面对面沟通、心贴心交流，听取员工的意见建议，了解员工的需求及困难。在中国石油党组的深切关怀下，广大干部员工信心更强、干劲更足，奋力在新征程上再立新功、再创佳绩。

把关爱送到员工心坎上，当好人民群众的知心人、贴心人、领路人。调研行程中，不管走到哪里，奋战在各条业务链上的石油人始终是中国石油党组心中最深切的牵挂。

2023年4月24日，戴厚良深入大连西太公司中心控制室调研，勉励全体员工立足岗位多作贡献，争当装置的明白人，保证装置安全平稳运行。调研中，戴厚良询问正在工作的员工生产生活情况，尤其是"四班两倒"运行模式刚实施不久，有没有不适应，资源保障是否都到位等。

2023年5月18日，戴厚良来到全国重点实验室——工程材料研究院新能源材料研究中心调研。当听到汇报说实验室承担的国家重点研发计划和中国石油多项任务目标正在冲击世界或国内纪录时，戴厚良鼓励道："搞科研就是要敢于在前人的基础上创新，有压力是正常的，要把压力转化为动力。"

2023年5月19日，戴厚良走进长庆油田勘探开发研究院，同研究院的科研人员亲切交谈。在解丽琴创新工作室，工作室带头人——解丽琴正带领徒弟们钻研场发射扫描电子显微镜。得知解丽琴在电镜岗位上工作了30多年，戴厚良感叹："30多年在微观世界探索石头的奥秘，不容易，需要有足够的定力。希望你在带好徒弟的同时，保重身体，继续为石油事业作贡献。"

科研之路道阻且长，这份鼓励和重视给科技工作者增添了前进的动力。科技工作者表示，在今后的工作中，将不断提高科研创新能力，为国家和集团公司新能源领域的发展贡献力量。解丽琴表示，会在电镜岗位上继续钻研，让石头"说话"、为石油"探路"，做好传承工作，为石油勘探事业培养更多人才。

中国石油党组在主题教育中心系员工、体贴员工，充分展现了对百万石油人的诚挚真情。

二、及时回应基层干部群众所想所急所盼

变"民生清单"为"幸福账单"，中国石油各级领导坚持到群众中去、到实践中去，倾听基层干部群众所想所急所盼。对于攸关民生福祉的大事小情，中国石油党组都牢牢记在心上。开展主题教育调研过程中，党组总是将目光聚焦到员工的所需所盼上，多次对加强保障和改善民生各项工作提出明确要求，一点一滴成就着员工群众的美好生活。

2023年5月17日，中国石油党组副书记段良伟来到甘肃兰州，深入

西北销售公司、甘肃销售公司和西北化工销售公司开展主题教育调研。在座谈会上，段良伟强调，要用心用情服务员工群众，深入践行党的群众路线，持续构建"我为员工群众办实事"长效机制，两级机关要增强服务基层的意识和能力，把改革发展成果惠及全体员工群众。

在河北任丘，中国石油党组成员、总会计师蔡安辉参观完集团公司企业精神教育基地——华北油田采油一厂任四井纪念馆后指出，华北油田历史厚重、文化底蕴深厚，要赓续红色血脉，大力弘扬石油精神和大庆精神铁人精神，进一步提升职工群众生活水平，不断增强职工群众的获得感、幸福感和安全感。

2023年6月18日，中国石油党组成员、副总经理、安全总监黄永章在西南油气田相国寺储气库调研过程中反复叮嘱大家，在保证安全生产的同时，要注意自我防护，防止高温中暑。"各级组织要大力推进健康企业建设，把员工的生命安全和身心健康放在第一位，落细落实防暑降温措施，努力实现高质量发展和平稳安全良性互动。"

河北销售公司加大薪酬与经营业绩挂钩力度，持续完善全员绩效考核体系建设。甘肃销售公司对基层员工生产生活情况进行摸排，启动偏远库站员工生产生活改造项目。西南油气田发放西瓜、绿豆汤等防暑降温物品和药品，及时为一线员工送"清凉"……各单位认真落实党组的部署要求，把主题教育成果转化为服务员工群众的具体实践，办好惠企利民实事，确保"民生清单"能够实实在在地变成员工群众的"幸福账单"。

2023年5月16日，在哈尔滨石化公司热火朝天的检修现场，中国石油党组成员、纪检监察组组长钱朝阳看到，这个公司为方便检修人员休息，搭建了5处"爱心驿站"，遮阳棚、饮水机、休息座椅一应俱全，还配套了4个移动卫生间，满足检修人员如厕需求。钱朝阳称赞道："员工的意见，再小也是大事。哈尔滨石化运用常态化调研机制，打通了服务员工的'最后一公里'。"

脚下沾有多少泥土,心中就沉淀多少真情。中国石油党组以主题教育为契机,坚持以人民为中心的发展思想,眼睛向下、脚步向下,用心用情关心关爱员工,准确了解员工的所想所盼。一次次调查研究的深入开展,正不断增强石油队伍的凝聚力、向心力和战斗力,激励广大干部员工为中国石油添砖加瓦。

第四节　重点调查研究典型企业

一、对科研院所的调研

按照主题教育的计划，2023年5月8日，戴厚良来到石油化工研究院开展调查研究。他深入了解该院的发展历史、重大项目及科研成果、新能源新材料科技攻关以及炼油化工技术等各方面的信息，对石油化工研究院的发展历史和研究实力表示了肯定，并强调了自主创新的重要性。戴厚良指出，石油化工研究院作为国内领先的科研机构，应当加强自主创新能力，联合攻关，努力推动科研工作不断取得新的突破。

戴厚良先后到合成树脂重点实验室、新材料和生物化工实验室以及中试评价实验室进行实地调研。在合成树脂重点实验室，他看到了国内聚烯烃领域最先进的多功能高通量研发平台。他对自主催化剂、特色产品和成套技术开发等细节表现出了浓厚的兴趣，并强调了这些是推动科研工作发展的重要环节，要加强自主创新能力，联合攻关、久久为功，推动科研工作不断取得新突破。

在新材料和生物化工实验室，戴厚良听取了科研攻关等情况的汇报。他强调，发展新能源新材料事业是落实"双碳"目标的有力行动。对于这个重要的领域，他主张要加强整体谋划，深化技术合作，注重研发模式创新，持续在生物化工等领域做出实实在在的科研成果。

在中试评价实验室，戴厚良了解了清洁油品生产、减油增化和减油增特、重油加工技术进展等。他特别叮嘱大家要强化技术的系统性科学评价，紧密围绕生产需求攻关自主技术，为企业加快绿色发展提供解决方案。

戴厚良提出，要以原创技术策源地建设为重要抓手，切实加强研发能力建设。这意味着中国石油要致力于打造具有全球影响力的原创技术策源地，通过不断加强研发能力建设，推动科技创新不断取得新的突破。

为了实现这个目标，戴厚良强调：首先，要加强统筹。集团公司要明确各研究院的定位，以高质量科技成果支撑引领高质量发展。这需要集团公司对各研究院进行科学的评估和规划，让每个研究院都能在自己的领域内发挥最大的作用，实现最大的价值。其次，要进一步完善科技治理体系。集团公司要认真梳理现有的技术，推进技术分类管理，激发创新动能。这意味着集团公司要对现有的技术进行全面的梳理和分析，找出优势和不足，然后进行分类管理，让每个技术都能发挥最大的作用。最后，要不断健全完善科技创新体制机制。集团公司要在科研人员激励、成果转化等方面大胆创新，加快培育一流创新人才队伍，为集团公司高质量发展提供强力支撑。这意味着集团公司要建立完善的激励机制，鼓励科研人员进行科技创新，推动科研成果的转化和应用。同时，集团公司还要积极培育一流的创新人才队伍，为未来的发展提供强有力的人才支撑。

这次调查研究是戴厚良以实际行动践行主题教育的一次重要活动。他强调了自主创新的重要性，并鼓励科研人员要勇于探索、积极创新，为中国石化产业的升级和发展贡献力量。同时，他也对企业提出了要求，希望他们能够紧密围绕生产需求进行技术攻关，为推动绿色发展提供解决方案。

对于石油化工研究院来说，这次调查研究无疑是一次极大的鼓舞。戴厚良的肯定和鼓励让科研人员更加坚定了创新的决心和信心。他们表示，将更加努力地进行科研攻关，为我国石化产业的升级和发展贡献更多的力量。

这次调查研究也为其他企业提供了借鉴和启示。表明了企业应当如何通过加强自主创新、深化技术合作以及注重研发模式创新等方式来推动产业升级和发展，也提醒企业要紧密围绕生产需求进行技术攻关，为推动绿色发展提供解决方案。

在这次调研中，戴厚良强调了一个核心观点：要坚持事业发展科技先行。这意味着，为了推动中国石油的高质量发展，科技创新至关重要。科技创新是中国石油未来发展的关键所在，必须把科技创新摆在公司发展的核心位置。

二、对海外石油企业的调研

2023年11月30日，戴厚良飞赴海外，到中国石油驻土库曼斯坦企业调研，深入了解企业生产经营、冬季保供等情况，慰问奋战在海外一线的干部员工。他强调，要深入学习贯彻习近平总书记重要指示批示精神，增强大局意识全局观念，做好一体化统筹，全力以赴完成各项目标任务，推动新时代新征程中土能源合作高质量发展，为促进中土全面战略伙伴关系深化发展和中国石油世界一流企业建设做出新贡献。

调研期间，戴厚良听取了阿姆河天然气公司、工程建设土库曼斯坦分公司、川庆钻探土库曼斯坦分公司、运输公司土库曼斯坦分公司和中亚俄罗斯公司等企业的工作汇报，看望在土库曼斯坦企业中外员工，对大家团结奋斗、无私奉献，为冬季保供和公司高质量发展做出的努力和贡献表示感谢。他指出，驻土库曼斯坦各单位深入贯彻国家"走出去"战略和共建"一带一路"倡议，认真落实中国石油党组决策部署，全力增产保供、提质增效，推动中土能源合作取得了可圈可点的成绩。新的征程上，要保持战略定力，勇担责任使命，奋进高质量发展，促进中土两国经济社会发展,让民众共享发展成果。

根据调查情况,对于下一步重点工作,戴厚良提出五点要求:

一要着眼中土合作大局,找准定位谋划高质量发展。土库曼斯坦是"丝绸之路经济带"核心区,是中国石油大力实施国际化战略、参与全球能源合作的重要支点。天然气合作是中土关系的基石,要立足长远抓当前、善谋全局抓重点,处理好天然气储采关系,实现储量、产量、成本平衡匹配。要以更高站位、更宽视野来认识天然气资源,谋划好阿姆河天然气公司和在土库曼斯坦业务高质量可持续发展,为深化中土能源合作做出新贡献。

二要认清形势、转变观念。增强全局意识,加强全产业链一体化统筹,优化完善效益评价体系和保障高质量发展评价体系。树牢"今天的投资就是明天的成本"发展理念,抓住项目全生命周期现金流贡献等关键,从源头上控制好成本,实现优质高效发展。强化合同全过程管理,研究合同、依据合同,重合同、守信用,注重合同履约过程中的权利维护。坚持"一盘棋"思想,完善组织架构,层层压实责任,加强协调协作,为加快提升中国石油发展的质量和效益做贡献。

三要加强科技创新,推动技术进步。今天的科研产出离不开以往的科研投入,今天的科研投入也是未来科研产出的预支成本。要坚持技术立企,处理好投入与产出、短期与长期等关系,加强地质理论创新和开发技术、工程技术研究攻关,开展先导性试验,切实提高采收率,勘探开发好天然气资源。要优化处理工艺流程,降低处理能耗,采取有效措施,利用好已开发天然气资源。要注重通过市场化手段优化技术资源配置,加强技术交流和宣传推广,努力将技术转化为核心竞争力。要利用好当地风光等资源,加快天然气与新能源融合发展。

四要强化管理,防范风险。结合企业实际、融合当地文化,持续深化改革和管理创新，推进企业治理体系和治理能力现代化。"一切都会被数字化"正深刻影响着世界，驻土库曼斯坦各企业要将数字化转型智能化发展作为重要抓手，加强数据共享应用，切实提升管理效率，赋能高质量发展。牢固树立"防范胜于救灾"的理念，始终坚持安全发展绿色发展，坚决防范井控风险；遵守所在国法律法规，提升依法合规治企水平，坚决防范经营风险。

五要加强组织建设和人才培养。坚持事业发展人才为本，着眼长远，努力培养适应世界一流企业需要的人才队伍；进一步提升企业领导班子的政治能力，加强经营管理、科技研发和技能操作三支队伍人才培养，突出抓好生产运行、商务法律等专业技术人才培训，提高员工本土化率，为中国石油建设基业长青的世界一流综合性国际能源公司提供人才支撑。强化廉洁意识，深化正风肃纪反腐，大力弘扬石油精神和大庆精神铁人精神，始终保持艰苦奋斗作风，凝聚干事创业、攻坚克难的强大力量。

在驻土库曼斯坦企业调研期间，戴厚良还参与中国石油合作项目阿姆河气田调研冬季天然气保供工作，出席阿姆河B区中部气田增压开工仪式，看望慰问海外一线干部员工。他强调，要坚决贯彻落实习近平总书记关于当好能源保供"顶梁柱"的重要指示精神和国务院保暖保供工作电视电话会议精神，做实做细工作，扛起责任担当，全力以赴做好天然气保供，以实实在在的举措保障人民群众温暖过冬。

戴厚良首先来到阿姆河气田第一天然气处理厂调研。2009年12月，中国、土库曼斯坦、乌兹别克斯坦、哈萨克斯坦四国元首共同在这里开启"中国—中亚天然气管道"阀门，宣告中国第一条跨境天然气干线管道正式投运。在详细了解阿姆河天然气公司及第一天然气处理厂冬季保供进展、安全生产运行等情况后，戴厚良指出，阿姆河公司服务"一带一路"建设，以保障国家能源安全为己任，是国内冬季天然气保供的重要力量。

要勇于担当、尽职尽责,加强安全生产,确保气田平稳运行,当好冬季保供"压舱石"。

戴厚良强调,中国与土库曼斯坦的天然气合作实现了互利共赢,为两国经济社会发展做出了巨大贡献。阿姆河项目十几年来输气量不断创造新的历史纪录,特别是在冬季保供中发挥了重要作用。要坚定信心、再接再厉,发扬海外石油人"特别能战斗、特别能吃苦、特别能奉献、特别能胜利"的精神,持续加强天然气勘探开发,在科技创新和提高采收率上下功夫,努力出产品、出效益、出经验、出人才,为保持天然气稳产和企业可持续发展做出新贡献。天然气保供任务艰巨、责任重大,要加强统筹、精准施策,做好应急预案演练,切实保障民生用气,为打赢冬季保供攻坚战贡献中国石油阿姆河力量。

随后,戴厚良来到阿姆河 B 区中部,出席中部气田增压开工仪式,宣布增压工程正式开工。目前,阿姆河 B 区中部已建成 19 个气田和 82 口生产井,增压工程建成投产后,将对气田延长稳产时间、提高单井产量和采收率提供有效支持,对实现阿姆河气田稳产和冬季保供具有重要意义。仪式结束后,戴厚良来到 B 区外输增压站调研,了解站里增压、计量和质量检测工作等情况。

戴厚良十分关心海外能源合作项目的中外员工,调研中多次强调要抓好员工培训,做好生活和后勤服务,保障员工身心健康和安全。当得知阿姆河项目已累计培训本土化员工超过 5.5 万人次时,他对此表示肯定,指出要进一步加大员工本土化力度,不断提升员工的能力本领,为阿姆河天然气公司可持续发展提供人才支撑。在与土库曼斯坦员工交谈时,他勉励大家要志存高远、志创一流,学好汉语、学好技术,与中方员工同心协力,为土库曼斯坦经济社会发展和公司高质量发展做出更大贡献。

在土库曼斯坦调研期间,戴厚良还会见了土库曼斯坦国务部长兼天然气康采恩总裁巴巴耶夫，就确保土库曼斯坦对华冬季稳定供气、推动天然气领域合作等议题进行深入交流。

戴厚良表示，习近平主席高度重视能源保供工作，多次作出重要指示批示。11月初，中国政府召开冬季保供专题会议，要求中国石油发挥好冬季保供"顶梁柱"作用。中国石油愿与天然气康采恩共同落实好今冬明春土库曼斯坦天然气对华稳定供应任务。天然气合作是中土关系的基石，双方合作具有长期性、战略性。2023年以来两国元首多次会晤，为双方在中土关系新的历史时期发展天然气合作指明了前进方向。围绕加强两国能源合作，双方工作团队开展了大量具体、细致、专业的工作。中国石油愿与天然气康采恩继续保持密切沟通，为深化中土合作、增进人民友谊奠定坚实基础。

巴巴耶夫表示，土方高度重视对华冬季保供，已采取必要措施确保对华冬季稳定供气。中国是土库曼斯坦最大的贸易伙伴，深化能源合作符合双方利益。天然气康采恩与中国石油是长期战略合作伙伴，愿在已有合作基础上与中国石油就进一步深化天然气领域合作开展积极商谈，并在勘探开发、工程技术服务、设备供应等领域继续加强合作。

三、对习近平总书记视频连线企业的调研

2023年1月18日，习近平总书记视频连线看望慰问塔里木油田西气东输第一站干部员工，提出殷切期望，作出重要指示。一年来，中国石油广大干部员工牢记习近平总书记嘱托，站好岗、供好气，当好能源保供"顶梁柱"。

2024年1月9日、10日，在习近平总书记视频连线看望慰问塔里木油田干部员工一周年之际，中国石油党组书记、董事长戴厚良到驻疆部分石油石化企业调研，深入了解企业生产运行、冬季保供、科技创新、数字

化转型智能化发展和基层党建等情况，专程看望慰问塔里木石油会战老党员、老干部和奋战在一线的干部员工。他强调，要深入贯彻落实习近平总书记系列重要指示精神，完整准确贯彻新时代党的治疆方略，牢记责任使命、勇于担当作为，加快推进高质量发展和世界一流企业建设，为保障国家能源安全、推进中国式现代化的新疆实践贡献石油力量。

抵达库尔勒后，戴厚良立即赶赴塔里木油田智能运营中心，仔细了解企业生产经营、数字化转型智能化发展等情况。该智能运营中心采用了"1+N"集成模式，形成企业级共享支持和协同调度平台，是油田生产指挥和应急指挥"中枢"。戴厚良指出，作为中国石油首批数字化转型智能化发展试点单位，塔里木油田要充分发挥试点先行经验优势，扎实做好标准化建设等工作，不断提升数据自动化采集率，为"数智中国石油"建设做出应有贡献。

随后，戴厚良来到石油公寓，看望慰问塔里木石油会战老党员、老干部罗春熙及家人。戴厚良握着他的手，亲切询问他的生活和身体情况，感谢他为我国石油工业发展做出的突出贡献。戴厚良说，老一辈石油人是中国石油的宝贵财富，没有他们的艰苦奋斗，就没有中国石油如今的发展。希望老同志保重身体、健康长寿，一如既往关心中国石油，为加快建设世界一流企业建言献策。罗春熙感谢党组织的关怀，对中国石油高质量发展取得的成绩感到振奋和自豪，祝愿党的事业蒸蒸日上、中国石油的事业不断发展壮大。

独山子石化塔里木乙烷制乙烯项目是国家乙烷裂解制乙烯示范工程和新疆维吾尔自治区重点工程。戴厚良前往项目一期装置运行和二期建设现场调研。在听取一期项目生产运行、工艺流程等情况后，他指出，要坚持低成本发展，注重效益和环保，保持装置安全平稳运行，加快向产业链中高端迈进。戴厚良察看了二期项目建设施工现场，强调要攻坚克难、真抓实干，做好前期工作，有序推进工程建设和生产准备，严把施工质量、打造精品工程。

西气东输第一站是开启中国进入"天然气时代"的第一站，也是优化能源结构、建设美丽新疆、加快经济发展的第一站。戴厚良来到这里，重温习近平总书记视频连线看望慰问塔里木油田干部员工重要指示精神，详细了解冬季保供、南疆利民管网运行、绿色低碳和党支部建设等情况。他强调，要始终牢记习近平总书记殷殷嘱托，始终践行保供承诺，持续提升运销管理水平，加强素质能力和作风建设等，扎根荒漠、接续奋斗，当好能源保供"顶梁柱"。

在沙漠腹地，我国首口万米科探井——深地塔科1井正稳步向地下万米钻进。1月10日中午，戴厚良来到这里调研。在听取塔里木油田深层超深层油气勘探开发和深地塔科1井施工进展后，他登上十几米高的钻台，看望在岗工人，与大家交流自动化智能化钻井和装备技术等情况。戴厚良说，深地塔科1井钻井目前已取得阶段性进展，但"行百里者半九十"，要坚决把安全和质量放在第一位，把面临的困难想得充分一点，把应对措施考虑得周到一点，大力弘扬石油精神和大庆精神铁人精神，坚定信心、稳扎稳打，用科学的态度向目标挺进、向地球深部进军。

戴厚良强调，要深刻认识新疆在党和国家工作全局中具有特殊重要的战略地位，切实增强责任感紧迫感使命感，全力奋进高质量发展，为新疆经济社会发展做出新的更大贡献。要深化深层超深层油气地质理论认识，更好地发挥科技创新支撑当前、引领未来的作用，推动塔里木盆地超深层油气勘探开发，引领我国石油工业向超深层进军。要把"确保人民群众安全温暖过冬"作为最大的民生工程抓实抓到位，坚决打赢冬季保供攻坚战，守护万家温暖。要严格落实安全生产责任制，提升基层员工的安全意识和素质能力，全力防范化解各类风险，保持集团公司大局稳定。

戴厚良一行调研归来，中国石油马不停蹄地召开深入贯彻落实习近平总书记视频连线看望慰问塔里木油田干部员工重要指示精神工作推进座谈会，重温习近平总书记重要指示精神，对深化学习和贯彻落实习近平总书记重要指示精神进行再动员再部署，激励全体干部员工不断取得新成效。戴厚良强调，要牢记重大嘱托，感恩奋进、实干争先，不断推动学习贯彻落实习近平总书记重要指示精神走深走实，全力奋进高质量发展、加快建设世界一流企业，为保障国家能源安全、推进中国式现代化做出新的更大贡献。

与会人员共同重温了习近平总书记视频连线看望慰问塔里木油田干部员工重要指示，塔里木油田、大庆油田、长庆油田、辽阳石化等单位主要负责同志和西气东输第一站员工代表，分别围绕牢记重大嘱托、争当能源保供"顶梁柱"等作交流发言。

戴厚良强调，习近平总书记视频连线看望慰问塔里木油田基层干部员工的重要指示，以及习近平总书记对中国石油和中国石油相关工作的一系列重要指示批示，是习近平新时代中国特色社会主义思想"能源篇""国企篇"的重要组成部分，体现了习近平总书记对能源行业、国有企业改革发展的深邃思考、战略考量和全局谋划。此次座谈会，是思想行动上的再对标、再提升，也是一次牢记重大嘱托、当好标杆旗帜的动员会和推进会。

戴厚良指出，过去一年来，中国石油党组团结带领广大干部员工，深入学习贯彻习近平总书记重要讲话和系列重要指示批示精神，扎实开展主题教育，统筹推进生产经营、改革创新、党的建设等各项工作并取得卓著成效。作为习近平总书记视频连线的企业，塔里木油田全力推进改革发展稳定各项工作，主营业务发展质量持续提升，深地、深冷工程建设迈出坚实步伐，油公司管理模式优势更加凸显。大庆油田、长庆油田、辽阳石化等单位和部门牢记重大嘱托，在着力破解突出矛盾、增强核心功能提高核心竞争力、坚定当好能源保供"顶梁柱"、当好共和国"种子队"等方面实现了新作为、取得了新业绩。

就进一步把学习贯彻落实习近平总书记重要指示精神引向深入、更好推动高质量发展，戴厚良强调了六点要求：

一要牢记重大嘱托，感悟思想伟力，坚定拥护"两个确立"、坚决做到"两个维护"。公司上下要把学习贯彻落实习近平总书记重要指示精神作为一项长期政治任务，始终把思想和行动统一到习近平总书记重要指示精神上来，在笃信笃行中不断提高政治判断力、政治领悟力、政治执行力，不断细化完善贯彻落实举措，切实把习近平总书记重要指示精神转化为高质量发展的生动实践，为推进中国式现代化贡献石油力量。

二要践行初心使命，聚焦主责主业，全力以赴保障国家能源安全。大力提升勘探开发和增储上产力度，以高水平储采平衡保障油气田高质量发展。坚持绿色化、智能化、高端化产业发展方向，履行好保能源安全、保油气产业链供应链稳定的重大责任。树立"能源当量"的理念，努力构建油气和新能源多能互补的新型能源体系，在推动能源强国建设和能源转型革命中发挥更加关键的作用。把"确保人民群众安全温暖过冬"作为最大的民生工程，坚决打赢冬季保供攻坚战。

三要矢志科技攻关，提高核心竞争力，加快实现高水平科技自立自强。紧紧围绕建设国家战略科技力量和能源与化工创新高地、人才高地的任务目标，按照"快速突破"和"久久为功"两个层面加大科技攻关力度，努力实现关键核心技术创新突破，实现高水平自立自强。现有产业要围绕产业链部署创新链，未来产业要沿着创新链布局产业链，要努力在培育战略性新兴产业和未来产业上占据主动。持续推进超深层理论技术创新，为集团公司打造我国陆上油气勘探开发原创技术策源地多做贡献。

四要坚持守正创新，激发动力活力，持续推进治理体系和治理能力现代化。坚定不移向全面深化改革要活力、要动力、要红利，加快构建与高质量发展、建设世界一流企业要求相适应的体制机制。落实落细"四精"要求，坚定实施提质增效和低成本发展战略举措，全面提升全产业链的价值创造能力。强化数字化、智能化管理赋能，推动早日建成"数智中国石油"。深化依法合规治企，加快建设世界一流法治企业。持续强化QHSE管理，严格落实"四全"[①]"四查"[②]等要求，建设平安企业、健康企业。

五要服务国家战略，履行央企责任，着力营造企地共建共享的良好局面。始终秉持"绿色发展、奉献能源，为客户成长增动力、为人民幸福赋新能"的价值追求，坚决落实国家重大战略部署，在能源资源保供、乡村振兴、抢险救灾、生态文明建设及党和国家重大活动保障等方面发挥应有作用。坚持完整准确贯彻新时代党的治疆方略，在务实高效打造平安油田、助力乡村振兴等方面争取更多新成果。

六要坚持党的领导，加强党的建设，坚定不移铸牢企业的"根"和"魂"。坚持把政治建设摆在首位，用党的创新理论武装头脑、凝心铸魂。坚持大抓基层的鲜明导向，不断增强基层党组织的政治功能和组织功能。深入推进人才强企工程，为打造世界一流提供坚强的人才支撑。大力弘扬石油精神和大庆精神铁人精神，汇聚起广大干部员工奋进高质量发展的强大合力。一刻不停纵深推进全面从严治党，进一步巩固发展风清气正、干事创业的良好政治生态。

---

① 全员参与、全过程控制、全方位管理、全天候监控。
② 查思想、查管理、查隐患、查整改。

第五节　以调查研究促进中国石油高质量发展

近几年来,中国石油高度重视发展战略问题,形成了包括战略思路、公司愿景、兴企方略、治企准则、战略路径、战略重点、战略部署、战略举措等较为完整的公司发展战略体系,以有效有力的调查研究落实战略,促进企业高质量发展。

一、持之以恒推动调查研究

调研不是目的,按照习近平总书记提出的"深、实、细、准、效"调研要求,在广泛进行有针对性的调查研究后,做好调研成果转化运用"下半篇文章",持之以恒推动调查研究走深走实才是根本。用好用实已取得的成果,在持续完善、深入分析、细致雕琢上继续下深功夫,加强跟踪问效,做到问题不解决不松劲、解决不彻底不放手。精准把脉,提高认知水平,把零散认识系统化、粗浅认识深刻化、感性认识理性化,着力去伪存真、去粗取精,注重由表及里、由浅入深,做到由此及彼、举一反三。系统谋篇优化问题答卷,不断改进工作方式方法,提高分析解决问题的能力,努力使难解的问题得到破解,使求解的问题有更优解。聚焦化解突出矛盾、促进高质量发展、解决员工群众急难愁盼问题、全面从严治党,坚持当下改与长久立相结合,久久为功推动成果转化。

中国石油贯彻落实党的二十大精神成绩斐然。公司党组团结带领广大干部员工,深入学习贯彻习近平总书记重要讲话和系列重要指示批示精神,特别是习近平总书记视频连线看望慰问塔里木油田基层干部员工时的重要指示精神,坚决落实党中央、国务院决策部署,攻坚克难、接续奋斗,各项工作成效卓著,生产经营业绩再创历史新高,石油事业发展开创新局面,重点工程建设捷报频传,"双碳三新"业务跑出加速度,高水平科技自立自强成果丰硕,深化改革强化管理取得实质性进展,企业和队伍大局稳定,党的领导党的建设全面加强,高质量发展迈上新台阶,世界一流企业建设展现新气象,在石油发展史上续写了新华章,在新征程开局起步之年向党和人民交出了亮丽答卷,展示了大国重器的勇毅担当。

中国石油之所以能在改革发展任务重、经济下行压力大、矛盾风险挑战多、转型变革考验大的形势下创造一系列新业绩、刷新一系列新纪录,根本在于有习近平总书记掌舵领航,有习近平新时代中国特色社会主义思想科学指引,许多规律性认识需要认真总结和坚持。必须坚持高质量发展这个新时代的硬道理,突出价值创造,强力推动企业由生产型向经营型转变,为更好履行保障国家能源安全、推进中国式现代化的责任使命打下坚实物质基础。必须坚持立足长远抓当前、善谋全局抓重点,超前研判形势,在保持战略定力、推动战略发展的同时,加强顶层设计,全力做好自己的事,因势利导及时调整优化经营策略,进退有据、把握主动。必须坚持科技创新和改革管理双轮驱动,切实解决关键核心技术难题和体制机制障碍,不断解放和发展生产力,不断激发和增强内生动力活力。必须坚持高质量发展和高水平安全良性互动,依法合规经营,全面从严治企,坚守不发生系统性风险的底线,筑牢可持续发展根基。必须坚持加强党的领导党的建设,贯彻"两个一以贯之",弘扬伟大精神,建设堪当打造世界一流重任的干部员工队伍,凝聚起同舟共济、团结奋进的磅礴力量。

紧紧围绕"牢记重大嘱托、当好标杆旗帜",着力国家所需,认真落实党组和董事会的决策部署,加强统筹、把握关键,不断增强核心功能提高核心竞争力，更好发挥科技创新、安全支撑作用。重点在五个方面当好标杆旗帜：

一是加快提升能源高效供给能力，在保障国家能源安全上当好标杆旗帜。要加快业务结构调整和转型升级步伐，切实增强产业链供应链韧性和安全水平。油气和新能源子集团要持续加大勘探开发和增储上产力度，高质量生产供应能源资源，巩固盈利支柱地位。炼化销售和新材料子集团要坚持绿色、智能方向，推进业务结构调整，加快转型升级，迈向产业链中高端。支持和服务子集团要坚持技术立企不动摇，加快向产业链中高端迈进、向自立自强的战略支持转变。资本和金融子集团要持续推进产融结合、融融协同、以融促产。

二是加快布局推进战略性新兴产业和未来产业，在发展新质生产力上当好标杆旗帜。要立足国家所需、产业所趋、转型所急、公司所能，加快推进产业升级，健全完善战略布局，着力强化战略性新兴产业科技支撑，不断完善未来产业创新链建设，协同打造产业生态，强化政策机制激励，增强发展新动能。

三是加快提升自主创新能力，在高水平科技自立自强上当好标杆旗帜。要坚持"四个面向"，坚持支撑当前、引领未来，进一步加强创新能力建设，加大科技投入，完善科技创新体系，着力推进国家战略科技力量建设，着力加强基础研究和应用基础研究，着力强化关键核心技术攻关和成果转化应用，集中优势力量攻关突破，提升科技创新整体效能。

四是加快提升现代企业治理能力，在深化国企改革和强化管理上当好标杆旗帜。要着力抓好体制改革和机制完善，加强依法合规管理和从严治企，打造提质增效"增值版"，强化数智建设为管理赋能，加快健全完善与打造世界一流相适应的体制机制，持续提升公司治理效能。

五是加快提升风险防范化解能力，在更好统筹高质量发展和高水平安全上当好标杆旗帜。要健全完善全面风险管理体系，分层次、分领域梳理各类风险，分类分级制定应对措施，守牢安全环保底线红线，深化健康企业、平安企业建设，着力防范化解经营风险，切实提高安全保障能力。

2025年，在以下五个方面进行着力：

一要以"三个务必"为思想统领，努力以自身工作的确定性来应对形势变化的不确定性。要加强形势分析研判，及时调整生产经营策略，做最充分的准备、争取最好的结果。要着力推进主营业务质效双升，加快推进转型升级和结构调整，确保既定战略目标圆满实现。要坚持科技创新和改革管理双轮驱动，加快破解关键核心技术问题和体制机制障碍，切实把发展引擎打造得更为强劲。要大力实施提质增效和低成本发展两大战略举措不动摇，加大全员、全要素、全过程成本管控力度，持续推进质的有效提升和量的合理增长，在激烈市场竞争中赢得主动。要充分发挥党的领导作用，把坚持党的领导作为应对一切不确定性的最大确定性、最大保证，大力弘扬伟大精神，凝聚起团结奋进、攻坚克难的强大力量。

二要以实施"四大攻坚工程"为抓手，推动高质量发展在爬坡过坎中行稳致远。要全力抓好市场营销攻坚工程，成品油销售要把拓市场、稳份额作为攻坚方向，优化营销体系、完善营销策略，建设油气氢电非综合能源站，加快转型发展；化工销售要在强化营销能力建设上持续攻坚，进一步提升产品销量和市场份额；天然气销售要坚持保供增效工作主线，丰富营销策略，大力开发高端高效市场，巩固提升市场份额；支持和服务单位要加大系统外市场、海外市场攻坚力度，进一步优化市场结构，持续扩大高端、高附加值业务占比。要全力抓好贸易保供攻坚工程，强化底线思维、极限思维，密切跟踪国际形势变化，加强风险研判和战略预置，按照不同情景动态完善保供方案，强化完善海运支持保障体系建设。要大力实施高效勘探和效益开发，夯实立足国内保障国家能源安全的基础。要全力抓好亏损企业治理攻坚工程，大力发扬伟大脱贫攻坚精神，抓目标盯进度，抓重点攻难点，抓巩固防反复，全力推进法人压减，以改革的方法推动一批"僵尸企业"出清，努力完成基本消除亏损企业的目标。要全力抓好QHSE提质攻坚工程，狠抓QHSE管理体系补强和安全生产治本攻坚，强化中央生态环境保护督察发现问题整改攻坚，狠抓油气水井质量和采购质量集中整治攻坚，深化健康企业建设攻坚，提升本质安全环保水平。

三要以创新驱动和人才强企为支撑，锻造高质量发展新动能新优势。要突出创新能力建设，坚持"四个面向"，深入推进"五位一体"国家战略科技力量建设，加强关键核心技术攻关，提升原始创新能力，构建良好创新生态。要突出加强三支人才队伍建设，坚持系统谋划、综合施策，实施科技人才、技能人才接替计划，着力建设以企业家为代表的经营管理人才队伍、以战略科学家和科技领军人才为代表的专业技术人才队伍、以大国工匠和石油名匠为代表的操作技能人才队伍。

四要以深化改革和强化管理为牵引，持续推进公司治理体系和治理能力现代化。坚定不移进一步全面深化改革，紧紧围绕健全完善中国特色、石油特点的现代企业制度，认真落实党组《关于进一步全面深化改革、加快建设世界一流企业的意见》，突出重点、把握规律、注重实效，持续推进治理体系和治理能力现代化，着力建立与世界一流企业相适应的体制机制。坚定不移强化管理，以精益管理、止于至善的追求，持续健全完善管理提升长效机制，强化价值管理、职能管理、基层基础管理、依法合规管理和数智管理赋能，持续提升公司管理水平。

五要以强化干部队伍作风能力建设为保证，推动党组决策部署落地见效。各级领导干部要率先垂范、奋发有为，与时俱进转变观念，着力提升政治能力、专业能力和斗争本领，认真谋划攻坚克难新举措，着力提振干事创业精气神，充分调动基层积极性，切实把党组的决策部署转化为奋进高质量发展的生动实践和实际成效。两级机关要发挥表率作用,继续带头过紧日子,持续提高服务效能,增强履职能力,更好立足岗位建功立业。广大石油青年要坚定理想信念,立足岗位、勇挑重担,在生产经营第一线、技术研发最前沿、市场开拓主战场等关键领域勇当生力军和排头兵。各级党委要坚持党建带团建,关心青年发展、助力青年成长。

二、持续推动调研成果转化应用

调查研究是谋事之基、成事之道。只有进井场、到班组、访站场,做实调查研究,才能解难题促发展。2023年起,中国石油深入开展学习贯彻习近平新时代中国特色社会主义思想主题教育,大兴调查研究,推动调研成果转化应用。各业务板块按照集团公司的部署要求,带着问题进井场(车间)、到班组、访场站,运用党的创新理论研究新情况、总结新经验、探索新规律,对症下药、因企制宜,提出一批解难题、促发展的具体举措,扎实推动主题教育走深走实。

坚持问题导向,主动领题破题,是油气主业推动主题教育往"心"里走、往"深"里走、往"实"里走的缩影。各企业深入思考油气田勘探开发开采最重要的问题和矛盾是什么、未来能够高水平稳产多少年,在学思践悟中找到高质量发展的思路和方向。

【案例1】塔里木油田:突破"治水"难题　气区上产底气足

发现问题:老气区水侵形势加剧。

解决方案:塔里木油田党工委先后到克拉、迪那、博孜、大北气区,针对水侵等问题调研10余次,成立控水稳产工作专班,制定调整方案,通过18个方面89项措施,夯实气田稳产基础。

员工评价:塔里木油田油气开发部气田工程科副科长张晨说:"'关键

少数'一线把脉问诊,为我们气田'治水'量身定制了技术对策,让库车山前300亿立方米稳产上产实施路径逐渐清晰。同时,也将前期超深气田高效开发的成果认识从战略层面推进至战术层面,大家奋进高质量发展的责任感使命感得到进一步激发。"

截至2023年8月28日,塔里木油田为98口气井开出排水采气、补孔改层、气井大修等"诊疗"措施后,深挖气井增产潜力,让气井重回"年轻态",恢复天然气产能5.9亿立方米。

塔里木油田党工委聚焦主责主业,持续做好主题教育调查研究"后半篇文章",紧盯调研中发现的制约气田高效开发的难点问题,加强跟踪问效,狠抓问题整改,切实把调研成果转化为解决制约高质量发展问题的"实招硬招",切实以破解难题打开工作局面,助力高质量发展。

历经近20年的勘探开发,库车山前新区上产节奏放缓、老区水侵形势加剧,天然气高效开发及稳产上产路在何方?塔里木油田党工委在调查研究中突出"实",公司副总师以上领导聚焦主责主业领题调研,分区域分批次把办公桌"搬到"生产一线,通过座谈会、一对一面谈、现场办公等方式广泛征求基层意见建议,摸清生产状况,对气田水侵形势严峻、储量准备不足等症结,进行难点大梳理、大排查,找出制约气田稳产上产的六大类78项突出问题。

产能提升怎么办?水侵怎么治?塔里木油田问题整改突出"效",坚持"从一开始就改起来",创新"聚焦一个中心任务、找准一项突出问题、定出一套解决措施、办成一件急需实事"的"四个一"主题教育特色工作方法,结合调研发现的突出问题,对气藏地质再认识、开发机理再研究,开出18个方面89项具体措施,成立迪那2气田控水稳产工作专班,稳步实施克拉2气田开发调整方案,启动克深气田100亿立方米稳产工程。

克拉采油气管理区油气藏地质研究所所长、党支部副书记朱松柏说:

"油田以加大滚动勘探开发力度等为抓手,加大气藏效益稳产、整体治理和提高采收率等方面的关键技术突破和创新,一井一策、一藏一策,开出'控、防、排、堵'等'治水良方'。我们与时间赛跑、与水侵速度赛跑,更有信心和底气。"迪那采油气管理区地质研究所副所长赵紫桐也坦言:"科学具体的开发治理措施,为我们进一步明确了'控'的对策、'防'的对象、'排'的办法、'堵'的条件,让我们下一步工作更有抓手。"

调查研究如何突出"效"?塔里木油田把措施量化落实到每个气藏、每口井、每个人,按照进度时限紧盯不放、动真碰硬、务求实效。"在潜力靠实、工程技术可行、经济效益达标的前提下,我们即知即改、立行立改、真改实改,全力做好'水文章',实现气田水采得出、输得走、能处理、注得下。目前,大北气田综合递减率降至9.6%,'治水提采'取得了阶段性成效。"博大采油气管理区采油气工程一级工程师杨忠武说。

【案例2】辽河油田:打通融合通道 提升科技支撑上产能力

发现问题:科技支撑上产力度不够。

解决方案:辽河油田科技部班子4名成员,深入科研和采油单位调研30余次,协调组建23个技术专班,由油田一级工程师以上技术专家领衔,进驻生产一线,实现科研生产一体化,推动了产量增长。

员工评价:辽河油田勘探开发研究院一级工程师司勇:"参加专班以来,我与兴隆台采油厂技术人员一起确定增产措施20余项,在推动产量增长的同时,也增进了对生产现场情况的了解,有利于今后做好室内研究。"

"有了电缆传输修井技术,我们修井不用再起下100多公斤的油管了,干活更省劲。"谈起这项新技术,辽河油田工程技术公司修井工薛刚竖起大拇指。目前,这项技术已推广应用33井次,平均单井作业时长减少

40%，成本降低 30%。

打造电缆传输一体化修井技术、推动修井方式发生革命性变革，是辽河油田科技部深入开展主题教育取得的成果之一。树牢问题导向，瞄准科技管理中的弱项短板扎实开展调查研究。党员干部主动领题、精准破题、高效答题，切实把主题教育成果转化为科技增油、提质增效的实绩。一是正视矛盾，主动领题。随着老油田进入开发中后期，科技在稳产中的作用越发突出。"如何提升科技支撑引领主营业务的能力？如何更好发挥科技降本作用？"面对油田公司领导抛出的一连串问题，油田科技部主动领题，聚焦"高水平科技自立自强"开展专题学习研讨 10 余次，坚持从新思想中找思路、找方法。油田科技部班子 4 名成员各领一个调研课题，采取座谈交流、个别访谈等形式，深入科研和采油单位调研 30 余次，倾听一线呼声，寻找解题方向。二是抓住关键，精准破题。油田科技部班子成员在充分调研基础上梳理出问题清单，深刻剖析原因，找准破解之道。在基层调研时，不少研究人员反映，"室内研究数据与现场数据对不上，导致增产措施方案不够精准"；有的生产单位也提出，"希望科研单位专家加强现场指导"。结合两方面诉求，协调组建 23 个技术专班，由油田一级工程师以上技术专家领衔，进驻生产一线，实现科研生产一体化，重点解决 SAGD 上产、开鲁地区低渗油藏效益建产等难题，推动 SAGD 日产量回升至 400 吨、开鲁地区日产量踏上 1000 吨。科研专班打通了科研和生产一体化融合通道。"专家驻厂指导，进一步加强了彼此沟通，措施成功率提升了 26%。"兴隆台采油厂地质所所长于永兴说。三是整改提升，高效答题。辽河油田科技部把"当下改"和"长久立"结合起来，将整改提升贯穿于主题教育。针对科技成果转化不足的问题，油田科技部补充完善科技成果转化项目 15 项。其中，低效区块综合注水调控、低效稠油多介质开发等 3 项技术，单项增油超 8000 吨；大修工程小修化、低成本压裂提产提效等 5 项技术，单项创效超 600 万元。针对科研机制不够灵活、经费使用不规范等问题，这个部修订《辽河油田科技项目管理办法》等 4 项制度，着力打造高水平科技自立自强"1+N"制度体系。"我们的高温熔盐储热项目，与绿电制氢项目一起赛马，打破了过去单一项目单一团队的模式。团队的竞争意识、进取意识更强了，大家都很努力。"辽河油田设计院高温熔盐储能项目负责人王延涛说。

【案例 3】吉林油田新木采油厂：降本增效

发现问题：生产成本偏高。

解决方案：持续强化单井罐治理、自用油气压降、峰值电量压减、老井动管柱作业优化等重点项目成本管控，提升精细管理空间。

员工评价：吉林油田新木采油厂创新维修工作站劳模班班长杜海峰说："公司党委在深入新木采油厂调查研究过程中，结合企业加快亏损治理的实际，帮助广大干部员工继续寻找压降成本的方法。经过一段时间努力，采油厂的经营成本实现持续下降，提升了整体经营效益，解决了全体员工关心关切的问题。大家热爱企业、为企业奉献的劲头更足了。"

【案例 4】大港油田井下四公司：阿米巴管理模式

发现问题：修井效率低，经营状况不理想。

解决方案：进行自动化升级改造，提高修井效率，并推行以"划小核算单元、独立经营、独立核算、自负盈亏"为内涵的阿米巴管理模式。

员工评价：大港油田井下作业公司第四修井分公司党总支书记张敬霆说："在各级领导的支持下，我们边摸索、边推进，在提效率、促经营方面持续发力。加速推进'自动化修井作业研究与配套应用'项目现场试验。员工通过操控遥控器和显示屏，动动手指即可完成管柱起下作业任务。员工野外作业条件改善了,劳动强度降低了。通过实行阿米巴模式,将工作量、绩效与收入挂钩,让员工成为'经营主角',激发了员工生产创效的积极性主动性。目前,分公司经营收入同比增加,我们的薪酬福利稳中有升,增强了获得感和幸福感。"

【案例5】华北油田巴彦分公司作业区指挥中心:应用新型节能设备

发现问题:生产能耗高,成本增加。

解决方案:优化工艺升级,同时加强电磁防蜡器、永磁同步电机等新型节能设备在作业区现场的应用。

员工评价:华北油田巴彦分公司吉兰泰采油作业区生产指挥中心副组长韩斌说:"在调研过程中,公司领导发现了作业区在提质增效方面存在的问题。经过把脉问诊,并协调各方面帮助作业区优化升级工艺,目前作业区更换了7台永磁同步电机,节电效果明显。通过工艺升级,优化了污水处理系统和注水系统等流程,降低了一线员工劳动强度。同时,优化升级后降低了能耗,让我们有望完成年度提质增效指标,收入也会有所增加,员工的凝聚力更强了。现在大家干劲十足,力争在原油上产、提质增效等工作中做出更大贡献。"

【案例6】吐哈油田准东生产安全中心:优化运输线路

发现问题:准东至鄯善区域原油长途运输线路存在安全隐患。

解决方案:多次组织现场踏勘运输线路,并邀请鄯善县交通大队对相关道路风险进行分析评定,最终确定了一条安全、高效的危化品车辆行驶线路。

员工评价:吐哈油田准东项目部生产安全中心运输业务管理人员康亮

说:"油田公司相关部门通过认真调研,发现原油罐车长途运输受天气条件影响非常大,场站库存一度处于高液位运行状态,生产压力大。现在油田通过积极协调解决了各项问题,原油拉运更有安全保障,当班员工的工作强度也降低了。油田准确了解基层的所忧所盼,给了我们满满的温暖和安全感。"

【案例7】冀东油田油气集输公司:解决外销原油机械杂质难题

发现问题:油气集输过程中,外销原油机械杂质时高时低。

解决方案:组织开展机械杂质沉降速率试验,从前端查找机械杂质来源,并向其他企业取经,通过对原油储罐老化油分层取样,合理调整生产运行模式,控制了机械杂质,达到了输好油、销好油的目的。

员工评价:冀东油田油气集输公司生产办公室副经理时丙新说:"油田公司相关部门通过调研,针对生产难题,组织力量帮助我们想办法。员工们也在参与生产难题解决的过程中,增强了主人翁责任感,为企业发展积极贡献力量,工作热情高涨,更有干劲了。"

【案例8】浙江油田西南采气场:推动数字化转型

发现问题:作业区分布分散,人少井多,员工工作强度大。

解决方案:加快自动泡排设备推广,推动作业区数字化发展进程。

员工评价:浙江油田西南采气厂综合办公室高级主管郭文龙说:我们厂4个作业区分布在4个县市。公司党委坚持问题导向,积极协调加快自动化设备使用,降低了基层巡井员工的劳动强度,让设备服务于员工,使主题教育成为不断密切联系员工、服务员工的有力抓手。目前,我们已经有52口井完成自动泡排设备数据接入,并完成项目系统构建。这些新变化让我们的工作效率大大提高,心情也更舒畅了。

三、调查研究永远在路上

高质量发展是全面建设社会主义现代化国家的首要任务。发展是党执政兴国的第一要务,没有坚实的物质技术基础,就不可能全面建成社会主义现代化强国。当前,推动全面建设社会主义现代化国家开好局起好步,需要大兴调查研究,聚焦新问题、化解新矛盾、探索新思路。中国石油坚决扛起经济责任、社会责任、政治责任,深刻认识能源央企在国家经济社会发展中的地位和作用,坚持用发展的办法解决发展中的问题,时刻牢记调查研究工作的目标和任务,围绕学习贯彻落实习近平总书记重要指示批示精神、着力高水平科技自立自强、加大油气勘探开发和增储上产力度、深化提质增效和亏损企业治理等主要情况与重点问题开展调查研究,聚焦解决企业发展中的关键问题和顽瘴痼疾等,坚持前瞻性思考,下好调查先手棋、打好研究主动仗,研究透彻、找准根源和症结,找到务实管用的破解之策,将调查研究同中心工作和决策需要紧密结合起来,运用党的创新理论研究新情况、解决新问题、总结新经验、探索新规律,推动调查研究成果转化为推进工作、促进企业高质量发展的实际成效。

2023年,中国石油在国企改革三年行动圆满收官、获评2022年度中央企业改革三年行动重点任务考核A级的基础上,认真落实新一轮国企改革深化提升行动部署要求,以增强核心功能和提高核心竞争力为重点,采取更有力的措施进行攻坚,坚决当好新一轮国企改革"示范者"。

坚定改革方向,下好谋篇布局"先手棋"。一年来,中国石油找准定位、超前谋划,不断优化完善集团公司深化改革提升行动总体方案,聚焦保障国家能源安全、推进高水平科技自立自强、布局战略性新兴产业等重点领域,安排部署6个方面27项106条改革措施,明确了未来三年改革的主要目标、重大任务和标志性成果,为下一步推进改革发展奠定了坚实基础。

优化体制改革，构建高效协同的组织体系。在四大业务板块（子集团）高效协同运转的基础上，中国石油推进油气新能源和炼化新材料业务事业部制改革，促进天然气销售体制改革调整到位，推动落实事业部运营管理主体责任。在战略性重组和专业化整合方面，中国石油推动内部信息化资源、运输、技术服务、工程建设等业务重组，全面完成车用加气终端一体化运营改革，加快推进未上市业务整合，通过上市回购、关停退出等"四个一批"改革方式，调整业务结构，盘活存量资产，油气产业链集中度稳步提升，产业控制力明显增强。

巩固机制改革，治理体系和治理能力现代化实现新突破。中国石油持续完善公司治理机制，全面落实"两个一以贯之"，巩固党组织在公司治理结构中的法定地位，推动各级董事会规范运作、高质量运行。不断优化市场化经营机制，建立健全价格体系，有力提升了价值创造能力。深化管理提升，打造提质增效"精进版"，全力推进亏损企业治理、法人压减三年攻坚行动，全级次亏损企业数量和亏损额降至历史同期最低。

坚持示范引领，改革带动作用显著增强。中国石油积极推进"双百行动""科改行动"，持续加大政策支持、统筹协调、督促督办和宣传引导力度，共有4家企业入选"双百企业"，7家企业入选"科改企业"。在国务院国资委公布的中央企业所属"双百企业""科改企业"2022年度专项考核结果中，中国石油总体排名位居中央企业前列，11家企业获评"7个标杆""4个优秀"的优异成绩。

2024年，经过广泛深入调研后的中国石油，瞄准国际一流石油公司标准，开启新一轮国企改革深化提升活动。昆仑制造落户雄安，事业部制改革全面启动，提质增效和亏损企业治理、法人压减工作取得扎实成效，国际业务体制机制改革、三项制度改革向纵深推进……中国石油推动全面深化改革走深走实，加快世界一流企业建设步伐，发展的新动能新优势更加凸显。

用好调查研究"金钥匙"，既要扑下身子沉进去，又要把问题"提上来"，做好"后半篇文章"。从塔里木油田将办公桌搬到库车山前现场，到河北销售干部驻站帮扶，再到东方物探、渤海钻探等企业解决民生难题，中国石油广大党员干部充分发挥"三个面向、五到现场"会战优良传统，让调查研究成为谋事之基、成事之道。

新时代新征程，中国石油广大干部员工把解放思想、转变观念放在第一位，从认识上、思想上、行动上与党中央保持高度一致，切实把集团公司党组的各项部署落实落地。随着改革持续深入，市场观念、成本意识、效益观念、经营理念、系统观念等逐渐在百万石油人的思想深处落地生根，成为推动企业高质量发展的强大动能。坚持以习近平新时代中国特色社会主义思想为指导，全力奋进高质量发展，加快建设世界一流企业，为保障国家能源安全、推进中国式现代化贡献石油力量。

附录

优秀调研报告摘录

附1

向精细管理要效益

——关于华北油田公司实施精细管理的调查报告（上）

华北油田公司在困境与挑战面前，提出向精细管理要效益的经营思路，遏制了原油产量下滑的势头，生产成本得到合理控制。

油田企业的命运，在很大程度上靠石油天然气的产量来维系。在过去的 28 年间，华北油田的原油产量经历了快速上产、高产稳产、快速递减和缓慢递减四个阶段，从高峰时的年产 1733 万吨，跌至年产 400 多万吨。原油产量在较短时间内出现巨大落差，让以油气生产为生的企业遭受重创。集团公司重组改制后制定的以效益为中心的原则，使没有多少外延空间的华北油田面临前所未有的挑战。

如何才能让企业尽快走出困境，让职工看到发展的前景呢？华北油田公司提出了"向管理要效益"的经营思路。在过去的 4 年中，华北油田公司实施精细管理，不但使产量下滑局面得到遏制，而且使生产成本得到合理控制，油气勘探接连在新的领域取得突破，生产经营出现较好的发展势头。为此，股份公司在 2004 年初的工作例会上要求，勘探与生产分公司牵头，会同总裁办公室、规划计划部、财务部一道，对华北油田公司实施精细管理的经验和做法进行调查、总结，并在集团公司范围内进行宣传推广。

调研组认为，华北油田公司实施精细管理，有效控制生产成本的经验和做法，不仅使其自身焕发出新的活力，而且对其他油气田公司有着很强的指导意义。

产生背景

华北油田的开发始于20世纪70年代。1975年任丘任4井获日产千吨高产油流后，华北石油会战指挥部于1976年1月获国务院批准成立。1978年，原油产量达到1723万吨，居全国第三位，为当年全国原油产量突破亿吨大关作出了重要贡献。1979年，原油产量达到1733万吨，创历史最高水平。截至2003年底，累计生产原油2.18亿吨，在中国石油各油气田中位居第三。由于历史原因和特殊的地质条件，华北油田在连续10年产油1000万吨以上之后，从1987年进入快速递减阶段，1998年年产降至400万吨。

伴随着重组改制，集团公司大步走向市场。新的形势给华北油田的生存发展带来挑战。主要表现在五个方面：一是人多油少。到1999年，油田人均油气当量不足50吨，远低于集团公司的平均水平。二是摊子大。油田每年400多万吨的产量与原来形成的1700多万吨生产能力规模不匹配，对经济、安全运行和控制成本的压力加大。三是勘探程度高。冀中地区三维地震覆盖率高达52.5%，勘探对象越来越复杂，勘探主体不得不向低渗透、深层、特殊类型储层和隐蔽圈闭等复杂目标转移。四是油田发展后劲不足。主力油田处于中后期开发阶段，综合含水高达82.3%，原油产量综合递减达到6.3%，增储稳产难度大。五是管理粗放现象不同程度存在，不合理的支出与浪费成为企业经营的负担。

为此，华北油田公司明确提出精细管理的思路，把精细管理作为实现"管理科学化"的主要措施来抓，把创新精神和目标管理结合在一起，加大管理力度，提高企业的经营水平。

基本内容

对应中国石油股份公司实行一级法人、两级行政、三级业务的管理体制，"集中决策、分级授权"的投资管理体制，"一个全面、三个集中"的财务管理体制和以业绩为基础的考核办法，华北油田将精细管理的内容进行规范，使其更准确、更简明、更好操作。这就是"细分管理单元，量化考核指标，管理主体责权利统一"。

细分管理单元，就是把管理对象尽可能细化到最小工作单元，管理责任具体化，并落实到位，使细化管理单元的过程成为深化管理工作的过程。

量化考核指标，就是在不同的管理层次和管理单元，都有明确的、量化的、科学的、经过努力可以实现的考核指标，通过层层分解，把本单元的工作目标落实到具体的工作单元，真正做到横向到边，纵向到底，不留死角。

管理主体责权利统一，就是建立起与管理主体业绩挂钩的分配机制，使每名员工能根据自己所从事工作的责任、贡献的大小获得相应的劳动报酬，激励员工爱岗敬业，多做贡献。

精细做法

华北油田公司把精细管理作为一项系统工程贯穿于生产经营全过程，涵盖投资、成本、生产现场、勘探开发技术研究和思想政治工作等方方面面。

精细投资项目管理。油田公司对所有建设投资实行项目管理，项目按效益优选，投资按项目核定。规范项目立项、评估、项目组成、经理选聘、资金运行监督和检查、考核奖惩等工作程序，运用企业财务计划与控制系统，使财务预算、会计核算、成本控制有机融为一体，确保资金快速有效运作。如在勘探开发项目管理中坚持投资跟着效益走原则，派生出的勘探项目"订单"式管理就是一种有效方式。所谓"订单"式管理是将年底油气控制储量、井位数量、探井成功率和储量单位成本作为对勘探系统的主要考核指标，勘探系统再将指标分解到冀中、二连两个勘探项目。勘探项目将指标向研究单位分解时，主要考核井位数量和质量。研究单位再将所承担的井位考核指标进一步分解到研究室或课题组。对施工作业单位，则以关联交易为纽带，重新制定物化探、钻井、测井、录井、试油测试等专业系列的监督实施细则。

精细成本管理。控制成本是市场经济条件下每一个企业都必须追求的目标，华北油田公司在背负着过大历史投入的情况下，把成本控制当作大事来抓，采取"目标成本管理""细化成本核算单元"等分层次的成本精细控制法，把成本控制责任真正落实到管理主体，让不该发生的成本"原地"消失。

第一个层次：强化全面预算管理，按照两级预算目标管理、五级费用指标控制的全面预算管理模式，加强预算全过程控制，形成一套油田公司、采油厂、工区三级多部门共同参与的预算编制程序。预算指标纵横分解，成本指标按费用要素分解，重点单项费用切块到职能部门包干管理，总成本费用分解到工区、站点、单井。在预算执行过程中实行预警通报，对被通报者在次月资金支出方面从严控制。对没有完成任务的单位和个人给予扣减相应的业绩奖励工资以及解聘或免职等处罚。

第二个层次：坚持重点费用重点控制，推广ABC管理法，把占总操作费70%左右的动力、材料、井下作业、维护修理、运输等5项费用支出作为成本控制重点。如油田公司把占油田操作成本20%以上的动力费作为控制重点。

对材料费、井下作业费、维护及维修费用、运输费用进行强有力的控制。2001年至2003年在油田固定规模基本不变、原油产量有所下降、工资及各种消耗价格上涨的情况下，共减少材料消耗3770万元，减少井下作业费支出2955万元。油气操作成本从1999年的每桶7.16美元降至2003年的每桶5.77美元。

第三个层次：减少自耗，提高原油商品率。充分利用回收的零散或伴生天然气对外输原油加热，或将外输加热炉的燃烧器改为油气混烧火嘴，提高燃烧效率，减少原油消耗。充分利用地热资源，停运热水炉，节约燃油、燃气。对输油管线应用流动改性剂实现常温输送，优化外输管线运行参数。对部分计量站的集输线实施不伴热输油，优化联合站、接转站原油外输运行参数，在确保管线安全输油的情况下，降低输油起点温度，减少燃油消耗。采取停用、改造、更换、回收烟道余热等措施，提高加热炉、热水炉效率，减少原油消耗。这些措施使原油商品率从2000年的93.92%提高到2003年的94.4%，减少自用油提高商品量1.9万吨，增加效益3000多万元。

本文作者：胡文瑞　赵政璋　闫存章　吴　奇　吴国干　贾　东
　　　　　陈发晓　刘文涛　韩保庆　史振祥　姚　超　李松泉
　　　　　孟宪杰　魏顶民　郑新权　胡海燕　王连刚　王合菅
　　　　　郭绪杰　田　军

向精细管理要效益

——关于华北油田公司实施精细管理的调查报告(下)

华北油田公司通过实施以"细分管理单元,量化考核指标,管理主体责权利统一"为主要内容的精细管理,大大提高了综合效益。

油气田公司的成本大都发生在生产运行之中,把生产运行的过程管理做精做细,就能有效控制成本。华北油田公司面对主力含油气区整体勘探程度高,新增储量发现日趋困难,新区地质条件复杂,突破难度大,油田整体进入中后期深度开发阶段,稳产和成本控制的难度越来越大的严峻形势,率先把勘探和开发生产"精细"起来。

精细勘探开发管理

在勘探上,华北油田公司按照"最大限度地获取经济可采储量"在指导思想和"多发现、可动用、较整装"获取储量的原则,把力量集中在有效部位——隐蔽油藏上。勘探手段由过去精细构造解释、落实圈闭高点,向精细沉积储层解释、落实砂体空间展布形态转变。研究方法由过去相对单一的石油地质研究,向综合应用石油地质学、沉积学、层序地层学等多种理论进行多角度研究与评价转变。组织形式由过去地质、物探分头研究,构造解释、沉积储层、新技术应用、圈闭评价独立分析,向组成多学科专业项目组,开展联合攻关转变。管理方式由过去勘探开发彼此独立工作，向勘探开发一体化转变。通过精细工作，隐蔽圈闭在年度钻探目标中所占比例从1999年的6%上升到2003年的56%，隐蔽油藏储量在总探明储量中所占比例从1999年的近乎零上升到2003年的87%，新发现油藏具有规模整装、单井产量高的特点，探明储量当年动用率超过70%。

在开发上，华北油田公司立足于现有资源基础，坚持最大限度地有效动用已探明储量的指导思想，从三个方面提升开发工作水平。

一是按照"富中找剩、差中找优"的原则，强化滚动勘探开发。滚动工作由初期的单一断块、单一出油井点研究向区带整体评价解剖和油藏周边的立体滚动扩展。工作重点由见油圈闭再评价向研究新圈闭、新断块以及发现新油藏上扩展。通过采用区带整体解剖、目标精细处理解释和小层对比等手段，流动出1个千万吨级油田，3个500万吨级油田。

二是强化一般评价、滚动评价和已探明未动用储量3个层次油藏评价，推动勘探开发一体化。不断加强评价与产能建设，实现在评价过程中建产能，在建产能过程中增储。

三是精细油藏经营管理。对新投入开发的油藏，科学、经济地确定开发方案和地面工艺流程，注重当前经济效益。对已投入开发的油藏，经济技术评价从行政单元转向油藏（断块）和单井，实现以油藏（断块）为单元、以单井为基础的精细经济技术评价，为不同开发单元在不同开发阶段制定相应的开发措施。对主力老油田采取利用现有井网，以优化注采配置关系为手段，以注采结构调整为重点，大打注水调整进攻仗。通过以上精细管理措施，主力老油田稳产状况得到明显改善，综合递减率由8.2%减缓到6.3%，含水上升率由3.5%控制到0，标定采收率由26.3%提高到27.7%，保持了每年480万吨油气当量的生产规模。

精细生产现场管理

在精细管理思想指导下,华北油田公司各油气生产单位和技术服务公司创造了一些好的做法与经验。

"一井一法、一块一策"是第一采油厂从管理对象特殊性和管理细致性的角度,提出的一口油井采取一种管理办法,一个区块制定一个综合开发对策的精细管理措施。这个采油厂从2001年开始,以发现问题、分析潜力和明确对策为重点,把每一口井、每一个区块作为最基本的管理单元,建立了643口油水井和26个区块的管理台账。从油层、地井筒等环节入手,按照轻重缓急和投入产出原则,对症下药,恢复了12口老井,分别采取对24口高含水井间开,对西柳10断块进行整体压裂治理等措施,取得很好的效果,消除了以往分析方法和管理对策相对笼统的弊病。

"单井核算"和"六分四段"是第二采油厂为进一步提高单井经济产量而创造的精细管理法。"单井核算"是以单井为基础单元,开展核算评价,费用、措施都落实到单井。"六分四段"是按环境分单元、分单元定人员、分单元定电量、分单元定产量、分单元定成本、分单元定责任,按指标完成情况四个段兑现工资。

第二采油厂与天津大学合作开发的单井核算评价软件,可让工区和厂职能部门通过每月录入的单井核算资料,随时掌握每个断块、单井的生产及成本支出情况,使井与井之间的管理真正"分立门户"。这个采油厂对每一口井和断块的成本支出情况按经济型、非经济型、亏损型进行效益评价,将亏损的30个断块和83口单井采取补孔、卡堵水、压裂、化调等针对性措施,实现了增油,提高了断块整体效益。同时,这个厂形成380个责任单元,将生产经营指标横向分解到各职能部门,纵向落实到各承包单元,通过实行经营日报制度,按旬将各单元产量、成本运行情况传递给厂领导及有关部门，按月对各单元的承包指标量化打分，奖优罚劣，从而增强了员工勤算账、算细账的意识。

"五单核算"是第三采油厂高阳油田为增强职工成本意识而创立的精细管理办法。"五单核算"即以班组为基础，以单井、单站、单机、单项工、单日为单位的群众性核算。以电费、运费、修理费、作业费、材料费为核算内容，并针对不同核算主体，相应设计经营月报、经营日报和五大费用台账，形成自上而下的核算体系。

"两全激励法"是第四采油厂为提高员工素质、提高劳动效率而实行的薪酬方法。"两全激励法"本着"按劳分配、效益优先"和向有突出贡献人员及生产过程中苦、脏、险岗位人员倾斜的原则，采取的全额薪酬浮动和全员动态管理办法。

"成本树管理法"是二连分公司输油处创造的一种精细管理办法，即把总成本当作树干，把材料费、燃料费、维修费、动力费、运输费等各项费用当作树枝，把生产岗位员工当作树叶。所属三工区将总成本细分到90个发生点，分三级下达。第一级是将总成本费用分解下达给工区正职，再分为成本块下达给工区副职；第二级是将成本指标切块分解到成本单位，由班组长承包负责；第三级是将成本单元指标细化分解到每名员工身上，指标到人，责任到人。

"一井一剂一工艺"是采油工艺研究院在油田开发技术服务中应用的服务法，是以单井为基本研究单元，精细化学药剂的配方研究和工艺研究，使每口井享有一种配方，得到一种工艺。科研人员在潜山油藏通过调节堵剂配比浓度和封口剂的选择性应用，单井平均增油745.9吨。在油水井防腐防垢研究过程中，针对各单井产层不同，各产层产液量的差异导致产出水不一致、腐蚀结垢不尽相同的情况，做到一井一取样，一井一分析化验，一井一筛选配方，一井一研究加药工艺方案，结果现场实施的17

口井成功率达到100%。

提升综合效益

华北油田公司实施精细管理不但使经营效益明显提高，而且在技术进步、企业精神文明建设等方面也取得喜人成绩。调研组认为，精细管理为华北油田创造的效益是综合的、全方位的。

"十五"以来，油气勘探，特别是隐蔽油藏勘探取得一系列新的突破，实现了储量替换率大于1，开始步入良性循环轨道。油田开发生产平衡运行，原油生产递减趋势得到扼制，天然气产量稳步提高。2003年，华北油田公司新增探明石油地质储量1580万吨、可采储量373.7万吨，在股份公司所属的14个油气生产单位中居第七位和第八位；生产原油435.2万吨、天然气5.7459亿立方米，居第八位和第九位；勘探与生产业务投资21.58亿元，居第九位；勘探与生产板块投资资本回报率25.98%，居第五位；实现经营收入80.9亿元，居第五位；实现账面利润35.15亿元（国际会计准则利润38.77亿元），居第五位。

精细管理成为华北油田公司技术进步的加速器。在隐蔽油藏勘探中，华北油田公司有针对性地进行技术攻关，摸索并掌握相应的主导和配套技术，提高了勘探成功率，降低了发现成本。在油田生产中，形成了调水增油、三次采油、节能降耗配套技术系列，有效地改善了油田开发效果。4年来，华北油田公司共完成各类科技成果333项，其中获国家专利17项，获省部级和集团公司科技进步奖38项。

华北油田公司在推行精细管理时，一直把员工视为落实精细管理的主体，让每一名员工都承担起精细管理的执行者和监督者两种责任。该公司逐步形成了"在挑战中创新"的企业精神，建立了"精细管理、全员创新"的经营理念。

本文作者：胡文瑞　赵政章　闫存章　吴　奇　吴国干　贾　东
　　　　　陈发晓　刘文涛　韩保庆　史振祥　姚　超　李松泉
　　　　　孟宪杰　魏顶民　郑新权　胡海燕　王连刚　王合营
　　　　　郭绪杰　田　军

本文原载《中国石油石化》2006年第11期

附 2

在疫情防控油价低迷和深化改革多重背景下员工思想状况的调研分析报告

吐哈油田公司

思想是行动的先导，认识是行动的动力。在新冠肺炎疫情和国际油价暴跌的双重影响下，摸清干部员工队伍在大战大考中的思想观念现状，找准员工队伍思想观念障碍，对于打赢疫情防控阻击战和提质增效攻坚战，助推油田高质量发展具有十分重要的意义。为及时掌握主题教育活动和提质增效专项行动成效，精准把握员工队伍思想现状，在集团公司"战严冬、转观念、勇担当、上台阶"网络问卷调查的基础上，吐哈油田公司开展了"提质增效专项行动暨员工思想动态"网络问卷调查，并组织各二级单位开展员工思想动态分析，主动走访多家单位，综合运用各方面调研收集的信息和日常掌握的情况，对员工思想动态进行分析，报告详情如下。

一、调研基本情况

2020年5月16日至21日，集团公司组织开展了主题教育网络问卷调查。吐哈油田公司党委宣传部及时组织油田官微转发调查问卷，发动员工积极参与问卷答题，经集团公司反馈，吐哈油田共有1368人参与问卷调查（具体参与集团公司主题教育网络问卷调查的人数比例见表1），并提出意见建议 509 条。

2020 年 6 月 19 日至 26 日，吐哈油田公司跟进开展了"提质增效专项行动暨员工思想动态"网络问卷调查，了解干部员工对当前形势的认识和看法，征集提质增效专项行动的意见和建议。

表 1 参与集团公司主题教育网络问卷调查的人数比例

选项	小计	比例
处级干部	13	0.95%
科级干部	116	8.48%
一般管理人员	157	11.48%
专业技术人员	174	12.72%
操作人员	908	66.37%
有效填写人次	1368	

此次吐哈油田公司开展的"提质增效专项行动暨员工思想动态"调查问卷参与度、广泛性、踊跃性均为近年来最高，呈现三个特点：一是覆盖面广。涵盖公司机关和 18 个基层单位，实现二级单位全覆盖，是近年来油田思想状况调查参与人数最多的一次。二是参与度高。员工建言献策热情高，收到意见建议 2067 条；参与人员石油情节深厚，"油家庭""油二代""油三代"总占比 67.60%，其中夫妻为油田双职工占比 30.78%，家里两代、三代人在油田工作占比 36.82%。三是调查深入。调查问卷以网络不记名形式发布，直接面向基层员工。从调查对象来看，一线员工为主，技能操作人员、专业技术人员占主体，占比超过 76%；从参加工作年限来看，16 年以上工龄员工占主体，占比超过 60%，6 年以上工龄员工占比超过 91%；从政治面貌来看，共产党员、共青团员占比超过 55%。较

为真实地反映出油田干部员工队伍的思想状况和工作状态。相隔一个月的两次问卷调查,较好地反映出员工队伍思想观念的转变成效与动态趋势。

(1) 从参加工作年限来看,参与吐哈油田公司开展的调查问卷人数分布情况,见表2。

表2 从参加工作年限来看,参与吐哈油田公司开展的调查问卷人数分布情况

选项	小计	比例
16年以上	2543	60.68%
6~15年	1296	30.92%
5年以下	352	8.4%
有效填写人次	4191	

(2) 从文化程度来看,参与吐哈油田公司开展的调查问卷人数分布情况,见图1。

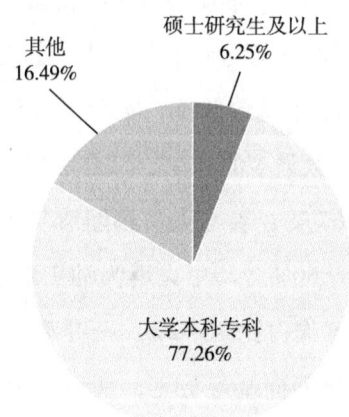

图1 从文化程度来看,参与吐哈油田公司开展的调查问卷人数分布情况

(3) 从政治面貌来看,参与吐哈油田公司开展的调查问卷人数分布情况,见表3。

表3 从政治面貌来看,参与吐哈油田公司开展的调查问卷人数分布情况

选项	小计	比例
共产党员	1903	45.41%
共青团员	422	10.07%
群众	1866	44.52%
有效填写人次	4191	

(4) 从单位性质来看,参与吐哈油田公司开展的调查问卷人数分布情况,见图2。

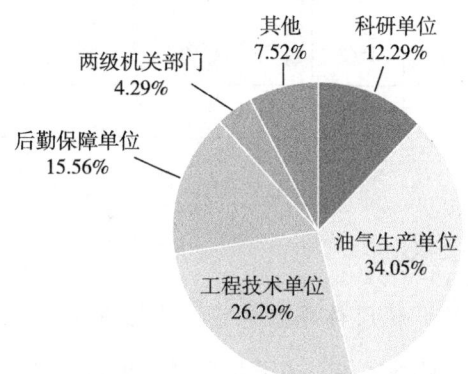

图2 从单位性质来看,参与吐哈油田公司开展的调查问卷人数分布情况

(5) 从岗位性质来看,参与吐哈油田公司开展的调查问卷的人数分布情况,见图3。

(6) 从家庭情况来看,参与吐哈油田公司开展的调查问卷的人数分布情况,见表4。

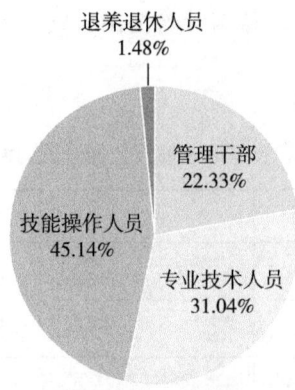

图3 从岗位性质来看,参与吐哈油田公司开展的调查问卷的人数分布情况

表4 从家庭情况来看,参与吐哈油田公司开展的调查问卷的人数分布情况

选项	小计	比例
只有本人在油田工作	1358	32.4%
夫妻为油田双职工	1290	30.78%
家里两代、三代人在油田工作	1543	36.82%
有效填写人次	4191	

二、整体思想状况

目前,干部员工队伍整体思想稳定、积极向上,人心思进、苦干实干,保持拼搏奋斗的精神风貌。主要呈现六个重点关注、三大显著转变和四种倾向性问题的特点。

(一)六个重点关注

1. 关注国家发展形势

2020年是全面建成小康社会的收官之年,也是"十三五"规划的最后一年。在这特殊时期,国际形势波谲云诡、周边环境复杂敏感、改革发展稳定任务艰巨，加之"后疫情时代"世界经济异常脆弱，面对的任务复杂严峻，挑战前所未有。吐哈油田公司党委始终带领广大员工坚持以习近平新时代中国特色社会主义思想武装头脑、指导实践、推动工作，落实中国石油"七年行动计划"和加大油气勘探开发力度的部署，统筹推进疫情防控和生产经营改革发展工作，取得了有目共睹的成果。广大员工保持了对国企改革三年行动、"双百改革"和集团公司生产经营形势的持续关注，对全面建成小康社会攻坚之年国家的变化高度关注，对中美贸易摩擦、全球新冠肺炎疫情形势、国内洪涝灾害等消息密切关注，油田干部员工更加拥护党的领导，更加认同社会主义制度的优越性，国家意识和民族精神得到升华，爱国主义热情不断高涨，对国家未来发展充满信心。

2. 关注油田生存发展

干部员工在价值取向上，对集体和个人之间的利益关系有正确的认识，认为企业发展了个人利益就有保证，愿意与企业同呼吸共命运，普遍认为"求生存是公司当前最现实、最紧迫的任务"，认识到吐哈油田已经到了为生存而战的关键时刻。在低油价冲击下油田经营遭遇空前困难，特别是在2020年预发奖金普遍降低的情况下，员工队伍精神不息、干劲不减，对"大河无水小河干"的认识越来越深刻，更加关心企业发展，更加关心生产经营，党员干部能够主动担负在疫情防控阻击战、效益实现保卫战、高质量发展进攻战中当先锋、打头阵、作表率的重任。普遍希望强化科技创新，为勘探突破和开发上产提供新的技术支撑。积极支持加强安全环保工作，参与安全生产"大反思、大排查、大整改"活动，着力解决管理不严格、制度执行不到位、安全工作形式化表面化等问题。

3. 关注提质增效和主题教育

干部员工普遍认为提质增效和主题教育活动是应对低油价、战胜疫情的必要之举，对打赢提质增效攻坚战的信心更加坚定。普遍认为要落实

"四精"要求，扎实推进提质增效专项行动，89.3%的调查对象对公司提质增效10个方面43条措施表示支持，认为通过努力能够完成各项目标任务。绝大多数员工对油田公司面临的严峻形势有深入了解，能够认清油田面临的上产缺乏优质资源，稳产缺乏技术支持，油气产量持续下跌，油气单位操作成本和完全成本居高不下等严峻挑战，成本意识、效益意识明显增强，创新创效积极性进一步提高。干部员工普遍认识到，坚持新发展理念、转变发展方式是油田扭亏攻坚，实现高质量发展的必由之路。

4. 关注油田深化改革

广大干部员工清醒地认识到"深化改革才能破解当前的发展难题"。面对当前油田"双百行动"综合改革持续深入，干部员工对推进公司发展的改革举措表现出高度的认可率和参与率，普遍反映这是公司立足长远抓当前、谋划未来解难题的重大举措，是提高生产运行效率，进一步降本增效的有力举措。在工程技术业务整合、"油公司"模式改革过程中，公司增强改革的"透明度"，绝大多数干部员工积极支持改革调整，坚决服从组织安排，正确对待进退转留，表现出较高的觉悟。可以看出，经过近年来持续深化改革，特别是改革成效的不断显现，干部员工能够以平和心态去对待改革，以求变的态度去主动适应改革，以进取的精神去参与改革，并主动思考本单位的发展定位，积极对改革中出现的问题提出意见建议。

5. 关注油田党建工作

近年来，吐哈油田公司党委坚持落实"两个一以贯之"要求，把坚持党的领导作为须臾不可偏离的重大政治原则，深入推进党建工作提质、增效、升级，广大员工对党建工作给予较高肯定。员工对所在基层党组织的党员队伍作用发挥"满意率"超过80%，78.98%的调查对象给予干部队伍勤政廉政方面很好或较好评价。72.51%的员工认为，低油价"严冬"下，油田应该大力弘扬石油精神、大庆精神铁人精神和吐哈会战"四种精神"，进一步筑牢"石油工人心向党、坚决听党话跟党走"的思想信念。干部员工关注思想政治工作方式方法创新,希望多采取参观学习、身边人物现身说法、交流研讨、专家专题讲座等寓教于乐的方式开展工作。

6. 关注个人发展

当前员工队伍价值取向更趋复杂、利益诉求更趋多元、维权意识更趋强烈,在关注国际国内重大政治事件、社会现象、公共事件的同时,对涉及个人收入、休假、医疗、住房、子女教育等事关自身利益等方面的关注度日趋增加。在激励员工队伍方面,79.53%的员工看重薪资收入,57.55%的员工看重工作岗位能否实现自己的价值。由此可以看出,员工在价值实现行为上,自我实现意识更强,更讲求实际,个人收入的稳定性是员工关注的重中之重。随着改革的深入推进,各种心态相互交织,各种诉求相互重叠,部分员工思想活跃、诉求增多,年轻人追求长远利益、个人前途和精神文化生活多样化。年龄偏大的员工追求当前利益,又不愿承担更加繁重的工作任务。新形势下员工对提升个人文化素质和技能水平越来越重视,期盼单位提供更多的培训机会,针对不同群体开展业务技能、专业知识、管理能力等培训,从而掌握更多岗位技能,以适应深化改革需要和不同岗位需求。同时,越来越多的员工建议增加"心理抗压"等方面的知识培训。

(二)三大显著转变

调查结果显示,与以往相比,特别是提质增效专项行动启动以来,经过持续深入开展主题教育活动,干部员工对"战严冬"的形势已有较为清醒认识,"转观念"的路径进一步明晰、"勇担当"的责任进一步夯实、"上台阶"的目标进一步明确,效率效益意识、改革创新意识、主人翁意识显著增强,干部员工思想状况呈现三大显著转变。

1. 效率效益意识更加牢固，提质增效的压力进一步转变为务实担当的干劲

面对低油价"严冬"，86.28%的员工认识到形势严峻，认为油田已经到了为生存而战的关键时刻。93.20%的调查对象认为"国际油价断崖式下跌，公司生产经营形势严峻"。干部员工不仅认识到"战严冬"成为最现实、最紧迫的任务，而且更深切感受到了提质增效的压力。6月份的调查问卷显示，90.26%的调查对象表示本单位已把提质增效目标分解到岗位和个人，压力很大。相较5月份的调查问卷，有70.61%的调查对象觉得"压力更大了"，两者相比提升了19.65个百分点，说明随着提质增效措施进一步细化优化，压力持续传递到了岗位。

"转观念"逐步成为思想共识，"企业不消灭亏损，亏损终将消灭企业"的认识持续强化，效率效益意识更加牢固。97.73%的调查对象认为在思想观念上已有所转变，70.91%更加认识到精细管理、提质增效的重大意义，深刻体会到落实"四精"要求在提质增效工作中的重要性。其中，92.60%认为要努力做到"经营上精打细算"，91.96%认为要努力做到"生产上精耕细作"，89.84%认为要努力做到"技术上精益求精"，89.36%认为要努力做到"管理上精雕细刻"。54.47%的调查对象认为油价不能控制，可以控制成本，任何时候都要坚持低成本发展战略。88.24%的调查对象认为"毛巾只要拧，总能拧出水"。

对于完成2020年提质增效各项目标任务，89.28%的调查对象持乐观态度，认为经过大家共同努力能够完成全年提质增效各项目标任务。相比一个月前40.64%调查对象认为干部员工对经济形势缺乏信心的情况，有信心完成任务的占比增加了29.92个百分点，说明干部员工对提质增效方案认可度提高，对完成任务指标信心增强。超过65%的调查对象表示启动提质增效专项行动和主题教育后，"思路更明了""干劲更足了"，这一结

果与干部员工在提质增效行动中的担当作为相互印证。

2. 改革攻坚意识深入人心，深化改革的认同进一步转变为求新求变的自觉

坚决打赢效益实现保卫战必须要有革命性的思维和措施。面对油田严峻的生产经营形势，94.01%的调查对象认为应该做好提质增效工作，89.50%认为应该坚持创新驱动，84.28%认为要持续深化改革，表明改革和创新的意识已经深入人心，认识到勇于突破、改革攻坚成为实现油田高质量发展的必由之路，理解改革、支持改革、关注改革、期盼改革的氛围更加浓厚，"越是艰险越向前"得到干部员工积极响应，赞成通过改革攻坚为油田发展"上台阶"储力蓄能。

2020年以来，公司按照"新区域新体制新模式"的管理思路，在准东矿权流转区率先推行"油公司+"管理模式试点，基本实现了勘探开发一体化、组织机构扁平化、服务市场化、生产智能化管理，油田"希望之地"的改革创新成效有力激发了干部员工求新求变的自觉。建设新型采油气管理区，推行"管理+技术+核心技能岗位"用工模式，业务机构更加优化，主营业务经营状况得到改善，提升了干部员工对深化改革的认可与认同。面对假若企业改革过程中触及到员工个人利益的问题，97.09%的调查对象表示改革中服从组织安排，责无旁贷积极配合；其中47.34%表示只要改革实施过程公平公正公开，就能赢得理解、支持。广大干部员工相信，只有以更大的决心、更大的力度，把改革创新引向深入，才能激活企业高质量发展的动力之源。

3. 主人翁意识显著增强，个人短期的诉求进一步转变为对油田长远发展的期盼

2020年第二季度以来，干部员工积极投身提质增效行动和"战严冬、

转观念、勇担当、上台阶"主题教育活动，企业主人翁意识进一步激发，93.06%的调查对象认为只有企业发展得好，个人利益才能有保证。86.11%认为油田夺取疫情防控阻击战和效益实现保卫战"双胜利"与自己"关系很大，我要加倍努力"。77.50%的调查对象认为本单位做到了主题教育活动与提质增效专项行动紧密融合。93.20%的调查对象表示已通过现场直接参与或者通过上级传达与媒体报道等方式知晓单位主要领导形势任务宣讲内容；57.53%、49.85%和45.91%分别通过专门会议、综合会议或者线上线下书面交流等形式参加提质增效大讨论，92.62%的调查对象至少为本单位提出过一个的合理化建议。

干部员工既关心个人利益更关注企业发展，既关注眼前形势更关心长远态势。6月份的问卷调查中，43.71%的调查对象表示担心个人收入降低，生活水平受影响，相比一个月前的调查下降了34.51个百分点；42.05%担心石油行业前景不好，从而增加岗位不稳定性，进而影响个人职业生涯，两次调查基本一致。14.24%关注低油价形势下企业管理更加严格，工作压力更大，相比前次调查显著改善，下降了32.03个百分点。这反映出员工心态趋于理性，对低油价与疫情防控双重挑战下的扭亏攻坚有了客观认识，能够正确对待"不怕工作多，就怕没活干"。

75.33%的调查对象对自己的未来期盼最多的是努力工作，提高能力，争取在企业发展的过程中获得个人更大的发展。67.22%的调查对象认为身边员工人心思进、苦干实干。61.15%的调查对象认为经过大家的努力，公司能够完成2020年提质增效各项目标任务。67.6%的调查对象表示夫妻同为油田双职工或家里两代、三代人都在油田工作，在油田多年的改革发展实践中体会到，只有油田发展好了，个人的福祉才能得到有效保障，期待油田立足长远抓当前，苦练内功转型升级，尽快扭转资源接替严重不足、油气产量持续下降、创效能力不高、内生动力不足的局面，相信"严冬"

过后油田发展会更好。

（三）四种倾向性问题

尽管目前员工队伍总体较为稳定，思想状况良好，但也存在一些不容忽视的问题倾向，需要重视，并着力解决。

1. 消极思想

员工对于完成年度提质增效各项目标任务的信心明显增强，但对于油田整体扭亏为盈信心明显不足。少数员工低成本认识不足，把降本增效当成应对低油价的权宜之计，4.18%的调查对象对影响提质增效的内外部因素漠不关心，认为"低油价"与自身没有关系，"年年都说困难，年年都能完成任务"；16.61%的调查对象认为油价回升了，经营形势好转了就没必要抠成本过"紧日子"。少数员工主人翁意识淡薄，9.6%的调查对象只知道单位很困难，没有感受到本岗位的变化，不关心提质增效目标任务；3%的调查对象面对触及到个人利益的改革时，选择能躲就躲，寻找机会离岗歇业或者跳槽换个好单位；1.69%的调查对象认为干好自己的事就行了，企业和自己没多大关系。

2. 迷茫心态

关于油田未来发展前景，4.18%的调查对象持悲观失望态度，认为近年连续亏损，生产经营难度加大，对扭亏攻坚信心不足；9.55%的调查对象过于乐观，认为完成全年提质增效目标没有问题，对2020年经营形势的严峻性缺乏深刻认识。关于国际油价，15.75%的调查对象认为已经出现回升迹象，很快会升到高位；1.46%的人表示"不关心油价"。还有18.09%的人存在等靠要思想，认为集团公司应该给予更大力度的支持照顾。

3. 焦虑情绪

极少数员工对生活没兴趣、工作没信心、社交没勇气，沉迷在网络游戏的"宅生活"中,对油田节奏快、压力高、责任重的工作氛围不适应,对社会、企业和个人的发展盲目悲观,对自己的工作岗位、收入待遇、职业生涯存在长期焦虑。近年来,陆续有员工因调动、辞职等原因离开吐哈,部分员工退养退休后受聘民营石油公司,有的换个单位继续在吐哈油区工作。2019年部分职工子女经过考核选拔实现了收入并轨,在2020年严峻的经营形势下,其他职工子女对该政策是否持续执行产生焦虑情绪。针对转岗分流、承担外委工作量、劳务输出、降低薪酬、轮岗等降本增效措施,青年员工大多数担心降低薪酬,轮岗后养老、育儿、房贷等生活压力加大;中年员工大多数担心分流转岗、劳务输出后技能鉴定、理论考试等学习压力增大;老职工大多数担心承担外委工作量、劳务输出后无法满足外部单位对员工素质、知识、技能等方面提出的高要求。

4. 担忧心理

周边油田快速发展,生产经营效益好转。一些员工在横向比较中感到失落。面对产量持续下降,稳产难度加大,部分员工特别是技术人员在经过大量努力之后收效小于预期,滋生悲观情绪,增加了思想包袱。随着"三供一业"移交社会化管理的推进,特别是移交前的维修改造全面实施,员工群众对配套服务期望较高,对后续是否能享受到更完善的社区管理和服务心存疑虑。部分员工特别是常年驻守在生产一线的员工,在疫情防控特殊情形下,难以正常照顾家庭,两地分居、子女教育、照顾老人等家庭矛盾突出,情感关照不到位,经济补偿没有能力,缺乏美好生活的满足感。还有的员工对个税调整及社会上流传的一些关于养老金、公积金等福利待遇改革的声音比较关注,部分人员对退休后移交社会化管理的管理方式和福利待遇比较关心,对相关细节不了解、不清楚,有担忧。

三、需要深化和改进的工作

按不同群体对问卷进行全样本分析，集中反映出以下三方面工作还需要深化和改进。

（一）部分单位主题教育没有融入提质增效中心工作

少数单位没有将主题教育活动与提质增效专项行动深度融合、同频共振，没有将提质增效工作成果作为评判主题教育活动成效的核心标准，没有做到一同部署、一同推进、一同考核。11.48%的调查对象认为所在单位主题教育活动与提质增效中心工作结合不够紧密，存在"两张皮"现象；11.02%认为所在单位提质增效工作效果不明显，主题教育活动存在讲空话、喊口号、抓落实不够的现象。各单位的专题调研报告也反映了这一问题倾向，个别单位调研报告没有紧扣提质增效主题主线，停留在主题教育活动表面，说明主题教育活动没有全程聚焦提质增效的关键点、关键环节及关键问题创新性开展，对活动要求的落实存在偏差。

（二）结构性缺员与冗员并存的矛盾凸显

公司目前结构性缺员与冗员并存的矛盾较为突出，一方面勘探开发、生产经营、安全环保等高端专业人才紧缺，另一方面存在低端冗员现象，个别单位还存在一些照顾性岗位，导致劳动效率低下，一定程度上影响了员工工作的积极性。近年来，集团公司内部单位招聘岗位大多在内地大城市，具有很强的吸引力，部分业务成熟的青年骨干流失。加之民营石油企业的高薪诱惑，勘探开发、工程技术人才流失现象明显，导致高精尖主干人员出现短缺。在单位整合、机构精简中基层单位党群部门越来越精干，从事党群工作的人员越来越多为兼职，工作头绪多、任务重、压力大，疲于应付，队伍青黄不接、力量不足。

（三）以效益为中心的考核激励机制需要持续完善

精准激励的绩效考核指挥棒作用发挥进一步显现，超过一半的调查对象（占比50.37%）认为所在单位奖金分配差距拉大，基本做到了"奖金看效益、收入凭贡献"。但是，也有34.36%的调查对象认为"奖金只与系数有关，与工作业绩关系不大"；还有15.27%的调查对象认为"绩效考核导向很好，但是同工种、同岗位的不同员工之间的奖金分配差距不够明显"。这说明精准激励还需持续发力，要进一步完善以效益效率为中心的绩效考核激励机制，使干部员工充分发挥主观能动性，推动公司扭亏攻坚、提质增效工作迈上新台阶。

四、改进提升措施及建议

在低油价严重冲击、疫情防控常态化、深化改革持续推进、扭亏攻坚更加吃劲等多重因素相互叠加影响下，要坚持用发展稳定人心，用事业凝聚力量。

（一）立足价值体现，用思想引领人

学习贯彻习近平新时代中国特色社会主义思想是新时期员工思想理论教育的重点。要深入学习党的十九大、十九届二中、三中、四中、五中全会等重要会议精神，及时跟进学习习近平总书记最新重要讲话精神，引导党员干部把学习贯彻习近平新时代中国特色社会主义思想作为首要政治任务，真正走深走实、入脑入心。始终把"坚持党的领导，加强党的建设"贯穿公司改革发展全过程，引导干部员工增强"四个意识"、坚定"四个自信"、做到"两个维护"。持续深化石油精神、大庆精神铁人精神和吐哈会战"四种精神"再学习再教育再实践活动，继承发扬"石油工人心向党、坚决听党话跟党走"的优良传统，巩固吐哈石油人价值体系，激发

"我为祖国献石油"的使命担当与豪情壮志。

(二)立足发展实际,用目标激励人

用看得见、够得着的目标引导干部员工找准奋斗方向,激发前进动力。坚决贯彻落实习近平总书记关于中国石油的重要指示批示精神,努力实现"十四五"开好局、起好步。坚持稳中求进工作总基调和新发展理念,锚定"油气当量再上300万吨"的战略目标,全面推进"资源、创新、人本"三大战略,全力打好勘探发现进攻战、探区矿权保卫战、效益开发攻坚战、新能源业务主动战,坚持效益至上,深化提质增效,坚决扭亏脱困。及时做好发展成果的宣传,大力开展功勋井命名、企业文化名言评选等文化创建活动,引导广大干部员工把握发展大势,看到发展前景,坚定发展信心。深化提质增效工作,坚持发动全员深入开展党员先锋队、劳动竞赛、创新创效、"金点子"征集等活动,形成"心往一处想、劲往一处使"的强大向心力。

(三)坚持以人为本,用真情感化人

大力实施"人才强企"工程。以发展吸引人、以事业凝聚人、以业绩激励人、以人文关怀人,不断增强广大干部员工的获得感、幸福感、归属感和荣誉感,汇聚全员同舟共济、拼搏奉献的磅礴力量。全面落实《工区(队站)思想政治工作规范》,及时了解掌握员工的所思、所想、所盼、所困,有针对性地采取措施,把员工群众紧紧地凝聚在党组织周围,凝聚干事创业的强大合力。积极探索"互联网+思想政治工作"新模式,力求做到生动活泼,寓教于乐,春风化雨,润物无声。切实把关爱员工植根于思想中、落实到行动上,统筹做好餐饮质量提升、一线医疗急救、健康体系建设、困难帮扶救助等工作,全方位、多维度关心关爱服务员工,更好地

满足广大员工对美好生活的向往。

（四）立足示范带动，用典型感召人

大力开展先进典型培养选树工作，评选表彰"吐哈油田开发建设30年"劳动模范，命名第二批吐哈榜样，选树宣传各类"先模优"等典型事迹，唱响主旋律、汇聚正能量，努力形成不同类型不同层面的先进典型群体。广泛深入开展学习宣传活动，通过报告会等形式，加大"人民楷模"王启民、"最美奋斗者"李新民、央企楷模陈建军等英模人物的宣传力度，注重对身边典型故事的挖掘和提炼，大力营造学习楷模、争当先进的浓厚氛围，进一步鼓舞士气、激发干劲。充分发挥各类先进典型的"传帮带"作用，通过开展科技创效、技术创新、难题攻关等活动，形成"比学赶帮超"的崭新局面。

疫情防控常态化，国际油价大概率会较长时间内低位震荡，深化改革、扭亏攻坚任重道远，多重因素相互叠加的态势短时间内难以彻底改观，广大干部员工的思想状况可能还会出现许多新情况、新矛盾、新问题，我们对此要有充分思想准备和风险防范化解意识，紧紧围绕油田改革发展中心工作，全面准确及时把握员工群众的思想脉搏，深入细致做好思想政治工作，理顺情绪，化解矛盾，凝心聚力，为油田实现高质量发展奠定坚实的思想基础。

主研人：李正武　许　忠　高　华　王　鹏　马双双

本报告获第十一届石油优秀政研成果一等奖

附 3

创新完善基层党建"三基本"建设与"三基"工作有机融合载体纵深打造现场管理工程的调研报告

兰州石化公司

根据学习贯彻习近平新时代中国特色社会主义思想主题教育调查研究安排部署，突出与时俱进、创新发展，重点围绕"深化基层党建'三基本'建设与'三基'工作有机融合、纵深打造现场管理工程"，开展专题调查研究。

一、调研基本情况

一是站位大局开展对策研究。深入掌握主题教育对领导干部调查研究的工作要求，着力破解长期以来企业党建优势发挥和当前企业管理制约性、迫切性难题瓶颈，应用战略式、对策式调研的方法，站位全面打牢企业高质量发展基层基础，围绕推进基层党建"三基本"建设和"三基"工作有机融合、打造现场管理工程，审慎确立调研课题，提出创新完善融合载体的一系列对策。

二是覆盖全面掌握基本情况。深入学习研究习近平总书记关于调查研究的思想方法，召开 2 次调研座谈会，利用"四不两直"、干部陪检、参加岗检、随机走访、联系点调查等多种方式，深入 3 个炼油、2 个乙烯、

2个聚烯烃、橡胶部等炼化生产单位，以及2个公用工程、机电仪运维中心、建设公司等生产辅助单位，突出基层党组织书记、党员、管理技术人员、班组长、一线员工不同层面调研，通过"查、看、问、听"，掌握第一手资料。

三是实事求是研究问题建议。深化问题导向、目标导向、结果导向，聚焦牵头统筹抓党建责任落实、企业党建优势发挥、融入融合载体功能作用等，从主观上找原因、从思想上找根源，寻求党建与生产经营融入融合载体方面存在的矛盾问题和制约瓶颈，梳理形成调研问题清单，"一项一策"深入研究分析，从更高站位、更宽视野提出更加贴合实际的举措。

四是着眼长远提出战略谋划。全面应用习近平新时代中国特色社会主义的立场、观点和方法，结合创新丰富完善基层党建"三基本"建设与"三基"工作有机融合载体，促进党的建设和生产经营、企业治理等中心工作融入融合，前瞻性、战略性提出打造现场管理工程的思路、目标、举措，确保问策于基层、汇众智形成的管理建议得到应用、发挥价值，从源头力戒形式主义官僚主义。

二、以现场管理整治为载体推进基层党建"三基本"建设与"三基"工作有机融合取得的阶段成效

2021年，公司党委着眼企业党建优势发挥、打牢基层基础，首创性提出现场管理大整治，成立工作领导小组和专班，构建"常态化、专业化、标准化、网格化"现场整治工作体系，建立健全督导检查、成效验证、"红蓝榜"等工作机制，以此为载体推进党建"三基本"建设与"三基"工作有机融合，突出各级党组织牵头、专业主导、上下联动，细分区域网格，各自挂图推进。工作推进2年来累计拆除8处报废装置和老旧厂房，清理各类垃圾4万余吨，处理野树杂草11万余立方米，新增硬化道

路地面6万余平方米,粉刷设备1万余台、工艺管线5万多米,更换标识标牌2万多个。取得的成效主要体现在:

一是现场面貌得到改善。现场跑冒滴漏、脏松缺锈、异味恶臭、捆绑吊挂、标识残缺、垃圾杂草等各类"低老坏"问题大幅减少,一定程度改变了老企业以往陈旧杂乱的现状,现场日益整洁有序,企业面貌逐步好转。

二是基层基础得到夯实。通过持续深入的整治,发现、处置和消除了一批现场管理短板和风险隐患,促进了操作和工艺、设备、安全环保等管理水平的提升,基层基础管理和专业管理同时得到夯实加强。

三是党建优势得到彰显。基层党组织细分网格、挂图推进,广大党员带头冲锋、引领示范,推动整治步步深入,让员工群众切实感受到了组织作用的发挥,增强了抓整治、促提升的思想自觉、行动自觉,凝聚了推进基层治理的合力。

四是队伍作风得到促进。通过持续有效的整治和潜移默化的熏陶,广大员工企业主人翁和命运共同体意识不断增强,"高严细实"的优良作风有效激发,能够做到从岗位入手、从身边出发,自动自发参与整治,随手整治、维护现场逐渐成为自觉。

三、以现场管理整治为载体推进基层党建"三基本"建设与"三基"工作有机融合存在的主要问题和原因分析

通过调研发现,现场管理整治推进以来,仍存在一些突出矛盾和问题,总体还呈现不均衡、不适应、不匹配。主要表现在:

一是统一的思想认识还不牢靠。"抓党建就是抓发展""抓党建就是最大的管理"理念树得不牢,对"围绕发展抓党建、抓好党建促发展""以高质量党建引领高质量发展"认识不深刻,导致抓载体运用、抓落实推进

时存在割裂现象，呈现"两张皮"，是党建"三基本"建设与"三基"工作有机融合不到位的根源。

二是党建的保障作用还不充分。抓党建不够扎实，重形不重实，存在口头重视实际不重视情况，在有效发挥党建政治优势、组织优势、群众工作优势等方面，缺乏行之有效、活力迸发的机制，通过"一人一事"的思想政治工作，调动、激发、感染人的功能发挥不好，还未形成自动自发的内生动力。

三是载体的融合功能还不突出。党建有机融入生产经营中心工作的载体还存在短板和不足，机制还不健全，着力点还不清晰，导致"三基本"建设与"三基"工作有机融合有"形"无"神"，表面文章多、实质内涵少，融合效果不佳，推动难题破解、效能提升效果不够明显。

四是工作的系统推进还不深入。各方面推动工作还未做到协调同步，党政双向发力不够，被动应付多于主动出击，活动式、运动化倾向严重。就整治抓整治，融入专业管理、创先争优不够，各类整治载体单打独斗，工作推进碎片化、游离化。停留在表面整治浅层次，现场"低老坏"问题屡禁不绝，问题整改与资源投入矛盾突出，对标精细精益管理、实现本质安全还存在较大差距。

五是作风的重塑改善还不持久。现场管理总体停在"物"的整治方面，对员工思想教育和宣传引导程度不够，与引领优良传统传承、企业文化践行结合不够紧密，在触及灵魂、全员认同方面做得不够，员工习惯养成缺乏有效抓手，现场"低老坏"虽有削减，但人的"低老坏"仍未根绝，员工队伍作风周期起伏较大。

四、聚焦问题解决,创新丰富完善融合载体、打造现场管理工程的"四梁八柱"

习近平总书记指出,做好国有企业党建工作,要将党建工作与生产经营深度融合,把党的政治优势、组织优势、群众工作优势转化为企业的竞争优势、创新优势和发展优势。党的建设与业务发展是新时代企业同等重要的两大根本任务,如何找准找好基层党建"三基本"建设与"三基"工作有机融合载体,全面发挥党建工作优势,引领保障企业各项工作和事业高质量发展,既是亟待解决的现实课题,也是深化党建创新实践的意义所在。

结合问题解决、质效提升,重点学习研究了浙江"千万工程"经验案例,深刻领悟蕴藏其中的习近平新时代中国特色社会主义思想立场、观点和方法,深入反思新时期企业基层党建"三基本"建设与"三基"工作有机融合的切入点、落脚点,围绕创新完善新时期有机融合载体,主要形成了三个方面的规律性认识:一是要成为融入融合的载体,必须能够牢牢牵住中心工作的"牛鼻子"。在千头万绪的基层工作中抓住关键、带动全面,始终做到围绕中心抓党建、抓好党建促生产。二是要成为融入融合的载体,必须能够成为检验党员队伍作用发挥的"试金石"。在强化攻坚克难、竖起标杆旗帜中,党员队伍作风形象好不好、工作成效优不优,一抓就准、一试就灵。三是要成为融入融合的载体,必须能够成为基层组织贯彻落实的"主阵地"。贯通中心工作和党的建设,直接反映基层党建工作质效,时时体现凝聚力、创造力、战斗力。

紧扣推动载体运用和具体落实,形成了三个方面的工作遵循:一是遵循大抓基层鲜明导向。要旗帜鲜明树牢大抓基层的工作导向,把现场管理作为第一管理,坚定不移推进强专业、强基础、强基层,坚持不懈打基础、利长远，为企业各项工作和事业高质量发展奠定可靠根基。二是遵循融入中心重点工作。要坚持党建融入生产经营、安全环保、企业治理、改革发展等中心工作和重点任务，确保党的政治优势、组织优势、群众工作优势发挥找准结合点、着力点。三是遵循战略思维持久推进。要充分认识公司现场管理和基层治理的复杂性、艰巨性，持之以恒在创新完善载体、提升效能效益上下功夫，持久抓、抓持久，善始善终、善作善成，集小成为大成、集小胜为大胜。

基于调研结论和以上认识，着眼探索一条全面推进融入融合的科学路径，在现场管理整治取得阶段性成效的基础上，进一步提出"打造现场管理工程"的框架体系：

一是锚定"一个主题"。就是持续深化党的领导与企业治理有机统一，以党建引领基层治理为指导，以现场管理为"主战场"纵深实施现场管理工程，以此作为新时期企业基层党建"三基本"建设与"三基"工作有机融合的全新载体，更好发挥党建优势和党员队伍作用，带动企业管理由从严向精细迈进、向精益跨越。

二是贯穿"一条主线"。就是全面开展"十百千"专项行动，作为升级升位推进基层治理、打造现场治理工程的主抓手。即：以运行部为主体，打造10个现场管理和产业发展引领精益化标杆；以区域装置为主体，打造100套标准化装置；以一线岗位为主体，打造1000个精细化先锋岗。

三是推进"三个阶段"。就是持之以恒实施"现场管理工程"，持续扩大范围，不断丰富内涵，以钉钉子精神推动现场管理逐阶晋位、螺旋跃升。第一阶段，现场规范、管理从严。现场规范、整洁、有序，环境整齐、清洁、美观，员工严格按规程规范精准操作，专业管理全面实现规范化，从严管理成为全员自觉。深化现场清洁清扫、整理整顿，循序实施更新、修复和替代，设备设施完好率100%，现场"低老坏"整治率100%，杜绝一般 B 类及以上事故。第二阶段，走在前列、管理精细。现场管理达到标准化水平，员工"精细巡检、精心监盘、精准操作"成为常态，专业管理精细化全面实现，现场管理走在中国石油炼化企业和国内同行业前列，形成一流标杆示范效应。系统创建标准化装置、机组、泵房、变电所、罐区、仪表控制室，5%达到标杆、20%达到先进、75%达到标准，装置整体泄漏率不大于0.2‰，现场完好无隐患、操作规范无违章、生产安全无事故。第三阶段，本质安全、管理精益。现场安全风险隐患动态治理，"物的不安全状态"及"人的不安全行为"基本杜绝，员工操作行为精准受控，安全履职和应急能力全面提升，专业管理支撑保障生产安全功能全面彰显，安全管理绩效排在集团炼化企业第一序列，企业效益持续向好。深入应用5S、6σ等精益管理标准及方法，深化数字化智能化技术支撑，现场自律管控机制、和谐人机环境有效建立，规格化现场、标准化装置、精益化标杆完成率100%，实现零事故、零伤害、零污染。

四是建立"四项机制"。就是建立"四个一"工作机制。即：制定一个整体工作方案；公司和各单位成立一个工作领导小组；每年召开一次工作推进会；定期表彰一批工作先进集体和个人。

五是实现"四个目标"。就是求真务实推动现场管理工程，促进安全现场、美丽工厂、美好生活有机融合。现场面貌深刻重塑。现场"老、旧、破、损、废"全面消灭，"脏、漏、松、缺、锈"系统根除，区域内无杂草、无垃圾、无废料，门窗墙面明亮洁净，各类标识标记清晰，地面平整、管沟见底、设备见本色，装置设备新度系数、绿化覆盖率逐步提升，老炼化企业陈旧面貌彻底改变，整体气象焕然一新。基层治理显著提升。以党建为引领、基层党组织为核心的基层治理机制和治理体系逐步健全，专业部门、运行部、车间、装置、区域、班组、岗位等各级权责更加明晰，企业治理体系和治理能力现代化水平显著提高，管理稳步向精细精益迈进。精神风貌持续改善。全员参与基层治理的积极性、主动性、创造性深度激发，企业主人翁和命运共同体意识持续增强，"高严细实"优良作风正向回归，现场管理、基层治理形成一大批立得住、叫得响、可复制、可借鉴的特色经验、行业标杆，兰州石化特色管理品牌在行业内影响力持续扩大，形成示范效应。本质安全全面实现。现场操作和工艺环境安全可靠，"安全压倒一切、一切服从安全"成为全员共识和内在行动，全员思想由"要我安全"向"我要安全"彻底转变，HSE 体系运行合规高效，企业常年保持生产安全无事故。

五、以纵深打造现场管理工程促进融入融合、更好发挥党建优势的重点措施

习近平总书记指出，党建工作的难点在基层、亮点也在基层，党的建设应当贯穿基层治理、保障基层治理、引领基层治理。现场管理工程是基于调研得出的理论结论，必须要经得起实践检验。针对现场管理工程落实落地，制定以下重点策略与措施：

一是坚持党建引领、思想奠基。突出党建引领。坚持把加强党的领导作为推进现场管理工程的关键，切实以党建引领基层治理，发动各级党组织和广大党员站排头，带动群众、发动群众、依靠群众，不断将党的政治优势、组织优势、群众工作优势，不断转化为推进基层治理的优势。强化思想引导。加强宣传发动和思想教育，引导全员、全专业、全领域高度重视、深度参与，对位承接转化，层层抓好落实，潜移默化推动全员思想由"要我抓"向"我要抓"转变。党政协同落实。建立两级党委牵头抓总、党政协同推进运行模式，党委抓好顶层设计、统筹协调，调配资源、凝聚力量抓好推进；党政主要领导亲自抓、分管领导直接抓、一级抓一级；党支部抓好贯彻执行、克难攻坚，明晰划分区域网格，发挥战斗堡垒作用；

党员先干一步、辐射带动，发挥先锋模范作用，形成引领示范效应。提升融合质效。持续拓展现场管理工程的承载面，将其纳入党政部署、公司岗检、岗位巡检、党员积分制等，全面融入专业管理、创先争优、组织生活，整合党员包机、党员责任区、党员先锋岗、党员突击队、红旗机泵创建等游离小载体，构建各级党组织大责任区、大示范岗，促进党员队伍在现场管理和基层治理的火热实践中锤炼党性、提升绩效、推动发展。

二是坚持现场优先、统筹推进。加强组织领导。明确界定和压实现场管理工程工作领导小组及各方面工作职责，全面靠实分级负责责任制；抽调专业骨干组建工作专班，专题专项加强统筹组织，确保务实推进、质效卓著。顶层谋划推进。锚定"十百千"专项行动和"三个阶段"目标任务，严格执行落实工作方案，公司党委统筹开好工作启动会、工作部署会、现场推进会，定期开展观摩交流、现场指导；各二级党委对位部署要求，结合实际制定个性化方案，细化分解任务到属地区域、装置、岗位，动态压茬推进。专业联动支撑。把专业管理贯穿现场管理工程各环节，定期开展专业诊断、指导帮扶，推动基础管理和专业管理相互促进；深化机关基层结对共建、联合联动，实行网格化管理、组团式服务，促进各类资源要素、各类服务更多下基层，推动现场管理水平螺旋提升。

三是坚持过程管控、闭环管理。加强检查督导。现场管理工程工作专班每月制定专项检查方案，结合阶段性目标任务完成情况，深入现场检查，验证基层开展工作成效，及时梳理问题清单，加大问题通报曝光，督导完成问题整改。动态验收评比。明确制定"十百千"专项行动质量验收标准，推行月度检查量化打分、季度综合验收排名、年度评先选优表彰，加大评比结果和排名公示，强化典型挖掘和选树，以先进带动后进、促进先进更先进。刚性考核激励。把现场管理工程推进成效，纳入各部门、各单位月度组织绩效、纳入各级干部绩效考核，按月实施奖惩激励、刚性兑现，与创先争优、达标晋位、职务晋升等硬挂钩，实行末位淘汰、一票否决，加大对排名持续靠后、整改排名提升不明显单位的从重考核。重点督查督办。开辟工作情况和问题沟通反馈"一站式"绿色通道，加大重点难点问题督办力度，对特殊和特别重大问题开展挂牌专项督办，确保各方面反馈的问题件件有落实、事事有回音，确保现场管理工程推进取得实实在在的成效。

四是坚持因地制宜、科学施策。科学分层分类。针对炼化生产、生产辅助、后勤保障以及公司区域内"厂中厂""院中院"等不同属性、不同规模、不同归属的单位，"一单位一策"制定现场管理工程推进方案，体现标准有高有低、不搞整齐划一，杜绝"一把尺子量到底"，从源头保证科学性。注重实事求是。始终站在基层角度思考问题，做到从基层实际需要出发，既强化部署要求和管理标准的刚性执行，又充分考虑基层的实际困难，保护基层的管理特点、创新特色，厘清工作边界，充分彰显基层推动现场管理工程的主体地位。强化系统观念。把推进现场管理工程和生产经营、安全环保、提质增效、科技创新、改革发展紧密联系在一起，作为有机统一整体系统考虑、统筹协调，充分发挥现场管理对企业高质量发展的整体促进和带动作用，兼顾多方面因素、注重多工作平衡，杜绝顾此失彼、一头重多头重。深化调查研究。在工作推进中持续加强和改进调查研究，把情况摸清、把问题找准，聚焦现场管理、基层治理中的重点难点问题，深入基层掌握实情、把脉问诊，动态调整实施策略，确保提出的政策、制定的方案、采用的方法，符合实际情况、体现科学合理。

五是坚持由表及里、塑形铸魂。持续改进队伍面貌。紧紧抓住现场管理和员工队伍素质作风的结合点、联系点，加强员工思想引导和形势目标责任教育，定期发布现场管理工程清单，把现场管理工程作为员工队伍最好的"练兵场"、作风形象最好的"磨刀石"，核心解决好"人"的思想、意识、能力、态度等方面存在的问题，促进员工队伍习惯养成、锤炼优良作风，增强企业主人翁意识，潜移默化推进现场管理面貌和队伍精神面貌双向提升。持续改进工作作风。督促各级领导干部当好"领头羊"，发挥"头雁"效应，把更多时间心思和绣花功夫花在抓落实上，力戒形式主义、官僚主义，不搞"政绩工程""形象工程"，特别注重防止机构改革、班子调换、干部调整后容易出现的"新官不理旧账"、政绩冲动、盲目蛮干、大干快上以及"换赛道""留痕迹"等不良倾向，确保现场管理工程推进不脱轨道、始终如一。持续改进管理文化。坚持与时俱进、守正创新，边推进、边研究、边总结、边优化，推动现场管理工程走深走实，在动态解决问题、实现管理提升的过程中，不断打造富有兰州石化特色的、可复制可推广可借鉴的管理经验，进一步拓展企业管理文化时代内涵，持续丰厚企业管理底蕴，彰显新时代兰州石化的管理和文化自信。

六是坚持循序渐进、久久为功。脚踏实地、支撑当前。正确处理好"当下改"和"长久立"的关系，既不畏惧困难、被眼前的困难吓倒，也不好高骛远、一口吃成个胖子，始终把现场管理工程作为"一把手"工程，保持战略定力，对标对表党委决策部署，一件接着一件办、一年接着一年干、一茬接着一茬干，接续奋斗不停歇、锲而不舍抓落实，稳扎稳打多做刻苦细致的工作，持之以恒打基础、利长远。循序施策、逐步进阶。锚定目标真抓实干，不动摇、不折腾，保持工作连续性和政策稳定性，根据不同阶段目标任务出台行动计划、确定工作重点，与时俱进、创新举措，制定针对性解决方案，循序打好攻坚战、歼灭战，既不搞"一阵风""运动战"，也不超越发展阶段过早提出过高目标，切实做到小处发力、点滴积累，先易后难、层层递进，实现一个阶段目标、再向新的阶段目标进军，一张蓝图绘到底、不见成效不收兵，以钉钉子精神推动各阶段治理任务顺利完成。志存高远、引领未来。在完成阶段目标基础上，提早谋划下一阶段工作，确保各阶段工作接口严密，现场管理工程高质高效、闭环推进，同时不断丰富完善"现场管理工程"内涵，拓展基层治理领域，以网格带动全面、以局部带动整体，推动现场管理水平持续向好。

执笔人：许万冬

附 4

中国能源企业科技传播调查研究
——以某油气行业央企为例

陈 雷 范小青* 王袁欣* 刘晓洁**

早在 2016 年，习近平总书记就曾在"科技三会"上指出，"科技创新、科学普及是实现创新发展的两翼，要把科学普及放在与科技创新同等重要的位置。"党的二十大报告提出"创新是第一动力"，实现全面建成社会主义现代化强国的目标，关键在科技自立自强。

能源产业是我国重要的支柱产业，是国家综合国力的重要标志，也是国家科学技术和经济实力的综合体现。我国的能源产业不仅为解决百姓的衣食住行贡献了力量，还淬炼出了爱国、创新、实干、奉献的红色基因和能源产业精神，为建设世界工业强国的宏伟事业作出了巨大贡献。在新兴科技革命和产业变革的背景下，尤其是碳达峰、碳中和目标提出以来，我国能源企业坚定报国情怀，传承行业精神，立足行业实践，开拓创新道路，在科技创新、绿色低碳转型、数字化产业转型、人才队伍强化、企业文化建设等方面进行了诸多有益尝试，在建设基业长青的世界一流企业的征程上屡创佳绩。

这一系列的成绩奠定了我国能源企业在民众心目中的地位，也呼唤着能源企业承担更大的社会责任。大量研究表明，科技传播有助于提升社会对特定技术领域的关注、促进公众对该领域的认同、汇集高端研究人才以及提升科研创新能力。我国能源企业作为国之重器，在新时代响应习近平总书记的号召，理应更好地承担起科技传播、科学普及的重任。

目前我国能源企业在提升科技传播效果的方针政策制定中注重吸纳学界研究力量，深化研究问题，拓展研究方法，从政策、方法和意识上兼顾研究与实践的双重路径来推动科技传播工作，已取得较好效果，但仍存在策略不当和效果不佳等问题。有关科技成果的宣传、推广与应用，科技企业形象塑造以及科学科技知识的普及方面，能源企业的科技传播尚有较大提高空间。本文以某油气行业央企为例，在科技传播效果调研的基础上探讨科技传播提升策略。

一、科技传播的界定及其对企业的重要意义

（一）科技传播的界定

国内通常将科学和技术统称为"科技"，但在国外，"科学"和"技术"是两个不同范畴的概念：科学"science"指的是在社会历史生活过程中积累起来的关于自然、社会和思维的各种知识的体系；技术"technology"是人类为实现社会需要而创造的手段的总和，因此科学传播（Science Communication）和技术传播（Technical Communication）是两个不同的研究领域，它们的研究方向、研究对象和关注范畴完全不同。布赖恩特把科学传播定义成"科学文化和知识融入更广的共同体文化的过程"，它所关注的是科学共同体之间的传播，面向公众的科学信息传播以及科学和技术的相关政策。而技术传播在技术传播协会（The Society for Technical Communication, STC）的定义下，则主要指探索准确有效传播专业信息的技术、技能、技巧和方法，如何使科学技术知识和专业信息传播得更加准确有效是其基本要求。

科技传播的概念界定。翟杰全较早地提出了国内科学传播的两个方向："技术学""社会学",后更新为"目前正在形成基于社会发展视角的科技传播研究、基于科学文化视角的科学传播研究和基于传播实践技术视角的'技术传播'研究"三个方向。吴国盛认为,中国的科学传播主要有体现国家主义的科普传播、具有传播学特点的科技传播与具有反思精神的科学传播。

但在实践当中,国内对科学传播、技术传播和科普传播没有严格的界定。翟杰全在第五届全国科技传播研讨会提出目前国内学者们使用"科学传播"或使用"科技传播"基本含义并无实质上的差异,所指基本上都是"科学技术传播",就"科技传播"与"科学传播"两个术语相比较,使用"科技传播"一语更好。当前,科技传播囊括了科普、农技推广、公众理解科学、科技教育、技术传播、技术的扩散、技术转移等十几个用词,可以将其定义为:科技知识或科技成果通过扩散、交流、转移等方式,在不同的社会个体或群体之间流动,从而实现信息的共享,即为科技传播。

(二)科技传播对企业的重要意义

随着市场化进程的加快以及全球科研体制的变化,企业成为重要的科研主体和科技传播主体。承担社会责任以及促进科技成果向经济利益转化的要求使得企业迫切需要提高自身的科技传播能力。在此背景下,企业科技传播的研究与应用也随之增多,众多研究表明,从社会层面上来说,科技传播有助于企业树立社会形象;从公众层面,科技传播为企业与公众搭建了桥梁;从企业内部层面,科技传播有助于促进企业技术创新和企业文化建设。

(1) 科技传播有助于企业树立社会形象。

2002年《中华人民共和国科学技术普及法》中规定企业事业单位应

当开展科普工作，此外也提到社会力量兴办科普事业可以按照市场机制运行。研究者们将企业与科学共同体、媒体等一同纳入到科技传播的行为主体之中，认为企业参与科技传播既是企业的社会责任，也是企业与社会协调发展的需要，有助于企业树立良好的社会形象。国外学者也发现一些能源企业会通过科普气候变化的科学知识，构建企业环保、负责的社会形象。塞万·特尔兹安等考察了西屋电气通过新闻出版物、宣传记录、广告活动和分发给学校的教育小册子向公众进行科学传播的案例，发现企业进行科技传播对于社会形成科学共识具有重要的意义。

(2) 科技传播有助于为企业与公众搭建桥梁。

企业通过向公众宣传科学成果、科学知识不仅可以承担起社会责任，培养公众科学素养，还可以让公众进一步了解企业的创新能力和科技实力，助力产品营销。比如科幻片《流浪地球2》的赞助商徐工集团在电影宣传期间向公众科普了公司为《流浪地球2》中提供的研发产品，不仅展现了公司的科技创新实力，还获得了公众的好评，将徐工集团从重工业、大机械的对外形象升级为智能化、科技感的大国企业形象。此外，公众对技术的态度也影响着技术行业的发展和技术产品的研发。转基因技术引起公众的强烈意见和对食品安全的质疑就表明了企业科技传播的重要性。纳米技术行业在发展初期，也考虑到了公众态度对技术研发的作用，投入了大规模的资金向公众普及纳米技术知识。相关研究表明，向公众进行有效的科技传播可以提高公众对新兴技术的接受度。

(3) 科技传播有助于促进企业技术创新和企业文化建设。

多项研究表明科技传播对企业内部发展有着重要作用。王子齐以超大现代农业集团绿色生态产业链开发为例，指出了科技传播可以促进企业经营理念创新、技术创新以及生产经营创新。赵立新从企业技术创新的过程角度，论证了企业科普行为对提高本企业职工科技知识水平、技能与创新意识的重要作用，认为企业科技传播可以提高企业技术创新能力。王宇良对企业科普与企业文化进行了比照分析，认为科普是企业文化的有机组成部分，它能够激发职工追求真理的献身精神和尊重科学、崇尚理性、实事求是的价值观念。

二、油气行业央企科技传播效果调研设计

在对科技传播概念予以厘清的基础上，本文以某油气行业央企为研究个案，对其科技传播效果进行调研。为考察内外部人员对油气行业央企科技传播的认知、态度、传播效果以及品牌形象等方面的现状，本文通过科学设计与抽样，于 2022 年 9—11 月向某油气行业央企内外部公众分别发放了《科技传播——对内员工调查问卷》和《科技传播——对外公众调查问卷》，共收回 4629 份问卷用于分析。

对内员工问卷调查内容主要包括：基本人口学变量、职位及工作情况、获取油气行业央企科技成果的信息渠道、对科技成果研发的参与和了解情况、科技成果应用的实际作用、对油气行业央企科技传播效果的评价和满意度、对科技传播现状的认知、对该能源企业专利研发与科技传播的现状评价及其原因调查、中国能源企业品牌形象调查、竞品调查等方面。

对外公众问卷设计内容包括：基本人口学变量、获取科技成就的信息渠道、公众对科学的理解/科技观及其对油气行业央企科技发展情况的了解认知和态度行为、公众对科技/科学传播的兴趣、关注油气行业央企科技成就的领域、对油气行业央企科技传播效果的评价和满意度、对油气行业央企专利研发与科技传播的现状评价、对油气行业央企的品牌满意度、竞品调查等方面。

调研抽样主要采用定量样本配额方法。定量样本配额是指调查人员将调查总体样本按一定标准分类或分层，确定各类（层）单位的样本数额，

在配额内任意抽选样本的抽样方式。内部员工的调研样本按照不同专业板块进行均衡配额,最终共回收2591份完整作答的有效问卷用于数据分析。外部公众的调研样本则按照地域分布,划分华北(除北京)、华南、华东、华中、东北、西北、西南及北京等八个地区进行均衡配额,最终共回收2038份完整作答的有效问卷用于数据分析。

三、油气行业央企内外公众科技传播效果调研结果

内部公众主要指的是内部员工,外部公众主要指的是普通民众。因篇幅所限,内外公众的科技传播效果主要聚焦于科技传播信息获取渠道、对集团公司科技成果和科技发展的认知情况、对集团公司品牌形象的认知和态度等方面。

(一)公众科技传播信息的获取渠道

通过前期调研将科技传播信息获取渠道总结为"政府的公开信息""电视、广播等传统媒体新闻报道""该油气行业央企自办的报纸或杂志,如该油气行业央企报等研发动态""中央主流媒体,如人民日报、新华社、中央电视台等""社交媒体上的资讯信息(如微博、知乎、抖音、微信公众号等)""与家人、朋友聊天(包括微信群聊)交流""展览、科普活动,如:中国国际服务贸易会、该油气行业央企云上科普日""其他来源"等九个主要选项,问卷回答结果如图1所示:

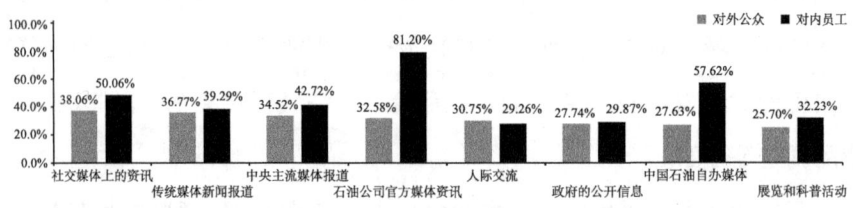

图1 油气行业央企科技传播信息获取渠道

从问卷调查结果来看，该油气行业央企的内部员工与外部公众接触科技传播信息的渠道大有不同，内部员工更青睐官方的专业信息，倾向于从权威的渠道获取科技传播的信息，官网与报纸杂志出版物成为科技传播主流渠道；而外部公众则不太会主动去官方媒体查找相关信息。但对于双方而言，社交媒体都是不容忽视的信息传播渠道。

（二）公众对该油气行业央企优势领域的了解（图2）

内部员工与外部公众对该油气行业央企科技优势领域的认知有差异，外部公众对该油气行业央企新能源领域关注度较高，而内部员工认为该油气行业央企较为出色的领域是油气田开发、地球物理勘探及钻完井工程领域。内外的认知差距，既反映了专业差异和单位归属的不同，也表明了该油气行业央企科技品牌优势未能充分展现、企业科技传播存在一定错位情况。

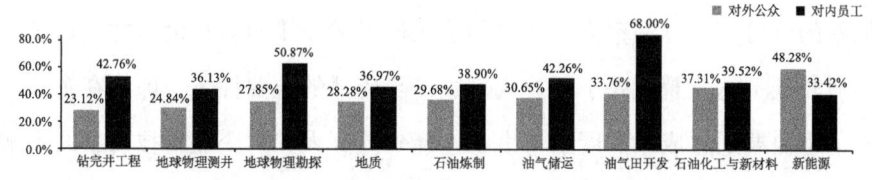

图2 某油气行业央企出色领域与公众关注领域对比图

（三）内外公众对该油气行业央企科技传播和品牌形象的认可度

内部员工与外部公众对该油气行业央企科技传播认可度基本持平，在科技传播认可度方面，内部员工得分均值为4.13，外部公众得分均值为4.14。而在品牌形象认可度方面，内部员工的得分均值为4.45，外部公众的得分均值为4.00。其中，内部员工的工作岗位、入职时间长短和是否参加过研发等情况直接影响着他们对公司科技发展和研发进展的判断见图3。

从工作岗位上来看，相比于非传媒人员，传媒人员在岗位上接触到了更多的专利研发成果，进行了更多的成果宣传工作，因此对企业的专利研发情况持更积极的态度。从入职时间长短来看，入职时间越长，对公司专利研发情况越了解，对研发进展的态度越正向。

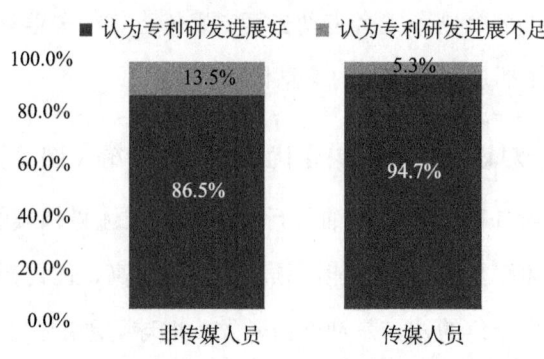

图3　内部员工工作岗位与专利研发情况认知的相关性

员工是否参与研发，直接影响到他们对科技传播、科技创新和企业品牌的认可度。成果的研发参与人员作为最贴近科技成果的人，对自身科技创新的认可度更具洞察力；未参与成果研发的员工对科技创新的认可度则相对较低。这直观反映了科技成果宣传与传播的重要性——即便在企业内部，也需要通过成果的展示与生动诠释来提高大家对企业科技创新的了解程度和认可度。总的来看，内部公众对该油气行业央企科技传播的企业/品牌认可度较高，无论参与和未参与科创人员的内部员工对本企业科技传播都比较认可，但科创人员相对更高的认可度反映了其更高的工作认同和价值感。

四、从调研结果看能源企业科技传播效果提升策略

以油气行业某央企为个案，可以看到我国能源企业的科技实力很强，科技传播也取得了较大成绩，但仍存在着大量的科技成果未被内外部公众知晓和传播、内外部形象不够统一等问题，同时与油价相关的一些负面舆

论也影响和限制了能源企业的品牌形象。这些都呼唤能源企业在科技传播和品牌形象建设方面做更多努力。

我国能源企业科技传播的目标明确,那就是服务国家战略,聚焦保障能源安全、促进能源转型、引领能源革命和支撑"碳达峰、碳中和"目标等重大需求,充分发挥科技传播在健全能源科技创新协同机制、推动优势企业强强联合、推进科技成果示范应用等领域的关键性作用。但要实现这个目标,首先要让能源企业的科技实力和科技成果被更多人"看见"和认可,建议从以下三方面入手。

(一)以科技品牌和科技榜样为内容抓手

从外部公众的2038份问卷来看,外部公众关注过油气行业央企科技传播的人数较少,而只要关注过油气行业央企科技传播信息的,绝大部分对其科技传播给予了正面评价;身处信息技术业、传播文化业等行业的外部公众认为油气行业央企科技传播进展更好。这些都再次说明越了解越认可,科技传播成功的第一步是"引起关注"。

如果说中国航天科技集团是"上天"圆梦,更容易引发公众关注和自豪感;那么,"入地"而相对默默无闻的能源企业应如何引起关注呢?合适的内容和引爆点是关键。当前我国能源企业科技传播的切入视角较为单一,热点议题呈现以事件报道为主,对于成就背后的人和故事等"软传播"着力不足。若能以"科技品牌""科技榜样"为内容抓手,讲好"能源企业故事",应能达到较好的传播效果。

科技品牌。以对该油气行业央企的调研来看,该央企的技术品牌和技术成果十分丰富,但部分技术品牌的传播与传承主要仍以企业内部传帮带为主,许多技术品牌的社会知晓度低。能源企业大多面临类似的情况。为实现整体传播效果的提升,建议能源企业采取分众传播策略,优选一些合适的技术品牌，针对不同的公众来进行宣传。在企业内部，仍需要加强技术传承，充分发挥自有媒体的效用，让内部员工尽可能了解企业目前的科技进展和科研实力，这有助于企业内部的传承和跨部门合作。而面对大众进行传播时，可将传播重点集中于某些与大众生活相关的技术，或者万米深地钻探等突破性科技进展，从而引起其兴趣和关注。通过不同的传播方式来提升技术品牌在不同主体当中的认知度，以及总体的社会知晓度和影响力。该油气行业央企集团曾以"十大科技进展"报道、"技术有形化"短视频的方式推介其技术品牌，都是非常有益的尝试。

科技榜样。在我国能源工业的发展历程中，涌现出了一大批英雄模范人物和先进集体，他们是能源企业精神的人格化表现，对能源企业科技传播来说是宝贵财富。从这次调研看到，能源企业已对一批代表人物、代表故事进行报道，但力度还有所欠缺，许多普通公众心中记住的仍是传统的榜样人物故事，对后继代表人物了解甚少。新时代呼唤更多科技榜样的带领和鼓舞。无论是院士，还是中坚科技团队，或者基层技术榜样，都可以作为"科技榜样"予以宣传和推介。通过先进典型的榜样来"传帮带"，充分发挥典型引领作用，不仅有助于内部员工充分了解前沿技术，感受蓬勃向上的企业文化氛围，树立崇尚榜样、争当榜样的良好风尚；也有助于外部公众通过可触可感的"人物故事"来感受能源企业精神和企业的科技实力。充分挖掘技术背后的人、事、物的故事，报道出技术的"力度"和榜样的"温度"，以此为感召和内容抓手，能有效增强能源企业科技传播的趣味性和传播力。

（二）以"内外媒体共振"建渠道矩阵

在油气行业央企的个案中看到，该企业已建设了较为全面的科技传播矩阵，关注体量逐渐增长，报道视角也倾向于多元化，除微博、微信、抖音以及油气行业央企官方报刊、网站新闻中心等自有传播渠道以外，企业也与部分行业垂直类媒体保持着良好沟通，科技传播矩阵搭建已初具规模。但相对来说，其对自有媒体较为依赖，与外界媒体沟通尚有不足。这导致对内传播效果不错，对外部公众的影响力却有限。要真正提升传播效果，就不能满足于内部媒体，必须借助外部媒体一起来形成不同的媒体集群，并在融媒体建设方面统一管理，在全媒体背景下做到"一种声音，多个渠道"，有效构建"深联结、多层次、富媒体"的传播体系，形成多媒体渠道矩阵生态链。在此基础上，再以创意性的传播内容来吸引公众的注意和长期关注。

内部媒体共振，整合内部科技传播资源。通过统合企业内部的资源，促进媒体的协同联动。通过建设融媒体中心可以有效整合上述内部传播资源，一改传统的单落点、单形态、单平台传播，使彼此之间形成分工协作、相互配合的内部合作关系，最大限度降低运营成本，达到优势互补、协同联动的传播效果。借助融媒体中心，效仿"中央厨房"的"一次采集、多种生成、多元传播"的生产模式，打破内部介质与平台之间的壁垒，在信息传播中追时效、求可靠，满足资讯、服务、行业等多方面需求，塑造声、屏、报、网等多媒体多渠道覆盖的新媒体传播格局；通过建立跨部门的沟通机制，让传媒人员与研发人员紧密合作，共同参与到科技传播的策划与执行中。在确保传播内容准确、权威的同时，在传媒人员与研发人员的互动中，让传媒人员更好地观察、理解科技创新与研发工作，让科研人员更好地了解市场和公众期待，创作出更生动、更具有吸引力的传播内容。

外部媒体联合，打通"能源 + 科技"渠道。一是要跳脱能源领域，在主流的科技传播场域中打造特色的科技传播内容，并以能源领域的专业优势占据科技传播的一席之地；二是要在发展好自有媒体基础上，结合现今新媒体传播的特点，利用下层媒体矩阵达成"链条式"传播，如借助地方政务媒体、科技专业媒体等传播渠道，扩充自身科技传播渠道的丰富度，触及更广泛的受众，通过在社交媒体设置互动性强的内容和活动，吸引公众在社交媒体平台参与讨论，提高企业品牌在社交媒体上的活跃度，传播能源企业的科技创新成果和环保理念，扩大企业的影响力；三是要达成分众化传播，使传播更加有的放矢，考察不同渠道触及的不同受众特点，使得相同内核的传播内容贴合不同的渠道，以此节约传播成本，增强传播效果。

（三）升级公众认知，打造"科技强企"形象

能源企业的科技传播要实现效果的全面提升，还需要转变公众观念，升级公众认知，在新时代打造"科技强企"的企业形象。由于能源企业形象认知存在一定代际差异、时代差异，老一辈与新一代的关注重心有所区别，"石油精神"在新时代也有新的诠释，这些都需要借助科技传播来完成升级和转变。

尤其新一代公众所关注的新能源和绿色发展，应成为能源企业新时代科技传播的重心。能源企业要引导公众对能源行业的认知从传统的高能耗、高污染向低碳、环保转变，突出展示我国能源行业在这些领域的研发进展和实际成果，有力提升公众对能源企业在新能源转型中的信心和期待。

举办系列绿色能源活动，吸引公众参与体验。通过科普活动、展览、全媒体联动的方式，发布企业"绿色能源之旅"活动信息，让公众在参与中了解绿色能源生产的流程，了解传统能源如何转化为清洁能源，以及企业在减少碳足迹方面的创新科技实践。同时，在全媒体矩阵中发布与公众参与绿色活动的系列信息，拉近公众与绿色能源、绿色活动的距离，同时

利用公众参与活化社交媒体平台上的信息传播，吸引更多公众的关注。

重视"绿色接力"，担负起绿色理念传播的企业责任。通过与教育机构、少年宫等机构合作，将绿色能源和节能减碳理念融入青少年课程，培养下一代的环保意识。可以通过设立奖学金的方式，鼓励青少年和大学生参与到能源行业的绿色创新项目中，为未来的能源转型储备人才，同时充分发掘可能的能源技术人才。

借力全球能源治理，彰显企业国际"绿色"形象。能源企业可以积极参与全球能源治理，与国际行业合作伙伴共同探讨和推动清洁能源技术的研发与应用，同时传播中国能源企业"绿色发展"的形象，在国际舞台上分享中国在绿色发展方面的经验和成果。通过国际交流，不仅能够提升中国能源企业的国际形象，还能够促进全球能源行业的可持续发展。

通过多渠道、多层次、全维度的传播链条，在全链条中贯穿节能减碳、绿色发展的内核，能源企业不仅能够在节能减碳、绿色发展方面积极作为，且能够激发中国社会各界的参与热情，调动各方力量构建绿色发展、低碳清洁的未来。在利用绿色发展实现企业可持续发展的同时，为应对全球气候变化、实现绿色发展贡献中国智慧和中国方案。

作者单位：中国石油天然气集团有限公司科技管理部
　　　　　* 中央民族大学新闻与传播学院
　　　　　** 中国农业大学人文与发展学院

本文原载《中国石油企业》2024年第10期

参考文献

[1] 中共中央党史和文献研究院，中央学习贯彻习近平新时代中国特色社会主义思想主题教育领导小组办公室．习近平关于调查研究论述摘编[M]．北京：党建读物出版社、中央文献出版社，2023年03月．

[2] 郑佳节．调查研究[M]．北京：中国人事出版社，2019年01月．

[3] 康世恩．康世恩论中国石油工业[M]．北京：石油工业出版社，1995年04月．

[4] 大庆油田有限责任公司．大庆油田企业文化辞典（50年）[M]．北京：石油工业出版社，2009年08月．

[5] 张位平．中国海洋石油发展回顾与思考（1957—2009）[M]．北京：石油工业出版社，2010年05月．

[6] 恒麒，午鸣．大庆经典—那时那话[M]．北京：石油工业出版社，2019年11月．

[7] 范伟达，罗静．中国调查研究[M]．天津：南开大学出版社，2022年12月．

[8] 章夲义．美地质家韦勒在中国[J]．中国石油石化，2020年第24期．

[9] 肖生科，周蕊，许盛洁．玉门油田何以向未来[N]．中国石油报，2024年11月22日．

[10] 徐洋．工业遗产视野下的玉门油田历史及现状调查研究[J]．今日科苑，2021年第5期．

[11] 华槿颜．克拉玛依油田入选国家工业遗产名单［N］．中国石油报，2021年12月16日．

[12] 俞孔坚，方琬丽．中国工业遗产初探［J］．建筑学报，2006（08）．

[13] 刘红霞，李响，顾煜，张瑜．从"一油独大"迈向"一主多元"：新疆克拉玛依探路资源富集型城市转型升级［N］．经济参考报，2023年4月4日．

[14] 陈道阔．余秋里与石油大会战［M］．北京：解放军文艺出版社，2009年04月．

[15] 杨琳．这个诞生了"岗位责任制"的小站，60岁了［N］．中国石油报，2022年6月7日．

[16] 中国石油天然气集团有限公司党组．党领导新中国石油工业的历史经验与启示［N］．中国石油报，2021年11月18日．

[17] 姜国忠．新时代如何弘扬大庆精神和铁人精神［N］．黑龙江日报，2019年10月22日．

[18] 李东泽．大庆红旗会更红［N］．大庆日报，2022年1月30日．

[19] 大庆油田自主创新历程与经验．光明网，2019年11月15日．

[20] 奋斗百年路 大庆油田：奏响当好标杆旗帜时代强者．中国日报网，2021年3月22日．

[21]《求是》杂志经济编辑部，中国石油长庆油田党委联合调研组．为保障国家能源安全"加油争气"．光明网，2020年12月27日．

[22] 中共大庆市委党史研究室．大庆油田史［M］．北京：中共党史出版社，2009年05月．

[23] 庞帅，高婷．"从无到有"第一次石油大会战［N］．遂宁日报，2016年11月17日．

[24] 雷厉. 历史风云中的余秋里 [M]. 北京：中央文献出版社，2006年09月.

[25] 解子钰. 石油长子：克拉玛依油田的光辉岁月 [N]. 科普时报，2017年10月27日.